"Uma apaixonante análise sobre inovação corporificada por uma inovadora incontestável, preocupada com a miopia que nos circunda."
— **Andy Grove, cofundador da Intel**

Estreitando a lacuna da inovação*

Como reacender
a centelha da
criatividade na
economia global

Judy Estrin

Tradução e adaptação
Beth Honorato

www.dvseditora.com.br
São Paulo, 2010

Como reacender
a centelha da
criatividade na
economia global

Judy Estrin

www.dvseditora.com.br
São Paulo, 2010

ESTREITANTO A LACUNA DA INOVAÇÃO

DVS Editora 2010 - Todos os direitos para a língua portuguesa reservados pela editora.

CLOSING THE INNOVATION GAP

Original edition copyright © 2009 by Judy Estrin. All rights reserved.
Portuguese edition copyright © by 2010 DVS Editora Ltda. All rights reserved.

Nenhuma parte deste livro poderá ser reproduzida, armazenada em sistema de recuperação, ou transmitida por qualquer meio, seja na forma eletrônica, mecânica, fotocopiada, gravada ou qualquer outra, sem a autorização por escrito do autor.

Tradução e adaptacção: Beth Honorato
Diagramação: Konsept Design & Projetos

Dados Internacionais de Catalogação na Publicação (CIP)
(Câmara Brasileira do Livro, SP, Brasil)

```
    Estrin, Judy
       Estreitando a lacuna da inovação : como reacender
    a centelha da criatividade na economia global / Judy
    Estrin ; tradução e adaptação Beth Honorato. --
    São Paulo : DVS Editora, 2010.

       Título original: Closing the innovation gap :
    reigniting the spark of creativity in a global
    economy.

       1. Criatividade em negócios 2. Empreendedorismo
    3. Inovações tecnológicas 4. Produtos novos
    I. Honorato, Beth. II. Título.
```

10-02944   CDD-658.4063

Índices para catálogo sistemático:

1. Inovação : Administração de empresas   658.4063

*Este livro é dedicado aos futuros inovadores,
de todos os lugares do mundo.*

SUMÁRIO

Prefácio ix

Introdução Inovação não é opcional 1

Capítulo 1 Capacidade de mudar 7

Capítulo 2 O ecossistema de inovação 33

Capítulo 3 Inovação inspiradora 51

Capítulo 4 Estreitando os horizontes 69

Capítulo 5 Perdendo o equilíbrio 91

Capítulo 6 Diretores do "dedo verde" 101

Capítulo 7 Recuperando o ecossistema do país 147

Capítulo 8 A nova geração de inovadores 193

Epílogo Um chamado à ação 221

Agradecimentos 225

Lista de entrevistados 229

Índice 233

PREFÁCIO

Meu filho, David, ainda adolescente, é um **inovador**. Não apenas nos textos criativos que redige ou nas músicas inventivas que compõe, mas também na forma como encara a vida. Nunca tem medo de perguntar, contrabalança bom senso e disposição para assumir riscos, combina persistência e autoconfiança e tenta superar seus limites em tudo o que faz. É louco por tecnologia, seja para fazer seus trabalhos de escola, conversar com os amigos ou dedicar-se à sua paixão pela poesia, fotografia, música e produção cinematográfica. Mas provavelmente não será um cientista.

Assim que iniciou a escola secundária e começamos a falar sobre faculdade, David logo procurou obter informações *on-line* sobre as profissões que poderiam lhe interessar. Comecei então a me perguntar por que tão poucos amigos seus pareciam ter interesse por ciência e como a vida será para ele e seus filhos quando entrar para o mercado de trabalho. Comecei a refletir mais amplamente a respeito de inovação. O que teria inspirado minha geração a ter um imenso interesse por ciência? O que mudou no presente? A última década promoveu inúmeras mudanças na ciência, nos negócios e no próprio país.

Tanto na vida pessoal quanto profissional, tive a sorte de me beneficiar de um ambiente em que a inovação científica e tecnológica e o empreendedorismo estavam no auge. Meus pais eram professores e estavam entre os precursores do desenvolvimento e da aplicação da tecnologia da computação. Meu pai, Gerald Estrin, foi um dos fundadores do departamento de Ciência da Computação da Universidade da Califórnia em Los Angeles (UCLA). Minha mãe, Thelma Estrin, doutorou-se em engenharia elétrica em 1951, em uma época em que apenas uma ou outra mulher do país recebia esse título. Ela seguiu carreira em engenharia biomédica e foi diretora da Fundação Nacional da Ciência (National Science Foundation — NSF) durante dois anos, no início da década de 1980. Passei a infância tão imersa em ciência que nunca ocorreu a mim nem a minhas irmãs escolher qualquer outro caminho. Minha irmã mais velha, Margo, é doutorada em medicina interna e minha irmã mais nova, Deborah, é professora de Ciência da Computação. Ambas são inovadoras, cada uma em seu campo específico.

Quando me matriculei na UCLA, em 1971, as primeiras sementes do que mais tarde se tornaria a Internet estavam apenas começando a germinar nas universidades e nos laboratórios de pesquisa fundados pelo departamento de Defesa. Depois de testemunhar toda a agitação em torno dessas tentativas pioneiras de interligar computadores em diferentes partes do globo, quis fazer parte do plano, e me mudei para o norte do país para uma pós-graduação na Universidade de Stanford, bem no centro do que hoje chamamos de vale do Silício. Era a **mais jovem** e a **única mulher** em uma equipe de pesquisa liderada por Vint Cerf, pioneiro da Ciência da Computação que mais tarde seria chamado de pai da Internet. A equipe de estudantes de pós-graduação de Cerf estava desenvolvendo um novo tipo de *software* de rede — código que possibilita que os computadores troquem informações — denominado protocolo de controle de transmissão ou TCP (*transmission control protocol*). A sensação de que estávamos trabalhando em algo importante era unânime. Contudo, mal sabíamos que o *software* que desenvolvíamos naquele momento se tornaria o pilar da Internet e da *Web*.

Daí me ocorreu uma **serendipidade**, e eu estava preparada. Meu primeiro emprego foi em uma empresa de computação que havia acabado de ser criada, a Zilog, onde descobri a magia de trabalhar em uma equipe pequena e talentosa. Percebi também que minha verdadeira paixão e competência não era interagir com máquinas, mas **trabalhar com pessoas** para introduzir novas tecnologias no mercado. Surpreendendo toda a família, até a mim mesma, me tornei **empresária** e **empreendedora**. Conheci meu ex-marido, Bill Carrico, na Zilog. Quando fundamos a Bridge Communications, em 1981, nem imaginávamos que acabaríamos criando sete empresas juntos. Passei a maior parte de minha carreira trabalhando nas "tubulações" da Internet, desenvolvendo produtos dos quais a maioria das pessoas nem sequer tinha ciência, a não ser quando surgia algum problema. Depois, em 1998, a Cisco Systems adquiriu nosso terceiro empreendimento, a Precept Software, e eu então acabei ocupando o cargo de diretora executiva de tecnologia de uma das empresas de mais rápido crescimento da história.

Tive também oportunidade de trabalhar com diretores de diversas empresas de grande porte, para os quais o fluxo constante de ideias inovadoras foi decisivo enquanto vantagem competitiva. Fiz parte do conselho da FedEx em 1989, da Rockwell em 1994, da Sun Microsystems em 1995 e da Walt Disney Company em 1998. Continuo atendendo aos acionistas da FedEx e da Disney. Muitos dos relatos presentes neste livro foram extraídos da experiência e dos contatos que obtive e mantive nessas empresas. Imagino a FedEx e a Disney como dois hemisférios complementares da "mentalidade" de inovação. A FedEx é movida pela **excelência operacional** — uma autêntica empresa analítica e racional, orientada por competências do hemisfério esquerdo do cérebro. Na essência da Disney há **criatividade** e **imaginação**, que incorporam as aptidões indispensáveis do hemisfério direito do cérebro. Ambas são bem administradas, direcionadas ao cliente, estratégicas e visionárias. E ambas favoreceram a vida de milhões de pessoas mantendo-se fiéis ao seu compromisso com o futuro.

Quando a Internet atingia seu mais alto grau de efervescência em 2000, fenômeno apelidado de "bolha da Internet", me demiti da Cisco já bastante preocupada com a situação da inovação no setor tecnológico. O vale do Silício havia se transformado. O entusiasmo de solucionar problemas interessantes criando novas tecnologias já havia esmaecido, e os retornos financeiros imediatos prevaleciam sobre a missão de construir empresas de fato duradouras. Meu desejo era voltar a dirigir minha própria empresa, mas não queria iniciar um empreendimento centrado no produto que fosse introduzido à força e calcado no estilo frenético e efêmero que havia varrido o setor. Por isso, com nosso empreendimento seguinte, a Packet Design, experimentamos um modelo distinto — uma *start-up* permanente que pesquisaria novas tecnologias, alimentaria novas ideias e formaria empresas *spin-off* (derivadas) para introduzir os produtos no mercado.

Nos dois anos que se seguiram ao meu aniversário de 50 anos, em 2004, houve inúmeras transições. Bill Carrico e eu decidimos seguir cada um seu próprio caminho, depois de 25 anos de casamento e parceria empresarial. Baixada a euforia das ponto.com, a Packet Design parou de financiar novos projetos. Sabia que já era chegado o momento de criar algo novo por dentro e por fora. Ansiosa por dar partida em uma nova fase de vida, percebi que vivenciava um momento tanto de expectativa quanto de angústia diante da liberdade praticamente absoluta de escolher que passo daria em seguida. **A inovação se principia com nossa capacidade de mudar**. O que eu de fato queria fazer?

Tive sorte de nascer em uma época em que havia no país a consciência da importância da ciência, da tecnologia e da inovação e estímulo para enfrentar riscos. Do mesmo modo que inúmeros outros cientistas, empresários e pais, estou convicta de que a geração de meu filho não terá as mesmas oportunidades que tive, na medida em que a nação está cada vez mais voltada para lucros imediatos. Este livro nasceu de minha necessidade de tentar fazer algo em relação a essa mudança compartilhando meus pontos de vista.

Para garantirmos nosso quinhão no futuro, devemos alargar nossos horizontes, ser audaciosos e responsabilizarmo-nos por problemas que nós mesmos criamos. Ao avaliar as estratégias de inovação sustentável que funcionaram no passado, precisamos igualmente adaptá-las às novas realidades econômicas e sociais do mundo contemporâneo. Vários grupos precisam ser envolvidos para solucionar esse problema, dentre os quais empresas, organizações governamentais, instituições financeiras, empresas sem fins lucrativos, acadêmicos, educadores e pais. Para avançarmos efetivamente, esse conjunto diverso de protagonistas terá de contar com uma estrutura e linguagem comum.

Um dos meus primeiros aprendizados sobre resolução eficaz de problemas me foi passado por meu pai. Quando estudava na UCLA, não havia ainda computadores pessoais; compartilhávamos tempo em enormes *mainframes*. Enviávamos os programas e somente horas depois obtínhamos os resultados. Lembro-me de ter ficado acordada a noite inteira para a minha primeira aula de programação, quase em prantos, porque, toda vez que minhas listagens retornavam, a palavra ABEND (abreviação de *"abnormal ending"* ou término anormal) estampava em meus olhos. Meu programa havia travado. Nas ocasiões em que voltava para casa completamente acabrunhada, meu pai costumava me lembrar de tentar separar o problema em partes menores e mais fáceis de resolver, tendo consciência de que as peças se encaixam. Foi exatamente essa postura que adotei em relação ao problema da inovação.

Este livro se inspira em minhas experiências e também em entrevistas com mais de cem pessoas, dentre elas cientistas, engenheiros, empreendedores, capitalistas de risco, pesquisadores, educadores e acadêmicos e empresários que já prestaram suas contribuições para a excelência inovadora dos EUA. Para compreendermos o processo de inovação sustentável, apresento nos dois primeiros capítulos uma estrutura que abrange o conceito de **ecossistema de inovação** e os cinco princípios fundamentais que capacitam indivíduos, empresas, organizações e nações para a mudança. Nos Capítulos 3 a 5, examino a evolução da ciência e da tecnologia nas décadas posteriores à Segunda Guerra Mundial, identificando o que gerou bons resultados e o que deu errado. Finalizo com uma visão panorâmica sobre as principais questões cujo enfoque é essencial para reacendermos a inovação em âmbito geral. O Capítulo 6 mostra de que modo a estrutura de inovação é aplicada em nível organizacional. Os Capítulos 7 e 8 enfocam o **ecossistema de inovação** norte-americano as medidas que podem ser tomadas para torná-lo permanentemente sustentável.

Em benefício da geração de David e daquelas que se seguirão, espero que este livro ofereça uma visão original e revigorante, instigando outras pessoas a avaliar as consequências de suas decisões acerca da inovação — para elas mesmas, em termos pessoais, para as organizações e os países a que pertencem e para o mundo.

Estreitando a lacuna da inovação*

INTRODUÇÃO

INOVAÇÃO NÃO É OPCIONAL

Inovação, exploração, liberdade e renovação — esses ideais preservaram a vitalidade da cultura e das atividades comerciais e empresariais norte-americanas desde o momento em que os separatistas ingleses (*pilgrims*) rumaram para Oeste e os **pais fundadores** da nação norte-americana encetaram um novo e ambicioso estilo de democracia. Por três séculos nossa identidade nacional foi sinônimo de audácia para assumir riscos e pioneirismo histórico: as expedições pioneiras ao polo Norte e ao polo Sul, o primeiro voo autopropulsado e os intrépidos primeiros passos do homem na Lua.

A ciência e a tecnologia de ponta foram o alicerce do crescimento econômico de nosso país. O que nos possibilitou estabelecer relações comerciais e concorrer com outras nações, melhorando a vida de pessoas do mundo inteiro, foi nossa competência para introduzir novas ideias no mercado. "Em resumo, se os norte-americanos pararem de inovar", declarou o Conselho Americano de Competitividade em 2005, "deixaremos de ser norte-americanos".

Hoje, mais do que nunca, a inovação é um fator indispensável ao papel que desempenharemos na economia global. Mas será que ainda temos à disposição o que é necessário para prosperar? As grandes empresas em geral fracassam quando dão por certo e consumado o seu sucesso. E isso vale, igualmente, para as grandes sociedades. Há sinais cada vez mais nítidos de que devemos parar para pensar no futuro. Os EUA, assim como o mundo em geral, enfrentam desafios de grande vulto — dependência de petróleo, mudanças climáticas, sistema de saúde e segurança nacional — que ameaçam nossa economia e qualidade de vida. Esses desafios também encerram oportunidades, se dedicarmos à inovação a atenção que ela merece.

Para enfrentar esses problemas vitais, estando para tanto em posição de força, as empresas e os dirigentes da nação devem pensar além dos resultados financeiros imediatos e calcular que impacto a globalização e um ritmo acelerado de mudança terão sobre o crescimento econômico futuro. As empresas que abraçam esses desafios, concebendo-os como oportunidade para desenvolver novos produtos, baixar os custos ou melhorar sua reputação, obterão benefícios duradouros.

A inovação científica não é importante apenas para os cientistas e para a economia norte-americana. Ela afeta todos nós. Quando era diretora executiva de tecnologia da Cisco Systems, sempre iniciava minhas palestras dizendo: **"A Internet está transformando nossa maneira de trabalhar, de viver, de aprender e de agir."** A *Web* é apenas um exemplo de inovação tecnológica cujo impacto foi unanimemente profundo.

Novos procedimentos médicos, novos testes genéticos e novas evidências científicas a respeito das influências do estilo de vida sobre o bem-estar físico e mental são fatores que interferem em nossa longevidade. Hoje, dispomos de medicamentos que nos ajudam a manter e melhorar nossa saúde física, mental e sexual. Tendo em vista os extraordinários avanços tecnológicos das baterias, foi possível criar novos aparelhos portáteis, o que nos deu liberdade para trabalhar fora da mesa de trabalho e proporcionou aos executivos e aos trabalhadores em geral novos graus de mobilidade e flexibilidade. O telefone celular, o *e-mail* e os comunicadores instantâneos transformaram nossa maneira de interagir. Com novos dispositivos e novas tecnologias, como *iPods*, TiVo, IPTV e videocâmaras digitais de baixo custo, os consumidores podem escolher quando e como desejam se divertir. *Sites* com conteúdos criados pelo usuário e de redes de relacionamento como o *Facebook* estão dinamizando e influenciando cada vez mais a comunicação boca a boca e colocando mais poder nas mãos do cliente.

Os produtos que um dia foram pioneiros e hoje parecem corriqueiros — por exemplo, panelas e utensílios antiaderentes, sistemas de GPS (*Global Positioning System*) em automóveis e medicamentos controlados para pressão alta — não surgiram do nada. Todos foram criados com base em um conjunto de fundamentos sólidos e profundos de pesquisa, desenvolvimento e aplicação da ciência e tecnologia de anos ou mesmo de décadas atrás. Chamo esse *continuum* de **ecossistema de inovação.**

A INOVAÇÃO NÃO SE RESUME A UMA FRASE DE EFEITO

Será que inovação tem a ver com magia, com golpe de sorte ou é apenas mais um dentre os vários processos que precisam ser administrados? Os inovadores já nascem prontos ou são treinados? Será que é suficiente outorgar uma cultura de inovação ou ela precisaria igualmente ser cultivada? Independentemente de estar envolvido com a inovação de uma empresa, de um órgão, de uma instituição beneficente ou pessoal, ou de influenciar indiretamente a inovação na qualidade de formulador de políticas ou educador, é fundamental perceber o que de fato impulsiona a mudança produtiva.

Ao buscar a melhor forma de descrever de que modo a inovação pode ser estimulada e cultivada, retrocedi às minhas primeiras aulas de ciência. Foi um tanto quanto emocionante ver pela primeira vez uma piscina natural de maré. Os inúmeros habitantes daquela pequena poça, cada um com um sistema de defesa próprio contra os perigos das marés inconstantes — anêmonas-do-mar, caranguejos, mariscos e tantos outros —, coexistiam por um benefício mútuo. Os ecossistemas biológicos preservadores da vida deveriam servir de modelo para as organizações, as pessoas e os agentes que possibilitam a inovação. A vida prospera em decorrência da interação dinâmica que se estabelece entre os grupos de organismos vivos e seu ambiente. Se examinarmos mais a fundo esses ecossistemas, perceberemos que diferentes tipos de organismo — cada um com um ciclo de vida distinto — cooperam e colaboram entre si para resguardar a vitalidade do sistema como um todo. Fenômenos sistemáticos e bem compreendidos coexistem lado a lado com fenômenos aparentemente aleatórios. Vários desses fenômenos são igualmente válidos para a inovação.

Nos **ecossistema de inovação**, os organismos cooperativos são os cientistas, os desenvolvedores de produtos, os empresários, os prestadores de serviços e os clientes, todos integrantes de uma ou mais destas três comunidades: **pesquisa**, **desenvolvimento** e **aplicação**. A inovação progressiva e sustentável resulta de interações entre essas comunidades, em nível organizacional, nacional e global.

Uma flor exuberante ou um delicioso cacho de uvas nasce de sementes. A exata combinação entre solo, água e ar determina o sucesso ou o fracasso de seu crescimento. No caso da inovação, seu florescimento depende de um ambiente igualmente adequado. Estilo de liderança, financiamento apropriado e plano de ação são elementos que devem estar alinhados para fomentar o processo de inovação. O papel da **educação e cultura**, no que tange a instruir, inspirar e motivar os inovadores do futuro, é também imprescindível.

Do mesmo modo que os ecossistemas biológicos funcionam de acordo com um conjunto de leis básicas, a inovação é estimulada por um conjunto de princípios fundamentais que interagem equilibradamente: **questionamento**, **disposição ao risco**, **abertura**, **paciência** e **confiança**. Agrupados, esses valores determinam a **capacidade** de um indivíduo, de uma organização ou de uma nação **para mudar**.

Todo sistema biológico dispõe de um conjunto exclusivo de elementos que mantêm um delicado equilíbrio em prol da preservação da vida. Se nossos sistemas de inovação não tiverem esse equilíbrio, existe um alto risco de não conseguirmos trazer à tona as novas descobertas e os novos produtos e ideias essenciais ao nosso sucesso.

Haja vista os inúmeros produtos e serviços inovadores ao nosso redor, acreditar que nosso ecossistema esteja estável e garantido é mais do que natural. Porém, para dizer a verdade, estamos mais do que depressa perdendo nossa vantagem. A inovação não se resume a uma frase de efeito, e uma meta de curto prazo não é suficiente. Tanto as empresas quanto o país têm à sua frente pontos cegos delicados nas áreas de inovação de médio e longo prazo. Somos todos um pouco parecidos com o personagem Papa-Léguas: tentamos escapar do precipício e ficamos suspensos no ar com um sorriso arreganhado e forçado no rosto, sem nos darmos conta de que a terra firme antes sob os nossos pés não mais existe. Mas não podemos simplesmente escapar do precipício nos agarrando ao que deu certo no século passado. Precisamos compreender os princípios da inovação, aprender com nossos sucessos e insucessos anteriores e identificar as forças que fizeram a balança pender para o imediatismo. Nessa nossa ansiosa busca por um novo paradigma para o século XXI, devemos levar em conta o quanto já mudou.

Mais de trinta anos se passaram entre as pesquisas iniciais e a onipresença da Internet. Nossa capacidade de criar e manter patamares de inovação capazes de promover a transformação do mundo, tal como a *World Wide Web*, será crucial, se quisermos um futuro seguro, produtivo e criativo.

Paradoxalmente, à medida que a interligação e a competitividade da economia global que ajudamos a criar foram ganhando força e aumentando, nossa nação (EUA) foi perdendo os princípios fundamentais catalisadores de seu sucesso. Podemos — e devemos — recuperar nosso ímpeto, nos adaptar a uma nova realidade e reconstruir nossa cultura de inovação e de compromisso com a ciência em todos os níveis da sociedade. Do contrário, perderemos nossa posição de força e, com isso, nossas esperanças de sustentabilidade e prosperidade econômica e melhor qualidade de vida para os nossos filhos e netos.

PROCESSO DE INOVAÇÃO

Talento

PRINCÍPIOS FUNDAMENTAIS

- ❓ QUESTIONAMENTO
- 🕐 PACIÊNCIA
- ⚓ CONFIANÇA
- 👁 ABERTURA
- 🎲 DISPOSIÇÃO AO RISCO

CAPÍTULO 1

CAPACIDADE DE MUDAR

Diga Pixar. O que lhe vem à mente? Um monte de crianças de todas as idades com a ideia fixa em filmes como *Toy Story*, *Vida de Inseto*, *Carros* e *Ratatouille*. Todos esses filmes criam mundos mágicos em que brinquedos, insetos, monstros, peixes, super-heróis e carros ganham vida e movimento e um rato é talentoso o suficiente para se tornar *chef*. Mesmo quando meu filho já havia passado da idade de ir ao cinema comigo, sempre aguardava com ansiedade o lançamento dos novos filmes da Pixar. Não apenas para ver em que se transformariam aquelas histórias maravilhosas, mas para ver como e até onde aqueles geniais animadores da Pixar haviam conduzido a tecnologia para tornar seus personagens cinematográficos ainda mais cativantes e envolventes. Na Pixar, a tecnologia inspira a arte e a arte desafia a tecnologia. É uma via de mão dupla.

Ainda hoje me lembro da primeira visita que fiz à sede da Pixar, em Emeryville, na Califórnia, quando a Disney estava para adquiri-la. O *lobby* se abre em um imenso átrio cercado por salas de conferência, áreas de jogos e um restaurante *self-service*, espaço que convida os funcionários a se divertir, se reunir, comer e criar. Patinetes e *skates* costumam passar chispando pelo prédio, um convite para que as pessoas saiam da mesa de trabalho e se movimentem. A amplitude do prédio nos transmite de cara a sensação de desobstrução e receptividade do ambiente.

Entrar no departamento de animação é como entrar em um filme da Pixar — ou em uma pequena cidade de ritmo frenético. A cada novo filme, o ambiente é redecorado de acordo com o tema. No dia dessa minha visita, havia ratos espalhados por todos os cantos (os bonitinhos e graciosos, naturalmente) porque o projeto em produção naquele momento era o *Ratatouille*. Todos os animadores criam, a seu modo, um ambiente de trabalho peculiar. Um deles havia criado um pequeno chalé em uma edícula; outro, que preferia trabalhar em pé, projetou um escritório sem paredes e poltronas. Para mim, não havia dúvida da imensa imaginação ali empregada para criar um ambiente físico que inspirasse individualidade, criatividade e diversão.

Por trás do inacreditável sucesso criativo e financeiro da Pixar há uma direção que compreende em profundidade a importância e o processo de inovação. Iniciada com 10 milhões de dólares por Ed Catmull e John Lasseter em 1986, a Pixar foi vendida à Disney por mais de 7 bilhões em 2006. Catmull hoje é presidente da Disney e da Pixar Animation Studios. Lasseter, no momento diretor executivo de criação, é com frequência citado como o sucessor de Walt Disney.

A gênese da empresa já era um exemplo de inovação efetiva e dinâmica. O que hoje constitui a Pixar teve início em 1979, quando George Lucas, notabilizado por seu filme *Guerra nas Estrelas*, montou um grupo para investigar novas técnicas de digitalização e edição de áudio e vídeo. Ele contratou Catmull, proeminente pesquisador de computação gráfica e eterno apaixonado por produção cinematográfica. Vários anos depois, decidiram transformar aquele grupo em uma empresa independente. Depois de meses de conchavos com capitalistas de risco e parceiros corporativos que não deram em nada, por fim conseguiram fechar um negócio com Steve Jobs, fundador da Apple, que ficou encantado com o talento da equipe. A ambição do grupo era produzir desenhos animados de longa-metragem gerados por computador. Contudo, ao perceberem que não havia tecnologia à disposição e nem sequer mercado para isso, começaram a vender avançados sistemas de captura de imagem a empresas de radiologia diagnóstica, órgãos governamentais e outros estúdios de cinema, dentre os quais a Disney. Sem jamais renunciar a essa visão de longo prazo, um pequeno grupo liderado por Lasseter começou a desenvolver desenhos animados de curta-metragem que ajudariam a estimular os tecnólogos e incubariam o que em algum momento se tornaria a principal atividade da Pixar.

De 1986 a 1991, a estratégia empresarial da Pixar passou por diversas mudanças. "Estávamos sedentos por conseguir um modelo viável. Vendemos a área de *hardware* e começamos a vender *software*. Em seguida, passamos a produzir comerciais de televisão", recorda-se Catmull. "Lutamos do começo ao fim. Steve Jobs se manteve conosco e nos apoiou durante toda a fase em que perdemos dinheiro. Passado algum tempo, a Disney nos deu oportunidade de fazer um longa-metragem."

Se essa equipe não tivesse tal ímpeto e obstinação, hoje os filmes *Toy Story* e *Carros* não existiriam. Se a empresa tivesse recebido apoio de um capitalista de risco típico, e não de um empreendedor visionário como Jobs, não teria de forma alguma sobrevivido às várias transições pelas quais passou. Embora não seja considerado um homem de personalidade resignada, Jobs aceitou apoiar os investimentos de longo prazo da empresa, reconhecendo que as iniciativas do grupo de criar diversos modelos de negócio não estavam fadadas ao total insucesso, mas que se tratava de uma caminhada gradativa em direção ao sucesso. Quando a Disney procurou a Pixar em 1991 para trabalharem juntas em uma série de filmes de desenho animado de longa-metragem computadorizados e em 3D (três dimensões), a empresa já estava preparada e possuía a tecnologia necessária.

O que a empresa fez para se manter sempre à frente da concorrência e a cada novo filme surpreender e maravilhar o público ainda mais? Parte da resposta é que a organização tecnológica invariavelmente trabalha de modo simultâneo em três horizontes de tempo. Na Pixar, os desenvolvedores dedicados ao filme subsequente trabalham lado a lado com os diretores, roteiristas e animadores para aplicarem a tecnologia disponível naquele momento e ampliá-la. Os demais desenvolvedores tentam aprimorar a geração seguinte de ferramentas de animação para que os personagens e os ambientes dos filmes posteriores pareçam cada vez mais reais — a água escoe, os carros fiquem reluzentes e o pelo dos animais passem a sensação de maciez ao serem tocados. A Pixar tem também um pequeno grupo de pesquisa aplicada cujos projetos de desenvolvimento são bem mais longos. Esse grupo colabora com a comunidade de pesquisa como um todo em algoritmos que aprimoram ainda mais o que há de mais avançado em computação gráfica e animação.

A Pixar nutre uma cultura interna em que a criatividade é incentivada pelo questionamento, por uma postura de abertura e por uma atitude saudável diante do insucesso. A autoavaliação é contínua, não apenas diante de algum problema, mas igualmente quanto tudo parece estar indo bem. Todos são estimulados a comentar o trabalho do outro. "Nosso grupo de produtores cinematográficos não leva as críticas para o lado pessoal. Aqui, seria um erro sério não dizer o que se está pensando", afirma Catmull. Esse grau de honestidade exige um ambiente de trabalho em que as pessoas confiem na direção e sintam-se seguros.

Os funcionários são estimulados a expor prematuramente suas ideais para que sejam avaliadas e comentadas. "Não é suficiente que as pessoas estejam dispostas a assumir riscos; é preciso que os outros estejam dispostos a deixá-las assumir determinado risco", observa Catmull. "Nossa principal função é topar com o erro o quanto antes." Diante disso, eles avaliam por que erraram e corrigem o que não conseguiram antever. Em vez de encararem os erros como algo negativo, consideram os primeiros passos em falso essenciais para obterem as informações necessárias e desenvolverem um *software* importante ou um filme brilhante.

A Pixar produz entretenimento de alta qualidade porque emprega os melhores talentos em pesquisa, desenvolvimento e aplicação tecnológica. A empresa adota uma visão compartilhada e está firmemente comprometida com os princípios fundamentais e o processo de inovação.

OS INGREDIENTES BÁSICOS

A inovação sustentável não ocorre no vazio. Não é apenas um lampejo de genialidade de um único cientista isolado, nem produto de um grupo que se refugia em um algum lugar para praticar *brainstorming* ("toró de ideias") e exercícios de formação e desenvolvimento de equipes. As pessoas normalmente superestimam o famoso **ahá!** do processo de invenção. Para iniciá-lo, o primeiro passo é criar um ambiente adequado. "O grande lance não é gerar ideias. É criar aquele caldo em que inúmeras pessoas propõem suas ideias e ter um sistema que as transforme em algo efetivo", afirma Danny Hillis, antigo desenvolvedor de atrações da Disney e cofundador da Applied Minds, empresa de consultoria em P&D (pesquisa e desenvolvimento) cujo *slogan* é: *the little Big Idea company* (a pequena empresa de Grandes Ideias). Esse caldo começa com alguns ingredientes básicos, isto é, um conjunto de posturas e convicções humanas extremamente decisivas, que chamo de os cinco princípios fundamentais da inovação: **questionamento, disposição ao risco, abertura, paciência** e **confiança**.

Se levados a seu extremo, qualquer um desses valores pode na verdade reprimir a inovação. Confiança sem questionamento é falta de bom senso. Paciência em excesso pode criar um ambiente insosso e inerte. A disposição ao risco deve ser contrabalançada com o questionamento a fim de evitarmos a impulsividade. O questionamento sem confiança pode dar lugar à intolerância. Quando todos esses cinco princípios estão equilibrados ou contrabalançados, eles se inter-relacionam e criam a capacidade de mudança, essencial ao florescimento da inovação.

Questionamento

Faz parte da natureza dos inovadores perguntarem por que ou como algo deu errado ou se é possível fazer uma determinada coisa de maneira diferente. Essa curiosidade é vicejada quando lhes damos espaço para investigar. "Minha equipe seria capaz de ficar em casa tentando aprimorar nossa tecnologia mesmo se não pagasse nada a ninguém", afirma Miley Ainsworth, diretor de tecnologia da informação do FedEx Labs. "Eles sentem uma ânsia natural pelo novo. E trabalham com tecnologia por acaso, porque para eles isso na verdade é um *hobby* (passatempo)." O escritor e consultor John Seely Brown, antigo cientista-chefe da Xerox, se autodescreve como um "instaurador de caos que ajuda as pessoas a fazer as perguntas certas". A curiosidade incansável inspira os inovadores a revelar potencialidades e possibilidades que outras pessoas negligenciaram.

Nos primórdios da ARPANet[1] — predecessora da Internet —, a meta de desenvolvimento era criar redes que possibilitassem a comunicação entre computadores instalados em lugares geograficamente díspares. Porém, Bob Metcalfe, então na Xerox, começou a se interessar por intercâmbio de dados entre computadores instalados no mesmo prédio, processo apelidado de **"intercâmbio incestuoso"**. Foi a partir dessa curiosidade que se desenvolveu o padrão Ethernet, a mola-mestra das redes locais que possibilitam que as pessoas compartilhem informações com colegas de trabalho, amigos e família.

---

1 Advanced Research Projects Agency Network (*Rede de* Laboratórios de Projetos de Pesquisa Avançados) (N. da T.).

David Culler, professor de Ciência da Computação na Universidade da Califórnia em Berkeley, descreve esse tipo de curiosidade da seguinte forma: "É como bater com o dedo do pé no mesmo lugar um número de vezes suficiente para me fazer perguntar 'O que é isso?'. Em seguida, olho para baixo e descubro que o que está me fazendo tropeçar é apenas a ponta de uma imensa pedra abaixo da superfície." A inovação também pode ser impulsionada pela curiosidade em relação a coisas que **não** existem. "Uma vez, quando meu filho de 3 anos estava aprendendo a ler placas de trânsito", comenta Culler, "ele me perguntou: 'Papai, por que não existe nenhuma placa 'prossiga'?'. As crianças conseguem enxergar essas coisas. O que mais não estaríamos conseguindo enxergar?"

A única forma de fazer mais do que melhorias incrementais é questionar o *status quo*. Quando a Tesla Motors lançou seu ostentoso carro elétrico esportivo vermelho em 2006, causou grande sensação. As pessoas enfrentavam filas e filas para pedir um carro que nem sequer havia sido fabricado. O Tesla não foi o primeiro carro elétrico a ser introduzido no mercado, mas sua receptividade foi diferente porque o cofundador da empresa, Martin Eberhard, estava disposto a adotar uma nova mentalidade. Todas as iniciativas anteriores de comercializar carros elétricos haviam priorizado o poder aquisitivo para atingir o mercado mais amplo possível. "Eles fabricavam aqueles carros pequenos e horríveis que ninguém desejava dirigir", afirma Eberhard. A Tesla, ao contrário, decidiu lançar um modelo sofisticado e absolutamente audacioso para criar desejabilidade (aceitação, necessidade, conveniência e utilidade) em relação ao conceito de produto; mais tarde descobriria uma maneira de criar uma versão mais acessível do ponto de vista financeiro. Independentemente do sucesso da empresa a longo prazo, a disposição de Eberhard de nadar contra a corrente criou mudanças positivas e disruptivas no setor de carros elétricos.

O empreendedor Randy Scott lançou um novo empreendimento de sequenciamento e catalogação de genes, a Incyte, com o objetivo de descobrir novos medicamentos. Na verdade, porém, foram os dados genéticos propriamente ditos que acabaram se revelando o mais valioso trunfo da Incyte. "Criamos um dos primeiros modelos de empresa de informações na área de biotecnologia para gerar dados sobre sequências genéticas e vendê-los a grandes empresas farmacêuticas", sustenta Scott. Ele temia que a Incyte acabasse em uma corrida insana com inúmeras outras empresas que estavam se arremetendo ao emergente mercado de biotecnologia. Contudo, visto que esse modelo de negócio era exclusivo da Incyte, havia poucos concorrentes. "Todo o mundo foi apanhado pela ideia de que o único modo de fazer dinheiro no setor de biotecnologia seria desenvolver um novo medicamento. A ideia de vender informações era pura e simplesmente diferente", lembra-se Scott. Por fim, a empresa acabou saltando para um faturamento de mais de 200 milhões de dólares anuais — tudo porque seus fundadores se dispuseram a adotar um novo estilo de fazer negócios.

O empreendimento seguinte de Scott nasceu de um questionamento mais pessoal — ao se perguntar por que havia tão poucas intervenções médicas realmente eficazes quando uma grande amiga havia sido diagnosticada com câncer de mama. O programa de tratamento dessa amiga incluía quimioterapia, cuja probabilidade de diminuir o câncer era remota e com certeza a deixaria gravemente indisposta. "Eu me perguntei por que não estávamos usando todas as informações que podíamos extrair dos genomas para classificar melhor os tumores", disse Scott. Aproveitando-se de seu crescente banco de dados genéticos, Scott criou a Genomic Health para oferecer uma medicina mais personalizada, identificando tratamentos consoantes à constituição genética do paciente e dirigidos à sua doença específica. Em última análise, já era tarde demais para Scott ajudar sua amiga, mas não para oferecer os benefícios da medicina genômica a milhões de outras pessoas.

O modo como os dirigentes formulam as perguntas tem influência sobre a motivação e o comportamento e define os rumos da organização como um todo. As perguntas podem ser apreciativas ou movidas pela curiosidade. Elas podem transmitir interesse ou impaciência. A pergunta "Por que você não fez...?" passa a impressão de crítica, e não de confiança. Informações semelhantes podem ser coletadas perguntando-se: "Você poderia me explicar...?". As perguntas essenciais na gestão de um projeto em andamento — "Quando ficará pronto?", "Quais são os marcos para avaliar seu andamento ou sucesso?" — também podem reprimir novas ideias. Os projetos de pesquisa normalmente compreendem um conjunto de perguntas abertas ou de hipóteses de investigação cujos resultados ou data de conclusão não são evidentes. Isso não significa que não se deva perguntar

o que os pesquisadores estão buscando ou **como** eles pretendem seguir adiante. Além disso, a liderança precisa estar aberta ao autoquestionamento e a questionamentos alheios.

À proporção que amadurecemos ficamos mais propensos a tomar as situações como certas e naturais e a esquecer de questionar o *status quo* ou de nos autoquestionar. **Tendo mais a perder, ficamos menos dispostos a assumir riscos**. Esse mesmo fenômeno pode ocorrer à medida que as empresas, os setores e as áreas científicas amadurecem e a inovação se torna mais incremental. Contudo, da mesma forma que a meia-idade pode ser vista como um momento de mudança positiva, as empresas, os setores e os cientistas maduros devem continuar a questionar suas conjecturas e a buscar inovações ousadas e de amplo alcance. Nesse estágio, talvez seja mais difícil mudar, mas a curiosidade e a avaliação não devem se extinguir com a idade ou o amadurecimento.

Risco

Admitir um fracasso não é fácil, e em geral é caro, tanto para o bolso quanto para a reputação. As pessoas têm dificuldade de renunciar a uma ideia quando estão apaixonadas por ela. Mas tolerância e paciência são essenciais quando queremos que as pessoas assumam **riscos criativos** e **promissores**. O diretor executivo de informática da FedEx, Rob Carter, atribui parte do sucesso da empresa à atitude saudável que eles assumem perante o insucesso. "O fracasso dói, e tentamos enfrentá-lo", admite ele. "Mas cultivamos muito a confiança e a coragem para assumir riscos."

O insucesso é inerente à inovação. "Quando iniciamos um projeto, não temos informações suficientes sobre a concorrência ou as necessidades do cliente, e as melhores ideias ou a melhor tecnologia ainda nem foram desenvolvidas", afirma Curtis Carlson, diretor executivo da SRI International, organização de P&D independente e sem fins lucrativos. "Por isso, é natural que, no início, a maioria de nossas ações tenda a ser malsucedidas."

As pessoas querem ter a segurança de que não serão rotuladas de **"fracassadas"**, caso tenham feito um bom trabalho e souberem porque uma ideia ou um projeto não foi para a frente. Em caso de insucesso, não deveríamos dar nome aos bois, a menos quando provocado por desempenho ruim ou falta de esforço. Chamar as pessoas à responsabilidade é bom, mas sem deduragem e culpabilização!

Em 1989, para cumprir sua estratégia de expansão internacional, a FedEx adquiriu uma empresa de transporte, a Flying Tigers. "Fomos bastante agressivos na Europa no final da década de 1980 e início da década de 1990 e nos precipitamos", admite o diretor executivo Fred Smith. "Tivemos de reestruturar essas atividades, mas tratamos todos justamente. Precisamos admitir que determinadas coisas não darão certo. Assim, basta retomar, sem ofender as pessoas que se esforçaram determinadamente", ressalta Fred Smith. A postura da FedEx, na verdade, foi construir a rede Express Freighter e estreitar seu foco na Europa, hoje o mercado internacional mais lucrativo da empresa. Ao comprar a Flying Tigers, a FedEx também adquiriu direitos de aterrissagem na Ásia, que são fundamentais às suas atividades ao redor do mundo.

A perda de mais de um bilhão de dólares com a compra e a venda subsequente da Musicland ensinou à Best Buy uma lição suficientemente significativa para que começasse a repensar totalmente seu projeto para alcançar a liderança no setor. "A aquisição fez sentido para a alta administração", diz Kal Patel, o entusiástico vice-presidente executivo da Best Buy, que investe seu tempo na Ásia e no vale do Silício procurando pessoas e ideias inovadoras. Porém, enquanto os executivos da empresa perdiam tempo detalhando ao máximo uma justificativa para a compra de uma cadeia de lojas de CDs, a Napster detonou na Internet, mudando todas as regras. De uma hora para outra, milhões de adolescentes decidiram que as músicas deveriam ser **baixadas da Internet**, e **de graça**. "Esse momento foi crucial para nós", recorda-se Patel. "Ficamos mais atentos no sentido de reconhecer e atender às necessidades expressas e não expressas dos clientes." A Best Buy empreendeu uma iniciativa interna para ouvir mais de perto os funcionários que conversavam diariamente com os clientes.

De acordo com a cultura do vale do Silício, encarar o fracasso como um **trampolim** é essencial ao sucesso. Kevin Compton, sócio da Kleiner Perkins, umas das maiores empresas de capital de risco do vale do Silício, reunia-se com empresários de outros países que visitavam o vale do Silício na esperança de aprender os segredos da magia de seu empreendedorismo. Para dar uma ideia da *gestalt* (estrutura) do vale do Silício, ele costumava contar uma história: "Você está se preparando para o jantar do dia de Ação de Graças ou para uma celebração equivalente em seu país. Você tem 32 anos, tem filhos e está indo jantar na casa dos sogros. Depois de dez anos de trabalho em uma empresa equivalente à IBM, quando tudo parecia estar indo a contento, você, inesperadamente, pede demissão para trabalhar em uma famosa *start-up* que levantou uma grana alta e fracassou totalmente 18 meses depois. Eu costumo perguntar a esses caras: **'Você iria a esse jantar com a família?'**. Eles normalmente respondem não. E eu costumo lhes dizer que, no vale do Silício, você não só vai jantar com a família, como também recebe o apoio de seu cunhado, que lhe diz: 'Gostaria de ter coragem de fazer isso!' Pelo fato de assumirmos riscos, obtemos sua atenção. Isso está em nosso DNA."

Essa disposição para empreender e permitir às pessoas uma segunda, terceira ou quarta oportunidade profissional foi o que diferenciou não apenas o vale do Silício, mas também a cultura norte-americana da cultura de outros países. "Se fizesse uma pergunta a uma classe de 100 alunos em uma universidade na Finlândia, apenas um aluno levantaria a mão, mas eu poderia ter total certeza de que a resposta estaria correta. Se fizesse o mesmo nos EUA, 99 levantariam a mão, mas 90 provavelmente responderiam errado. Mas eles estão dispostos a tentar", explica Henry Tirri, pesquisador da Nokia.

Com a liderança correta, mesmo organizações governamentais conservadoras como a Agência de Controle de Alimentos e Medicamentos dos Estados Unidos (Food and Drug Administration — FDA) é capaz de assumir riscos calculados e destacar-se. Quando David Kessler tornou-se comissário da FDA, em 1990, eram processadas em média 33 solicitações de teste de novos medicamentos por mês — um processo muito demorado quando o que está em jogo são vidas humanas. A reação de Kessler foi instituir uma medida de "aprovação acelerada". Em 1996, quando a FDA começou a receber solicitações para aprovação de inibidores de protease — uma classe de medicamentos que aumentou radicalmente o índice de sobrevida e melhorou a qualidade de vida dos indivíduos contaminados pelo HIV —, elas eram aprovadas em 47 dias. "Estabelecemos uma nova medida, houve cooperação do setor e isso funcionou. Adotamos uma postura de transparência para com a população norte-americana, com relação aos riscos, e nossa conduta acabou se demonstrando correta", afirma ele. Quando Kessler deixou a FDA, 13 novos medicamentos antivirais que mudariam o curso dessa doença devastadora já haviam sido aprovados.

Muitos inovadores talentosos sentem-se atraídos por projetos com grande probabilidade de insucesso. "**Gosto** de fazer coisas que não tenho certeza se vão ou não funcionar", afirma Paul Baran, um dos pioneiros da Internet. "O risco nos incita", complementa ele. Baran, que aos 80 anos de idade ainda continua criando empresas, é um eminente representante da cultura científica norte-americana, com uma disposição para se arriscar em lugares que nenhum homem ou mulher jamais se aventurou.

Quanto mais bem-sucedidos, mais teremos a perder e menor será a probabilidade de produzirmos uma inovação disruptiva. Mas o impacto negativo do fracasso **de** inovar com frequência é maior do que o fracasso **da** inovação. O estilo de liderança e o perfil dos fundadores da Apple e da FedEx, Steve Jobs e Fred Smith, respectivamente, são distintos, mas ambos são bem-sucedidos em setores completamente diferentes. Contudo, ambos têm **avidez por riscos ousados**, mas calculados. Ambos subsistiram penosamente a fracassos que se tornaram públicos — o computador Lisa da Apple e o serviço ZapMail da FedEx —, mas isso não os impediu de perseguir novas ideias, com verdadeira paixão.

Abertura

A inovação exige **mente aberta** e uma atmosfera que estimule as pessoas a **imaginar**, alargar os horizontes, colaborar, captar serendipidades e ter liberdade para criar. A curiosidade precisa ser complementada pela capacidade de avaliar criticamente as informações, aceitar contribuições e estar preparado para se adaptar a mudanças.

A falta de imaginação destrói muitos projetos. Na Zilog, no final da década de 1970, desenvolvemos um sistema computacional em rede que estava anos à frente de seu tempo, quase o equivalente ao Microsoft Word para o PC. Demonstramos uma dessas máquinas à direção da Exxon, principal investidora da Zilog. A Exxon, entretanto, já havia injetado milhões de dólares em fabricantes de máquina de escrever que naquele momento estavam desenvolvendo processadores de texto dedicados. Embora a ideia do grupo fosse visionária, a direção da Exxon não foi capaz de imaginar por que motivo alguém quereria um computador pessoal para uso geral. "Eles já haviam investido nessas máquinas de escrever a que estavam chamando de processadores de texto", lembra-se meu chefe na época, Joe Kennedy, "e simplesmente disseram: 'Por que precisamos de outro?'. Se a Exxon não tivesse tido pressa em perceber o que tínhamos em mãos, a Zilog teria batido tanto a Microsoft quanto a Apple no mercado." Mas a Exxon não aceitou, e muitos funcionários da Zilog deixaram de criar sua própria empresa. O vale do Silício está repleto de novos empreendimentos bem-sucedidos iniciados por inovadores que se tornam empreendedores porque a direção da empresa em que trabalham recusou-se a considerar novas ideias.

Algumas das descobertas e invenções mais significativas da história — penicilina, *Viagra*, blocos *Post-it* — foram possíveis porque alguém estava predisposto a enxergar além do plano original. O *Viagra* foi originalmente desenvolvido como medicamento para hipertensão. Ao observar os efeitos colaterais não previstos do composto químico do *Viagra*, a Pfizer conseguiu lançar um medicamento revolucionário para tratamento de disfunção sexual e criou um produto que hoje integra a lista de seus produtos mais vendidos. Para ter uma **serendipidade**, é essencial **ser flexível** e estar **aberto a surpresas**. "As melhores inovações surgem quando acreditamos nessas aleatoriedades da vida", afirma Yogen Dalal, diretor geral da Mayfield Fund. Quando não há uma **cultura de abertura**, possíveis desvios de plano geralmente são encobertos, em vez de trazidos à tona logo no princípio para que a empresa possa se adaptar.

Compartilhar informações abertamente também dá abertura para uma preciosa troca de *feedback*. No vale do Silício, alguns dos fracassos mais caros ocorreram porque os projetos foram mantidos em segredo por muito tempo. Para Roger McNamee, diretor geral da Elevation Partners, empresa de capital privado, várias empresas precursoras da "computação de caneta" entraram em colapso porque as pessoas "achavam que tinham algo tão inacreditável nas mãos que não podiam mostrar a ninguém. Por esse motivo, nunca receberam nenhum *feedback* do tipo: 'Pessoal, isso é uma estupidez; vocês estão fabricando um tijolo que não funciona'".

Em todas as áreas de inovação, há uma tensão natural entre abertura e foco, especialmente no desenvolvimento de produtos ou programas. Uma pessoa **demasiadamente** aberta pode mudar tanto o rumo ou as especificações das coisas, que nada sai do lugar. Mas muita objetividade pode obstaculizar os inovadores. No início de um projeto, quando estamos analisando necessidades, formulando perguntas e propondo ideias, precisamos estimular as pessoas a ter mentalidade aberta e a experimentar. Assim que escolhemos um caminho, devemos segui-lo e parar de reformulá-lo indefinidamente e de dizer **"não, só vou adicionar mais uma coisinha"**. Todavia, em caso de avaliações periódicas e da necessidade de decidir de que forma devemos prosseguir, é fundamental adotarmos novamente uma mentalidade aberta. Do contrário, acabamos focalizados na concretização de um objetivo que não tem mais valia alguma.

A Microsoft, que a princípio desenvolvia ferramentas de *software*, acabou entrando na área de sistema operacional para atender às necessidades de um cliente extremamente importante, a IBM. "Se Gates tivesse se acomodado e dito 'Não, meu negócio é ferramenta de *software*'", afirma o empreendedor Marc Andreessen, coinventor do navegador *Web*, "outro qualquer teria se tornado uma Microsoft."

Paciência

A **paciência** é indispensável ao sucesso de qualquer inovação. Isso não quer dizer, entretanto, que o processo de inovação tenha de ser passivo. Os inovadores precisam se sentir à vontade para conviver com ambiguidades durante um determinado tempo e, desse modo, não escolher logo de cara a primeira ideia ou solução que surgir. Devem ter também **paciência ativa**: persistência para superar obstáculos técnicos e defender ideias novas e audaciosas diante da incredulidade de outras pessoas. Justamente pela persistência dos cientistas da Genentech é que o *Avastin*, medicamento para o tratamento do câncer colorretal, foi aprovado em 2005 pela FDA — **15 anos** depois de iniciada a primeira pesquisa. Em um empreendimento, é possível ter paciência sem perder a percepção de urgência.

Quando uma nova tecnologia exige uma mudança importante de infraestrutura, o tempo e o capital necessários para que ela se difunda serão consideravelmente maiores. "O automóvel vai continuar sendo um objeto de diversão enquanto houver rodovias e estradas. O sistema telefônico só funcionará se estendermos milhões de quilômetros de cabos", afirma Joel Birnbaum, ex-diretor da HP Labs. Nesses casos, é especialmente essencial logo de saída reservar algum tempo à pesquisa e experimentação, para que se construa uma infraestrutura em torno de soluções adequadas a longo prazo.

Da parte dos empresários e financiadores, eles precisam ter paciência e esperar o amadurecimento das ideias. Os funcionários, quando se sentem impacientes, não se dão tempo para tentar algo novo ou, então, escolhem o caminho mais rápido, e não o melhor. Empresas e projetos com potencial para gerado excelentes produtos e grande lucratividade correm o risco de ser interrompidos por falta de **"capital paciente"**. No final da década de 1990, a 3COM estava disputando participação de mercado com a Cisco no segmento de redes, mas a direção da 3COM exigiu então uma solução mais rápida de lucratividade. "Por esse motivo, desistimos do empreendimento", lembra-se Eric Benhamou, presidente do conselho da 3COM, "o que provocou um atraso de cinco a dez anos na empresa". Consequentemente, hoje poucas pessoas se lembram da 3COM, ao passo que a Cisco deu um salto e passou a dominar o segmento de redes.

As técnicas de mensuração e os intervalos de tempo apropriados para iniciativas de desenvolvimento não são os mesmos dos projetos de pesquisa. "Há momentos em que é impossível dizer se uma determinada linha de execução dará certo", diz David Clark, pesquisador cientista sênior do Instituto de Tecnologia de Massachusetts (Massachusetts Institute of Technology — MIT), que contribuiu para a criação da Internet. "É impossível trabalhar com um contador obsessivo, sempre com uma prancheta na mão nos espiando sobre o biombo e perguntando: **'E aí, como vão as coisas?'**."

Confiança

Seja você empresário ou avalista de uma empresa, deve confiar em sua equipe e no processo de inovação. Tanto os diretores quanto os funcionários só se sentem à vontade com a vulnerabilidade, só se dispõem a assumir riscos e só sentem liberdade para criar quando esse princípio está bem estabelecido na empresa. A partir do momento em que a confiança se desgasta e que se sacrifica o potencial de inovação em prol de marcos demonstráveis, os horizontes se tornam progressivamente mais estreitos.

É indispensável que os inovadores tenham suficiente autoconfiança para superar obstáculos e concretizar sua visão de futuro. Ao mesmo tempo, porém, devem se manter abertos a novas ideias e autoavaliar-se permanentemente. É como "viver no mundo da autoconfiança **e** da insegurança em si mesmo", afirma Kal Patel, da Best Buy, tentando descrever esse estado de espírito. Devemos acreditar em nossa visão e ao mesmo tempo estarmos abertos para desconfiar dela, porque a confiança sem o devido questionamento pode ser um desastre.

Todas as empresas que ajudei a criar desenvolveram produtos que transformaram radicalmente a tecnologia e dirigiram-se a mercados que ainda nem existiam, tal como o fazem várias *start-ups*. Nossos primeiros investidores e funcionários tiveram de confiar em nossa visão. E nós tivemos de confiar em nossas equipes, que eram pequenas, mas especiais, dando-lhes liberdade para seguir os passos que concretizariam nosso sonho. **Empreendedorismo tem tudo a ver com confiança!**

Para formar parcerias em torno de uma inovação, a confiança deve se ampliar e ser uma realidade para todas as partes. Nas parcerias duradouras, ao contrário das negociações de projeto para projeto, é possível ter transparência e compartilhar informações.

Quando a confiança é autêntica, as pessoas sentem liberdade para questionar. Na década de 1980, a *start-up* Gavilan perdeu dezenas de milhões de dólares de seus investidores. Ela havia desenvolvido um computador portátil que ostentava várias tecnologias bem à frente de seu tempo: nada mais nada menos que um *touchpad* (dispositivo de controle sensível ao toque) e um monitor de cristal líquido. Os clientes faziam fila para comprar essa maravilha tecnológica. O acúmulo de pedidos pendentes foi equivalente a 70 milhões de dólares. Mas a empresa tentou condensar muitas tecnologias novas em uma mesma máquina e acabou criando um produto não muito confiável. "Eu estava fazendo a demonstração do produto ao secretário do Interior", lembra-se Wes Raffel, na época responsável pela área de *marketing* e vendas da Gavilan. "Eu tinha duas máquinas comigo e ambas não funcionaram." Ninguém estava disposto a parar para encarar o fato de que aquela tecnologia simplesmente não estava pronta para o seu apogeu. Com o tempo, a empresa se estatelou, como se tivesse atingido um muro a 160 km/h, porque não contrabalançou risco técnico com uma honesta autoavaliação e responsabilização. Raffel, contudo, aprendeu uma lição e tanto. "O diretor executivo da Gavilan tinha uma personalidade magnética e a cega lealdade de sua equipe. Todos pareciam ter comprado cegamente a ideia e ninguém estava disposto a dizer 'Pessoal, vamos mais devagar'", afirma ele.

A MENTE DE UM INOVADOR EM AÇÃO: AS QUATRO PERGUNTAS DE HAWKINS

Quem está por trás da Palm Pilot e da Handspring Treo é o brilhante cientista Jeff Hawkins. Sua verdadeira paixão, entretanto, não é criar dispositivos portáteis. É entender como pensamos. "Quando adolescente, fiz uma lista das perguntas mais importantes que conseguia abarcar naquele momento. Por que o universo existe? Por que as leis da física são como são? Por que existe vida e de onde ela vem? E, na medida em que a vida existe, o que é inteligência? Parei por aí, porque me pareceu que talvez pudéssemos encontrar a resposta para a minha última pergunta", recorda Hawkins. Se compreendêssemos o funcionamento do cérebro humano, acreditava Hawkins, talvez conseguíssemos criar instrumentos que nos ajudassem a responder suas três **primeiras** perguntas. Atendendo à sugestão do pai, Hawkins estudou eletrônica. Depois de se formar na faculdade, começou a trabalhar como engenheiro na Intel, mas ainda não havia perdido de vista sua lista de perguntas. Ao ler um artigo na revista *Scientific American*, do biólogo Francis Crick, codescobridor do DNA, dizendo que nos faltava uma estrutura para compreender o cérebro, Hawkins decidiu dedicar-se ao problema.

Na Intel, tentou destemidamente convencer seus chefes e outras pessoas do setor tecnológico do enorme potencial que as pesquisas sobre o cérebro teriam para avanços na computação, mas ninguém o ouviu. Hawkins, porém, não se deteve diante disso. Deixou então seu emprego e matriculou-se num curso de pós-graduação na Universidade da Califórnia, em Berkeley, para estudar **neurociência**. Contudo, não encontrou nada além de outros obstáculos. "Queria estudar teorias sobre o neocórtex, mas me disseram que não poderia fazê-lo como estudante de pós-graduação", diz Hawkins. "Como naquela época não havia ninguém pesquisando na área pela qual tinha interesse, eles não permitiam que um estudante de pós-graduação encabeçasse uma pesquisa independente. Tive de trabalhar no projeto de outra pessoa", lembra Hawkins.

No final das contas, Hawkins acabou optando por voltar para o mundo dos negócios. "Para começo de conversa, tinha família e precisava colocar comida na mesa. Precisava de recursos financeiros para empreender minha pesquisa", afirma ele. Hawkins também se deu conta de que precisava aprender a promover mudanças em nível institucional, influenciando os decisores a mudar de opinião. Ele queria se tornar conhecido para ter credibilidade suficiente e arregimentar os recursos necessários para confrontar seus grandes questionamentos.

Fisgado pela computação móvel ao trabalhar para a Grid em seu primeiro computador portátil, Hawkins acabou criando a *Palm* em 1992. A princípio, o sucesso da empresa foi praticamente nulo. Sua parceria de *hardware* com a Casio não vingou e o setor de computação móvel então nascente parecia implodir. Mas um membro do conselho da Palm pôs fé em Hawkins, perguntando-lhe se sabia o que as pessoas estavam de fato desejando naquele momento. Hawkins foi para casa e projetou o *Palm Pilot* naquela mesma noite. Para os demais membros do conselho, querer fabricar o produto inteiro partindo do zero, inclusive sistema operacional, *hardware* e *software*, era um absurdo. Mas naquela época Hawkins já havia aprendido a convencer as pessoas do potencial de suas ideias. "Tínhamos 3 milhões de dólares, pouco apoio e apenas 27 funcionários", conta ele. "Podíamos simplesmente morrer lentamente, mas reagimos com um 'Não, vamos nessa'", recorda ele.

Dado o espetacular sucesso do *Palm Pilot*, Hawkins finalmente ganhou a independência financeira e a credibilidade que necessitava para levar sua pesquisa adiante. Em 2002, fundou o Instituto de Neurociências de Redwood (Redwood Neuroscience Institute — RNI), em Menlo Park, autofinanciando-se e trabalhando com instituições acadêmicas como a Stanford e Berkeley para concretizar sua visão. Nos três anos seguintes, mais de 120 cientistas procuraram o RNI, pondo seu conhecimento a serviço das pesquisas a respeito do neocórtex. "Não havia outro lugar como aquele, em que tínhamos liberdade de sobra para nos concentrarmos em um problema científico específico", afirma Hawkins.

Com o tempo, Hawkins acabou concluindo que, se o RNI pudesse transformar suas teorias em uma tecnologia viável, seria possível envolver mais pessoas para ajudar seu trabalho a avançar. Em parceria com outra pessoa, fundou a Numenta, para fabricar um conjunto de ferramentas desenvolvido com base nos conhecimentos recém-obtidos pelo RNI sobre o funcionamento do cérebro. "A Numenta provavelmente levará de quatro a cinco anos para se tornar lucrativa. O segredo do sucesso é ir devagar, sem precipitação, e não querer ser grande demais", afirma Hawkins.

Hawkins personifica os principais princípios da inovação. Sempre foi extremamente curioso, está disposto a assumir riscos, é aberto a mudanças e ao mesmo tempo obstinado e paciente. Com isso, conquista a confiança de outras pessoas, sem jamais desacreditar em sua própria visão.

O PROCESSO DE INOVAÇÃO

Não há nenhum caminho previsível para uma inovação promissora. "Metade das grandes inovações no mundo foi resultado de grandes lampejos (*insights*), a outra metade ocorreu por acidente, mas nenhuma delas de forma programada", afirma Roger McNamee, um investidor já de longa data do setor tecnológico. Porém, existe um processo por trás do caos: identificar uma necessidade e um conjunto de questões investigativas; experimentar e testar novas ideias; e avaliar se é possível prosseguir ou se é necessário retroceder para gerar mais ideias e perguntas ou identificar necessidades.

O processo de inovação é impulsionado pela necessidade de compreender como algo funciona ou por que não funciona; de gerar receitas, reduzir custos ou aumentar a produtividade; de solucionar um problema de um cliente; ou de manter o bem-estar da população e salvar vidas. "Se bem executado, esse processo de identificação e caracterização de necessidades torna-se o DNA da invenção", diz Paul Yock, professor de bioengenharia na Stanford. No mundo dos negócios, o truque é identificar as necessidades de seus clientes em potencial **antes deles**. "No momento em que seus clientes lhe dizem que desejam algo, já é tarde demais", esclarece Carol Bartz, presidente executiva e ex-diretora executiva da Autodesk.

Ao criar produtos de *software* baratos e eficientes como o Quicken, QuickBooks e TurboTax, a Intuit revolucionou o método de pagamento de contas e impostos, de gerenciamento contábil e de processamento de folha de pagamento para indivíduos e pequenas empresas. A princípio, tudo indicava que a empresa não corria o risco de errar. Contudo, quando a Intuit lançou oito novos produtos, que fracassaram entre 1994 e 1999, o fundador da empresa, Scott Cook, decidiu desvendar o motivo. Ao analisar essas iniciativas malsucedidas, ficou surpreso ao constatar que tanto os casos de insucesso **quanto** de sucesso em geral compreendiam os mesmos funcionários, tecnologias, marcas, canais de distribuição e segmentos de clientes. "A diferença era que os produtos bem-sucedidos estavam direcionados a um problema importante do cliente que até aquele momento ninguém mais havia proposto uma solução. Ninguém havia tentado solucionar o problema porque ninguém o havia enxergado. Mas de repente conseguimos. Com isso, fomos obrigados a mudar de mentalidade, pois precisávamos enxergar um paradigma diferente daquele em que nós e outras pessoas havíamos acreditado até então", explica ele.

Até mesmo as organizações não comerciais podem pensar em seu público como "clientes" com necessidades que precisam ser satisfeitas. Para uma instituição acadêmica, o cliente é a sociedade — as pessoas e as empresas que alavancam financeiramente o ensino e a pesquisa na instituição e empregam seus alunos. Os órgãos governamentais devem ter clara consciência das necessidades variáveis dos cidadãos de suas cidades, pois mudanças demográficas, econômicas ou nas relações exteriores afetam a segurança nacional, a educação, o sistema de saúde e as políticas empresariais. Os órgãos de financiamento podem aprender a alocar melhor seu capital se enxergarem seus beneficiários como clientes, percebendo o modo mais adequado de possibilitar que eles realizem suas pesquisas, aprimorem seu conhecimento, criem empresas ou vivam produtiva e independentemente.

Por trás de toda necessidade, existe um conjunto de perguntas que devem ser investigadas: Haveria uma forma mais adequada de fazer isso? E se...? Como isso funciona? Por que isso não funciona? Qual é a necessidade real do cliente? Que aspecto terá esse problema daqui a dez anos?

Aprender a formular as perguntas certas não é fácil. O conjunto de respostas que obtemos ao pedirmos ao cliente que indique as características ou os recursos que ele deseja em um determinado produto com certeza é menor do que quando lhe perguntamos quais problemas ele está tentando solucionar. Ir mais fundo, a fim de compreender as necessidades e limitações específicas de uma determinada aplicação, também possibilita que os inovadores antevejam as necessidades que os clientes, por si sós, não articulam, e isso pode levar a uma inovação muito mais significativa. Além disso, podemos formular perguntas para delimitarmos favoravelmente um projeto. Há momentos em que precisamos nos concentrar em um problema específico; há outros em que queremos alargar o foco da pesquisa.

Nosso contínuo conflito no Iraque é um exemplo catastrófico da importância que é formular corretamente uma pergunta. Entramos em guerra com tecnologia para apoiar um conjunto de operações militares de precisão com um número mínimo de baixas. Mas tínhamos respostas para os problemas errados. As Forças Armadas dos EUA estavam preparadas para um ataque sem soldados, mas a ocupação de um país exige tropas na linha de frente. Não estávamos preparados tecnologicamente, financeiramente nem emocionalmente para o **problema nu** e **cru** que enfrentamos no momento.

O *brainstorming*, empregado para gerar **ideias** — novos meios de abordar necessidades percebidas —, em geral é considerado a parte **"mágica"** da inovação. É indispensável haver uma combinação correta entre pesquisa, criatividade e tempo hábil para pensar. Assim que se define um conjunto de ideias promissoras, é chegado o momento de **experimentá-las** e **testá-las** por meio de pesquisas de mercado, experimentos científicos ou protótipos, fase em que a metodologia e a disciplina são fatores cruciais.

Você se lembra das aulas de ciência do 2º grau, quando aprendeu a programar um experimento? Eu e meu filho passamos uma tarde inteira no corredor de casa, atirando com um arco e flecha da Nerf, para um experimento de física do colégio dele. Depois de horas atirando e calculando a força propulsiva da corda, chegamos a resultados inconclusivos. Embora tenha sido divertido, a parte mais longa do relatório de conclusões de David falava sobre margens de erro, porque não tínhamos ferramentas para medir de maneira precisa a trajetória da flecha nem a força da corda. **Lição:** é crucial planejar o experimento. Determinar de que forma o teste será feito e onde obteremos *feedback* e analisar criticamente os dados são fatores fundamentais ao sucesso do experimento.

A Internet transformou a relação entre as empresas e seus clientes, disponibilizando canais de comunicação diretos e não filtrados, inimagináveis em épocas anteriores, e oferecendo às empresas acesso instantâneo a *feedbacks* e ideias fornecidos por sua base de clientes. Nesse fluxo livre de informações há também o fardo de filtrar e separar informações importantes e ruído. Os grupos de discussão são úteis somente quando as perguntas que estamos levantando são as perguntas corretas que as pessoas corretas levantariam; como dizia Henry Ford, se ele tivesse perguntado a seus clientes o que eles desejavam, a resposta teria sido um **cavalo mais rápido!** Uma ideia consideravelmente à frente de seu tempo pode gerar um *feedback* inicial enganoso no mercado. Precisamos avaliar se nossa convicção em determinada ideia é suficientemente firme para nos arriscarmos na etapa seguinte, **a despeito** de não recebermos *feedback* positivo.

Depois de testar e analisar os dados, é a hora e a vez de uma **autoavaliação honesta**.

A solução proposta de fato responde a pergunta em pauta?

A necessidade prevista é significativa o bastante para justificar o passo seguinte?

É necessário retroceder e fazer novos testes, experimentar outra ideia ou reformular as perguntas?

A trajetória entre a ideia inicial e o êxito na apresentação de um novo produto pode levar de algumas semanas a meses. Porém, a fase de desenvolvimento e teste de um novo medicamento ou de um produto revolucionário, com potencial para produzir uma mudança de paradigma, pode levar anos ou décadas.

Reed Hastings criou a Netflix em 1998, na época decepcionado com a locação de vídeos e cansado de pagar multas por atraso. A empresa começou com um único modelo de locação: os usuários pagavam 4 dólares para alugar um DVD por uma semana, mais 2 dólares de remessa e despesas de manuseio. "Com certeza não era uma coisa do outro mundo. Era um bom negócio, mas precisávamos de algo empolgante para dar um passo revolucionário", admite Hasting, fazendo uma retrospectiva. Ao examinar mais de perto o empreendimento, ele concluiu que um modelo de assinatura mensal — que utilizasse uma **"fila dinâmica"**, para que os clientes sempre tivessem um DVD para assistir e mais opções para aguardar — talvez funcionasse a contento. A Netflix se relançou em setembro de 1999, dessa vez provocando admiração e aplausos.

Para chegar ao projeto certo — ou, sensatamente, dá-lo por encerrado —, talvez seja imprescindível empreender várias sessões de *brainstorming*, testes, análises e adaptações. O processo de inovação em geral é semelhante a pedalar um monociclo. Para ter equilíbrio e avançar, precisamos pedalar para a frente e para trás.

INOVAÇÃO ORTOGONAL

O processo de inovação pode produzir avanços radicais, capazes de mudar a vida das pessoas, ou melhorias incrementais em ideias ou produtos existentes. Há uma terceira categoria de inovação também significativa, que consiste em aplicar de uma nova forma uma tecnologia já existente, que chamo de **inovação ortogonal**.

O *iPod* é um excelente exemplo. A Apple não foi a primeira empresa a oferecer um aparelho de MP3 portátil, a possibilidade de baixar músicas e um *software* que permite que os usuários "extraiam" faixas de áudio ou "queimem" um CD. Entretanto, o *iPod* integrou componentes tecnológicos já existentes em um único aparelho, mas de uma forma fácil de usar. A integração do dispositivo físico esteticamente projetado ao *software* iTunes foi o que abalou a estrutura do setor musical, abrindo novos mercados para a Apple, e aprimorou tudo à nossa volta. "Não foi apenas a engenharia ou a possibilidade de baixar músicas, nem os periféricos de outros fabricantes, nem mesmo o *marketing*", afirma Jon Rubinstein, antigo vice-presidente de engenharia da Apple que supervisionou o desenvolvimento desse aparelho. "Foram todos os elementos em conjunto, mais as lojas em que as pessoas realmente começaram a manusear o *iPod*. Tudo isso funcionou muito bem em conjunto. O *iPod* era um produto que todos nós desejávamos. Era algo que entusiasmava todos nós. Contudo, quando começamos, de forma alguma imaginei que venderíamos muito mais que 100 milhões de aparelhos."

Na verdade, a integração vertical que muitos analistas viam como a principal fragilidade da Apple acabou se revelando o fator de sucesso do *iPod* e, consequentemente, um marco de sucesso e definição da empresa. A Apple adotou uma postura inigualável ao conceber o *download* de músicas como um sistema completo — que incluía proteção contra cópia, para apaziguar as preocupações da indústria fonográfica —, e não simplesmente outra nova engenhoca ou *site Web*. A empresa aproveitou a Internet para oferecer aos usuários uma **vivência** musical de qualidade, e não apenas a possibilidade de reproduzir arquivos MP3.

O cartão de crédito foi adotado na década de 1920 para agilizar e facilitar a compra de combustível para um número crescente de proprietários de automóveis. Quando empresas como a Diners Club e American Express possibilitaram que o pagamento de alimentação, hospedagem e produtos fosse realizado com um simples cartão de plástico, que bastava ser deslizado em uma pequena leitora, o conceito de cartão de crédito gerou uma inovação extremamente disruptiva. O cartão de **débito**, entretanto, foi uma inovação ortogonal. Embora tenha utilizado a mesma tecnologia do cartão de crédito, seguiu um modelo de negócio diferente, visando oferecer serviços que hoje consideramos corriqueiros, mas que não teríamos sequer pensado em solicitar antes de terem sido inventados.

A ampla adoção das grandes inovações demora algum tempo. O impacto das inovações incrementais e ortogonais normalmente é mais imediato. É fundamental haver um equilíbrio adequado entre esses três tipos de inovação. As ideias e os produtos revolucionários e ortogonais podem dar início a novos ciclos de mercado e abrir oportunidades de grande crescimento, ao passo que as inovações incrementais mantêm os ciclos.

NÃO MAIOR DO QUE UMA BANDA DE JAZZ

Se você conversar com qualquer pessoa em um cargo de liderança, ela lhe dirá que atrair e contratar os melhores talentos é **prioridade máxima**. O que isso significa no contexto da inovação?

Os melhores talentos incorporam os cinco princípios fundamentais da inovação e combinam adequadamente **atitude**, **habilidade**, **discernimento**, **paixão** e **garra**. A curiosidade e a abertura dessas pessoas a novas experiências são tão importantes quanto sua genealogia. Elas precisam de profundo conhecimento para angariar respeito, de um clima de entusiasmo contagiante para arregimentar a organização ao seu redor e de um impulso quase compulsivo pela reformulação e experimentação. "Na verdade, sempre procuramos pessoas que já nasceram com um ferro de soldar nas mãos, pessoas apaixonadas pelos produtos, pelo processo de criação e pela tecnologia em si", diz Jon Rubinstein.

Os inovadores normalmente não têm uma ideia precisa dos obstáculos que enfrentarão ao lançar algo novo. Eles têm uma certa dose de ingenuidade que impede que sejam intimidados pelos problemas que inevitavelmente surgirão. Reid Hoffman, criador da rede social *LinkedIn*, orientou pessoalmente vários fundadores de *start-ups*, como a *Facebook*, *Flickr* e *Digg*. No final da década de 1990, ele se integrou à *PayPal*, onde acabou se responsabilizando por todas as relações externas da empresa, inclusive pelas regulamentações bancárias. "Pelo fato de não conhecer nada de regulamentações governamentais, operações bancárias, fraude, estrutura financeira e um monte de outras coisas, acabamos simplesmente pisando em um campo minado, sem ao menos saber que **havia** campo minado. Porém, uma vez lá, não houve outra coisa a fazer senão seguir adiante — e tivemos sucesso, ao passo que a maioria do pessoal do setor bancário ficou à margem", afirma Hoffman. Semelhante a essa ingenuidade é o espírito brincalhão, mesmo em meio a um trabalho extremamente desafiador. "Na *LinkedIn*, algumas pessoas têm verdadeiro prazer em brincar com tecnologia", diz Hoffman. "Elas primeiro pegam um artefato, olham e dizem: 'Em que eu poderia transformar isso?'. Isso é diferente de se comportar de acordo com alguma meta", explica ele.

A magia ocorre quando um pequeno grupo, integrado pelas pessoas mais competentes, tem senso de propósito e valores em comum, recursos suficientes e autonomia para criar e propor algo notável. Mesmo em projetos complexos que no final podem exigir consideráveis recursos de implementação, é essencial manter a equipe inicial pequena, diminuir a sobrecarga de comunicação e informações e possibilitar que o grupo mude de direção rapidamente, se necessário.

No vale do Silício, o tamanho ideal desses grupos em geral segue a regra de "duas pizzas", segundo a qual nada surpreendente jamais ocorrerá a um grupo que não consiga se satisfazer com duas pizzas. Para Henry Tirri, pesquisador da Nokia, o grupo certo **"não deve ser maior do que uma banda de *jazz*"**, pois assim as pessoas podem improvisar e interagir sem precisar de um maestro para orquestrar cada um de seus movimentos.

Todo amante de *jazz* sabe que as melhores bandas são compostas não apenas por músicos capazes de tocar solos formidáveis, mas por músicos que sabem ouvir o outro e adotam a visão coletiva da música. Especialmente hoje, em que os produtos e projetos em geral recorrem a uma série de especialidades, encontrar pessoas que saibam trabalhar em conjunto — e com o mundo em geral — é fundamental. É cada vez maior o número de empresários que estão reconhecendo a importância do que a IDEO, uma proeminente empresa de desenvolvimento de produtos, chama de pessoas tipo T^2 — pessoas com profundo conhecimento em um campo específico, mas também **amplitude** ou **mente aberta** para se comunicar bem com pessoas de outras áreas do conhecimento.

Não foi apenas a tecnologia do *iPhone* da Apple que o tornou um produto de referência memorável que ampliou o mercado de telefones inteligentes em âmbito geral. Foi também o *design* arrojado e imaginativo do produto e uma equipe de *marketing* que sabia atiçar as expectativas do público e provocar um frenesi. A inovação nasce da reunião de conjuntos diversos de especialidades. Para facilitar a comunicação entre esses diferentes grupos e contrabalançar devidamente as recompensas para todos eles, a liderança deve compreender e valorizar a importância de todo o elenco.

"Há meia dúzia de palavras no idioma inglês que podem substituir o termo *substance* (essência). Três delas são *innovation* (inovação), *accountability* (responsabilização) e *leadership* [liderança]", explica Andy Grove, diretor executivo da Intel já aposentado. "As empresas que permitem que as pessoas saiam impunes, falam muito em responsabilização. Aquelas que não têm coragem de soltar as rédeas citam incessantemente a liderança. E as pessoas incapazes de mudar o que estão fazendo ou mesmo de analisar o que está errado falam excessivamente em inovação", detalha Andy Grove. Inovação não é apenas outra frase ensaiada, simplista e batida que não serve para representar outra coisa senão a *start-up* mais quente do momento. Precisamos de uma inovações verdadeiras e sustentáveis, possíveis somente com uma liderança corajosa e um ecossistema equilibrado.

---

2 O termo original é *T-shaped people*. São pessoas com uma habilidade principal, representada pela haste vertical da letra T — por exemplo, engenheiros mecânicos —, que conseguem ter outras habilidades bastante distintas e se sair bem. São pessoas com visão multidisciplinar. A linha vertical significa focalização (a influência concentra-se na pessoa e na equipe) e a horizontal significa ampliação (a influência dissemina-se pelo grupo ou pela empresa). A junção de focalização e ampliação gera a amplitude. (N. da T.)

FINANCIAMENTO ---- LIDERANÇA

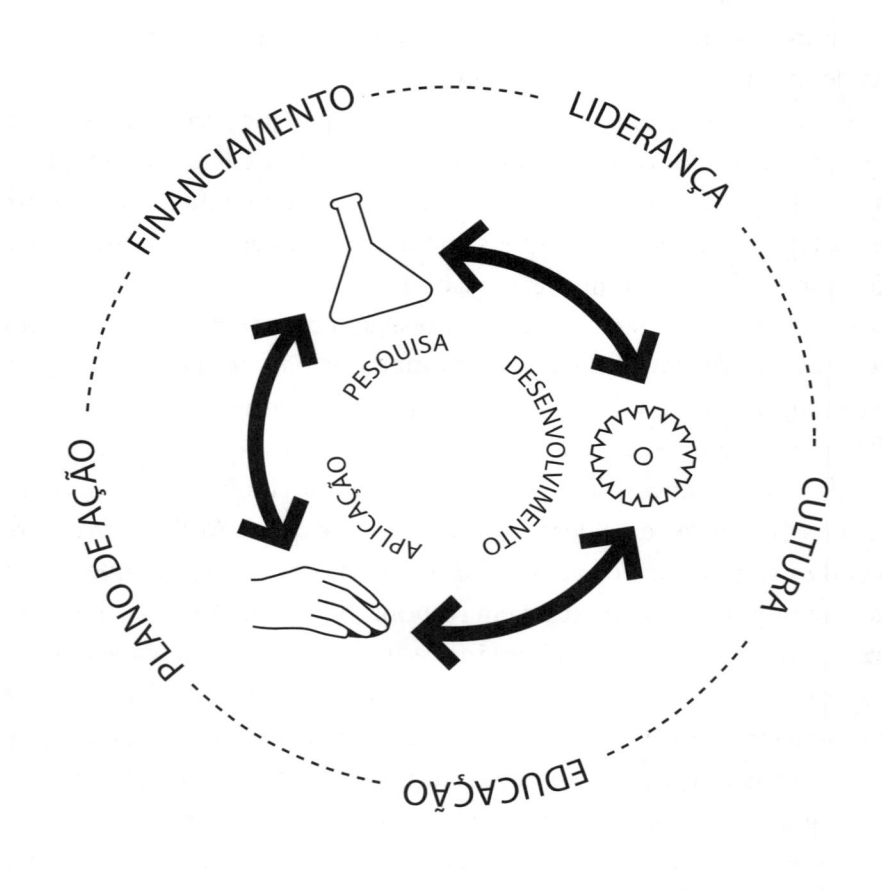

PESQUISA ↔ DESENVOLVIMENTO

APLICAÇÃO

PLANO DE AÇÃO ---- CULTURA

EDUCAÇÃO

CAPÍTULO 2

O ECOSSISTEMA DE INOVAÇÃO

Eu não conseguiria manter minha vida em dia sem minhas "notinhas autoadesivas". A história da ascensão das notas *Post-it* ao que representam hoje é um conto clássico das comunidades do ecossistema de inovação (EI) que colaboram para o desenvolvimento de produtos capazes de mudar a feição do mundo por meio de uma serendipidade — uma descoberta feliz e inesperada.

Em 1968, Spence Silver, cientista do laboratório da 3M, em Mineápolis, tropeçou em algo novo enquanto pesquisava uma solução para tornar as fitas adesivas vendidas pela empresa mais resistentes. Embora não tenha conseguido encontrar o que originalmente procurava, conseguiu obter um adesivo forte o suficiente para grudar em várias superfícies, porém fácil de ser removido e reutilizado. Silver poderia simplesmente ter ignorado esse acaso e experimentado outros meios de desenvolver um adesivo mais forte. Contudo, na qualidade de pesquisador de um laboratório que lhe permitia realizar pesquisas até certo ponto abertas, Silver não estava confinado a um resultado predeterminado e, portanto, ficou intrigado com o potencial de sua descoberta acidental.

Passou os cinco anos seguintes prototipando diferentes formas de cola e trabalhando com outras pessoas da empresa para descobrir de que modo sua descoberta poderia ser transformada em um produto promissor. Num determinado dia, Art Fry, cientista do departamento de desenvolvimento de produtos da 3M, decepcionado com seus marcadores, que não paravam de cair das páginas do livro de cânticos que usava na igreja, lembrou-se de ter ouvido algo sobre o adesivo provisório de Silver e ficou se perguntando se não haveria possibilidade de usá-lo para criar marcadores de livro que se mantivessem firmes nas páginas e só saíssem se alguém os retirasse.

A transformação da descoberta de Silver e da ideia de Fry nas notas *Post-it* por nós utilizadas atualmente não foi fácil. Na empresa, muitas pessoas "do contra" diziam e insinuavam coisas ao longo do processo, como quem ia querer gastar dinheiro em uma tirinha de papel. Fry, no entanto, que não arredara o pé de sua empreitada, recebeu o apoio da direção da 3M.

Quando as notas *Post-it* finalmente chegaram ao mercado, em **1977**, não se difundiram de imediato. Os consumidores, por si sós, não conseguiram imaginar por que precisariam daquele produto, até que a 3M resolveu distribuir ampla e gratuitamente amostras do produto. Assim que as pessoas viram como essas notas adesivas pequenas e versáteis podiam ser usadas, deram asas à imaginação. A marca *Post-it* hoje é uma família composta de vários produtos, para pessoas de todas as idades, que podem ser usados no trabalho, em casa e na escola — e isso vale também para o *software Post-it* de notas digitais para computadores pessoais que na verdade não usam adesivo algum.

Essas notas de papel multicoloridas e vitais são consequência de um EI auspicioso: a pesquisa de Silver, que possibilitou a descoberta de uma nova espécie de cola; o lampejo de Fry para desenvolver uma linha de produtos *Post-it*; e os clientes que até hoje não param de encontrar novos usos para o produto. A diretoria da 3M conseguiu introjetar os princípios da inovação e ofereceu um ambiente adequado para que uma equipe talentosa e perseverante trabalhasse em conjunto.

INOVAÇÃO NATURAL

No contraforte a oeste da Universidade de Stanford, há 1,5 mil acres (1 acre equivale à 4046m^2) de terra para uso em pesquisas sobre restauração ambiental e conservação de *habitats*. Os habitantes locais apelidaram essa bela área de *The Dish* (O Disco), inspirados pelo radiotelescópio instalado no topo da montanha. Para nós, é um excelente espaço de recreação, principalmente para caminhadas e *jogging*. Todos os dias, quando percorro minha habitual trilha ao longo da montanha, sinto-me abraçada pela irrequieta criatividade da própria natureza.

Árvores, relvas e mostardas-do-campo espalham-se pelos morros — do marrom dourado no calor do verão ao lindo verde-e-amarelo após as chuvas de outono, ao novo florescer na primavera. Falcões sobrevoam em círculo a região, à procura de alimento. Esquilos circulam por toda parte, acostumados ao convívio com pessoas. Cobras, lagartos, roedores, coelhos, gazelas, linces e o ocasional leão-da-montanha também se sentem em casa naquela reserva. E entre toda essa fauna selvagem há outros como eu, caminhando e conversando sobre problemas pessoais, profissionais ou internacionais, faça chuva ou faça sol, inspirados pelas suntuosas paisagens do *campus* de Stanford e do vale do Silício. No último verão, um incêndio queimou 128 acres de terra, destruindo plantas e afugentando seus habitantes. Mas no prazo de semanas, com cuidados especiais e o estímulo de biólogos ambientais da universidade, a vida em *Dish* começou a ressurgir.

Dish é um ecossistema: uma interação dinâmica de comunidades vivas e seu ambiente, trabalhando em conjunto para transformar a energia e os nutrientes necessários à sobrevivência. Cada uma das árvores pelas quais eu passo é uma rede viva em si mesma e essa reserva de 1,5 mil acres é apenas uma pequena parte de um ecossistema mais amplo da área da baía de San Francisco. Um ecossistema pode ser tão estreito quanto um córrego ou tão largo quanto um oceano, mas em todos os casos os ecossistemas se decompõem se não houver equilíbrio e não puderem contar com os fatores ambientais adequados à sustentação das espécies que neles vivem.

O EI é composto por comunidades com diferentes tipos de conhecimento e conjuntos de habilidades. Cientistas, administradores, empresários, engenheiros, escritores, educadores, profissionais de saúde e outros indivíduos, todos com um papel específico. Cada uma dessas comunidades deve receber os nutrientes que merecem por intermédio de seus diretores, de financiamento e da atenção pública.

Do mesmo modo que a vida de cada uma das árvores de *Dish* depende da saúde do ecossistema de toda a área da baía de San Francisco, o EI de qualquer empresa ou grupo específico depende do ambiente de inovação mais amplo do país e do mundo. Os variados habitantes do EI podem ser divididos em três comunidades: **pesquisa, desenvolvimento** e **aplicação**.

A atividade da comunidade de pesquisa, que beneficia todo o ecossistema ao buscar novos conhecimentos, normalmente é classificada em um espectro que se estende da pesquisa "básica" à "aplicada". A pesquisa básica só consegue prosperar quando a quantidade de restrições que se lhe impõe é mínima. A pesquisa realizada para compreender a relação entre eletricidade e magnetismo e o estudo da genética e da hereditariedade são dois exemplos de pesquisa básica que se tornaram fatores fundamentais para as inovações que se seguiram. Louis Pasteur, que desenvolveu a gênese da teoria microbiana das doenças, disse certa vez que "no campo da observação, o acaso só favorece a mente preparada". A pesquisa básica prepara a mente da comunidade científica como um todo e cria um ambiente propício para a descoberta.

A pesquisa aplicada, por sua vez, preocupa-se em determinar um problema específico que precisa de solução. A invenção do transistor para substituir as onerosas válvulas eletrônicas foi um triunfo da pesquisa aplicada. A atual busca pela identificação de um grupo específico de genes que aumenta as chances de uma criança nascer com autismo é outro exemplo de pesquisa aplicada que se baseia nas descobertas da ciência básica. Embora na pesquisa aplicada o potencial de mercado possa ter um peso, normalmente a principal função da comunidade de desenvolvimento é concentrar-se em uma necessidade comercial específica.

Normalmente os pesquisadores gostam de investigar a ambiguidade das perguntas abertas para as quais ainda não têm resposta. Eles obtêm um *feedback* concreto das confrontações do próprio processo e compartilham ideias e reconhecimento entre seus pares. Na medida em que o papel da pesquisa no ecossistema é crucial, ela deve ser avaliada não pelo número de patentes obtidas, mas pela quantidade de novos conhecimentos introduzidos no mundo pelos cientistas e por ex-alunos que servem de alicerce à inovação em outras comunidades.

Em um mundo que valoriza cada vez mais os empreendimentos comerciais, muito mais do que a busca de conhecimentos científicos, a importância da pesquisa básica normalmente não é reconhecida ou então é totalmente esquecida. Aquilo que com frequência chamamos de pesquisa corporativa em geral se trata de desenvolvimento tecnológico avançado, que é compelido pelas necessidades de um negócio específico, em vez de motivado pelo desejo de favorecer uma ampla compreensão. Ele não beneficia o resto do EI da mesma maneira que a comunidade de pesquisa o faz e não deve ser visto como substituto.

Se observarmos o ecossistema natural de uma árvore, os galhos e as folhas não são irrigados quando não há um sistema radicular bem desenvolvido. No EI, sem uma comunidade de pesquisa florescente e enraizada, não é possível haver crescimento duradouro e sustentável.

A comunidade de desenvolvimento, que introduz as ideias no mercado, abrange engenheiros, projetistas, profissionais de *marketing* e equipe de vendas, os quais transformam as novas descobertas em produtos e serviços utilizáveis (e, supostamente, fáceis de utilizar). Um cientista da Pfizer poderia aproveitar a descoberta de um hormônio que modula a insulina e desenvolver um medicamento revolucionário para tratamento da diabete. Os desenvolvedores de produtos podem modelar novos conceitos com base em tecnologias já existentes, como oferecer um teste de gravidez conveniente para ser usado em casa ou criar um *software* de aplicação para organizar fotos digitais. Os engenheiros podem aprimorar métodos de produção para melhorar a produtividade, tal como tem sido feito há décadas nas plantas de fabricação de *chip* da Intel.

Os integrantes da comunidade de desenvolvimento desejam criar algo notável e tendem a favorecer mais a **amplitude** do que a **profundidade**. Em vez de se debruçarem sobre um mesmo conjunto de problemas durante décadas, normalmente se sentem ansiosos por prosseguir e atacar o desafio seguinte. A recompensa da comunidade de desenvolvimento provém da transformação de ideias em produtos, do reconhecimento de suas contribuições e do *feedback* concreto obtido ao ver esses produtos sendo utilizados.

O cientista-chefe Van Jacobson, após uma reunião particularmente frustrante na Packet Design, comentou que os pesquisadores e desenvolvedores pareciam estar falando línguas diferentes. Os desenvolvedores agiam como alpinistas — queriam encontrar a montanha mais alta e estavam ansiosos por galgar o topo o mais rápido possível. Os pesquisadores pareciam cartógrafos — sua meta na escalada da montanha era ganhar uma perspectiva melhor e ver se a geografia do outro lado era interessante. Para nós, enquanto empresa, perceber isso foi essencial. Ao compreender as perspectivas dos diferentes cientistas e engenheiros, pudemos tirar proveito dos pontos fortes de cada pessoa e capacitá-la a trabalhar melhor enquanto membro da equipe.

A comunidade de aplicação conduz atividades em todo o **ecossistema** ao empregar a ciência e tecnologia para atender às necessidades de indivíduos e organizações. Conscientes das necessidades do mundo como um todo, os participantes dessa comunidade fornecem informações decisivas aos pesquisadores que estão procurando problemas para resolver e aos desenvolvedores que estão tentando compreender ou lidar com um panorama tecnológico em ligeira mudança.

Integram essa comunidade os cientistas que escolhem ser médico internista, cirurgião ou psiquiatra e, portanto, realizam um trabalho clínico, em vez de pesquisas laboratoriais. São os engenheiros ou desenvolvedores que possibilitam que os usuários aproveitem o que a tecnologia tem a oferecer ou os indivíduos que utilizam a engenhoca tecnológica mais recente para organizar sua vida. A comunidade de aplicação encontra-se na linha de frente da inovação, porque não é o fato de uma tecnologia simplesmente existir que cria mudanças, mas o **fato de ser adotada**.

Para que a empresa Google se tornasse a potência tecnológica que é hoje foi necessário mais do que transformar pesquisas acadêmicas sobre novos algoritmos em um mecanismo de pesquisa novo e engenhoso para a *Web*. A empresa também teve de desenvolver um modelo de negócio capaz de oferecer uma fonte constante e duradoura de lucros. O programa Google AdWords — que exibe anúncios pagos discretos ao lado de resultados de pesquisa confiáveis gerados pelos algoritmos — provou-se inovador e eficaz também como mecanismo de pesquisa. Além disso, a aplicação da Google de avançadas estratégias de tecnologia da informação (TI), para implementar sua "nuvem" amplamente distribuída de centros de dados, ofereceu o alicerce técnico indispensável à crescente expansão de seus negócios. Pesquisa, desenvolvimento e aplicação competentes foram fatores imprescindíveis ao sucesso da empresa.

A sustentabilidade de nosso EI dependerá de um equilíbrio saudável e permanente entre todas as três comunidades. Precisamos de uma comunidade de pesquisa arrojada e bem financiada para revelar novos conhecimentos e ideias e que olhe para um futuro longínquo. Precisamos de uma comunidade de desenvolvimento prolífica para aprimorar a produção e a oferta de produtos e serviços. E precisamos de uma comunidade de aplicação favorável para tornar esses avanços uma realidade para pessoas de todos os cantos do mundo.

Para manter um **ecossistema** bem equilibrado será imprescindível enfrentar os desafios mais sérios com os quais hoje nos deparamos enquanto sociedade. Para diminuir nossa dependência de petróleo e reverter a tendência das mudanças climáticas, empresas e indivíduos terão de encontrar meios para poupar energia e usar menos combustível derivado de petróleo. Precisaremos de novos carros híbridos, aparelhos elétricos mais econômicos e soluções pioneiras para reduzir a demanda de energia. Precisaremos, ao mesmo tempo, investir em pesquisas básicas e aplicadas para descobrir novas fontes de energia sustentáveis e diminuir o impacto ambiental.

Tal como no ecossistema natural de *Dish*, estimular o bem-estar de todas as esferas do EI melhora o vigor e a adaptabilidade do todo. As organizações que transcenderem sua comunidade principal, para explorar conhecimentos e recursos de todas as três, serão pioneiras e abrirão caminho para a **inovação sustentável**.

UM EXPERIMENTO INTERESSANTE

O Instituto de Genômica da Fundação de Pesquisa Novartis (GNF) é um novo modelo de pesquisa interdisciplinar. Instituído em 1999, com recursos da gigante farmacêutica suíça Novartis, a principal atividade do GNF é solucionar problemas médicos complexos integrando avanços na química, biologia, automação e tecnologia da informação. Seu presidente, Peter Schultz, um líder apaixonado, é uma mistura de pesquisador acadêmico e empreendedor. Ele já participou da fundação de sete *start-ups* e é também professor de química no Instituto de Pesquisa Scripps, em La Jolla, Califórnia.

O que catalisou a criação do GNF foi a esperança de que o tempo necessário para descobrir um medicamento pudesse ser sensivelmente diminuído usando-se novas técnicas que possibilitam que os laboratórios genômicos conduzam milhares de experimentos concomitantes, em vez de análises de um gene ou de uma molécula por vez. Os investidores que normalmente participam de *start-ups* biotecnológicas não teriam tido paciência para financiar esse grupo ao longo de suas várias investigações para concretizar esse objetivo. Todavia, a Novartis avistou mais longe e fundou o GNF como uma entidade independente, possibilitando que Schultz atraísse cientistas que tivessem habilidade para criar novas plataformas de tecnologia e ao mesmo tempo aplicá-las ao desenvolvimento de novos produtos.

Schultz descreve modestamente o GNF como "um experimento interessante" para construir pontes entre o meio acadêmico, o setor privado e a pesquisa básica e aplicada. Embora alguns dos programas do instituto sejam puramente exploratórios, ele tem também os recursos e os conhecimentos necessários para desenvolver aplicações convenientes de serviços de saúde. "Atraímos pessoas que não têm medo de entrar em novas áreas ou de assimilar ideias e dados de inúmeros campos diferentes", afirma Schultz.

O GNF é um modelo híbrido de pesquisa instigante: é um laboratório independente que tem liberdade para se dedicar à ciência básica e, ao mesmo tempo, recursos para transformar suas descobertas em produtos. É uma experiência que está funcionando porque há uma combinação sinérgica de liderança visionária, talento excepcional e suporte financeiro perseverante.

DESENVOLVIMENTO INTUITIVO

Determinar o exato equilíbrio entre tecnologia, custo e necessidades dos clientes é um dos principais desafios da comunidade de desenvolvimento. As empresas que alcançam o equilíbrio certo, como a Intuitive Surgical, de fato podem fazer diferença.

Atualmente, a maioria das atividades cirúrgicas é realizada com instrumentos que exigem uma incisão suficientemente grande para o cirurgião introduzir as mãos no corpo do paciente. A **laparoscopia** ou procedimento cirúrgico minimamente invasivo — um grande avanço da medicina da década de 1980 — reduziu o tamanho da incisão, mas os instrumentos eram difíceis de utilizar e não ofereciam a amplitude de movimento que as mãos de um cirurgião oferecem. Por isso, embora os avanços médicos em procedimentos que exigiam a remoção de um órgão inteiro tenham sido rápidos, o nível de desenvolvimento tecnológico das operações que requeriam um trabalho mais delicado permaneceu estagnado por longo tempo. Melhorar os resultados clínicos dessas operações mais complexas era a meta de desenvolvimento da *start-up* Intuitive Surgical, estabelecida no vale do Silício. Essa empresa revolucionou a medicina com um sistema robótico de auxílio a cirurgias denominado "da Vinci".

O sistema da Vinci, concebido para oferecer o máximo de flexibilidade, possui um mecanismo semelhante ao pulso que lhe permite funcionar como a mão humana. O cirurgião senta-se a um grande console, onde pode ver o paciente em um monitor 3D e manipular os instrumentos com controles manuais de precisão. Os computadores instalados nesse dispositivo permitem que esses movimentos sejam sentidos pelo cirurgião de uma maneira completamente natural, diminuindo de modo significativo o tempo de treinamento. "É como realizar uma cirurgia normal", diz Gary Guthart, presidente da empresa. "Você enxerga o que deseja e se move até o ponto para pegar — mas com os benefícios de uma cirurgia minimamente invasiva ao paciente", complementa Guthart. Quando visitei a sede da empresa, Guthart me levou até a sala de demonstração apenas para me mostrar o quanto o processo era de fato intuitivo. Para a minha surpresa, consegui manipular os instrumentos em poucos minutos.

Em meados da década de 1980, o médico e empresário Fred Moll visitou o Instituto de Pesquisa de Stanford para participar da demonstração de uma cirurgia auxiliada por computador, que integrava um programa de pesquisa financiado pela Agência de Projetos de Pesquisa Avançada em Defesa (Defense Advanced Research Projects Agency — Darpa) e pelos Institutos Nacionais de Saúde (National Institutes of Health — NIH). Capaz de prever o provável impacto dessa tecnologia, Moll a licenciou em 1995 e fundou a Intuitive Surgical, contratando alguns pesquisadores originais do SRI, dentre eles Gary Guthart.

O desenvolvimento do sistema da Vinci exigiu o aprimoramento simultâneo de diversas tecnologias diferentes. O componente robótico baseia-se em ferramentas desenvolvidas nas décadas de 1950 e 1960 para o manuseio de materiais perigosos. O vídeo e o uso de insuflação — técnica de injeção de gás para expandir a cavidade do corpo — resultaram de aprimoramentos realizados na cirurgia laparoscópica. Pesquisas sobre monitores de realidade virtual e navegação em ambientes imersivos também foram importantes. Os avanços ópticos e nas imagens de alta resolução foram indispensáveis para que o cirurgião percebesse a cirurgia como se estivesse ao lado do paciente.

A empresa levou vários tropeções em sua escalada para o sucesso. Para finalizar o sistema da Vinci foi necessário integrar mais de três mil microcomponentes e fazê-los funcionar harmoniosamente juntos. A endoscopia então disponível no mercado revelou-se inadequada para o que a empresa necessitava em termos de imagem, e isso a obrigou a desenvolver sua própria tecnologia de vídeo. As primeiras ideias sobre como o sistema da Vinci poderia ser incorporado nas rotinas de uma sala de cirurgia tiveram de ser descartadas.

Porém, assim que o sistema foi colocado à venda, os cirurgiões não apenas o adotaram, mas encontraram novas formas de usá-lo. Um médico alemão sugeriu que o da Vinci poderia ser ideal para cirurgias de próstata. Pouco tempo depois ele já estava treinando outros cirurgiões nesse procedimento e hoje **70%** de todas as cirurgias de próstata são realizadas com esse sistema. Os pacientes que necessitam de *bypass* gástrico (gastroplastia), histerectomia e reparo da válvula mitral também foram beneficiados por cirurgias menos invasivas e por um tempo de recuperação menor.

O da Vinci, primeiro sistema robótico de cirurgia laparoscópica aprovado pela Agência de Controle de Alimentos e Medicamentos dos Estados Unidos da América (FDA), hoje é empregado em mais de 600 salas cirúrgicas e a capitalização de mercado da empresa equivale a 5 bilhões de dólares. "Se examinarmos bem para o sistema deles, veremos que de forma igual foi incremental", afirma Yogen Dalal, um dos primeiros a investir na empresa.

A Intuitive Surgical é um excelente exemplo de interpolinização entre as comunidades de pesquisa, desenvolvimento e aplicação. As pesquisas financiadas pela Darpa inspiraram a criação de uma *start-up* de produtos que ajudou os clientes a aplicar tecnologias radicalmente novas para salvar vidas.

ABSOLUTAMENTE E INDUBITAVELMENTE INOVADOR

À meia-noite, os aviões começaram a chegar de todas as partes do mundo e por volta das duas horas da madrugada o último levantou voo. Durante duas horas, a principal conexão da FedEx em Memphis realiza inúmeras atividades — desembarque, triagem e reembarque das cargas nos aviões. Para conseguir um nível de qualidade praticamente perfeito em seus de serviços, na medida em que transporta milhões de encomendas por dia no mundo inteiro, por via aérea e terrestre, a FedEx tem de ter enorme disciplina e meticulosa atenção processual. Contudo, desde o dia em que a empresa foi fundada por Fred Smith, a FedEx não vacilou em relação ao compromisso de aplicar a tecnologia para atender melhor a seus clientes.

A empresa desenvolveu uma nova tecnologia de supressão de ruídos para aeronaves e formou uma parceria com a Universidade de Maryland para produzir painéis frontais (*heads-up displays* — HUD) que melhoram a segurança e permitem que os pilotos façam a aterrissagem em condições com pouca visibilidade. A empresa projeta novas soluções para tornar seus veículos de transporte mais econômicos e seguros, com câmaras e sensores a bordo. A pesquisa de operações avançadas possibilita que a FedEx programe idealmente os horários de voo, os trajetos dos caminhões e as entregas; e novas tecnologias de triagem automatizam eficazmente o fluxo de embalagens. O compromisso da empresa em ser pioneira em tecnologia da informação partiu de uma constatação de Smith. "As informações sobre uma encomenda são tão importantes quanto a entrega da encomenda em si", diz ele.

Uma das inovações mais notáveis da empresa é seu *site*, o fedex.com, que hoje é usado para enviar mais de um milhão de encomendas por dia e rastrear mais de cinco milhões. Com esse sistema, a FedEx poupa milhões de dólares e os clientes evitam a perda de tempo e o aborrecimento de ter de esperar ao telefone para conversar com um representante de atendimento ao cliente.

Atualmente, a ideia de um *site* interativo que aproxima a empresa de seus clientes parece banal. Porém, em 1994, quando a empresa registrou o nome de domínio fedex.com, não era bem assim. A FedEx foi uma das primeiras empresas comerciais a usar a *Web* para algo mais do que remodelar seus prospectos de *marketing*. Hoje estamos acostumados com empresas como a Amazon, Yahoo!, eBay, Google, *Facebook* e *LinkedIn*, que aproveitaram a Internet para oferecer novos negócios e aplicações aos clientes. Poucos se recordam de que na primeira onda de adeptos da Internet havia primordialmente pesquisadores acadêmicos à procura de um espaço para compartilhar informações de maneira mais rápida e abrangente.

Em uma reunião informativa em 1994, sobre tecnologias futuras, Bill Joy, cofundador da Sun Microsystems e um visionário técnico, passou a maior parte do dia falando sobre as ramificações da Internet e uma nova tecnologia denominada *World Wide Web* (rede mundial) que havia sido desenvolvida no Centro Europeu de Pesquisa Nuclear (Centre Européen pour la Recherche Nucléaire — Cern), na Suíça. Rob Carter, diretor de informática da FedEx, saiu da reunião já sabendo que a empresa teria de marcar sua presença na Internet, mas não estava muito certo de que forma o faria. Por isso, pediu a Miley Ainsworth, diretor de TI, que fosse atrás de mais informações.

Sempre ávido por brincar com a tecnologia mais recente do momento, Ainsworth voou para o Vale do Silício para uma aula de HTML — linguagem de codificação da *Web* — em Stanford. Voltou com uma cópia do *Mosaic*, o primeiro navegador da *Web* fácil de usar, desenvolvido por Marc Andreessen, então estudante da Universidade de Illinois. Ainsworth, imaginando que os visitantes do *site* da FedEx talvez desejassem mais do que apenas ler um anúncio dos serviços da empresa, supriu o *site* com um formulário simples, em que se lia: "Insira seu número de rastreamento aqui para rastrear uma remessa". Assim que a empresa conectou seu *software Web* aos respectivos bancos de dados *back-end*, qualquer pessoa que tivesse um navegador conseguia verificar se uma encomenda havia sido remetida, sem precisar pôr a mão no telefone.

O entusiasmo por essa nova forma de fazer negócios mais do que depressa se disseminou de boca em boca por toda a empresa. A notícia de que as remessas podiam ser rastreadas no fedex-com propagou-se como um vírus pela Internet então emergente. "Foi um sucesso instantâneo que obteve uma ótima reputação. Poupou dinheiro. Era flexível. Suas vantagens eram nítidas para nós e foram rapidamente reconhecidas também por nossos clientes", diz Carter.

O *site* superou em muito as expectativas de Ainsworth. Hoje, o número de clientes que recorrem ao fedex.com é superior ao de usuários do número 0800 da empresa. Ele se tornou uma interface abrangente de transações com a empresa. A adoção da *Web* pela FedEx não teria sido possível se os princípios fundamentais da inovação não tivessem florescido dentro da empresa e se não tivesse havido uma íntima interação entre todas as comunidades do **ecossistema**.

INTERPOLINIZANDO O FUTURO

Todas essas organizações demonstram a importância de cada uma das comunidades do **ecossistema**, bem como o poder resultante do intercâmbio correto de perguntas, conhecimentos e tecnologias entre elas. Os pesquisadores e desenvolvedores beneficiam-se do acesso a dados da realidade e o setor privado mantém-se vitalizado pelo fluxo constante de ideias e talentos oriundos dos laboratórios.

Normalmente, a pesquisa inspira o desenvolvimento de produtos que são usados em aplicações inovadoras. Contudo, os usuários finais com frequência descobrem aplicações que os desenvolvedores nem sequer imaginaram, e pesquisas podem resultar do desejo de compreender melhor como os produtos atuais funcionam. "Os motores originais foram quase todos desenvolvidos por pessoas que não conheciam a relação entre calor e energia mecânica", afirma Joel Birnbaum, vice-presidente sênior aposentado da Hewlett-Packard, "mas assim que a ciência da termodinâmica conseguiu explicar por que os motores tinham diferentes rendimentos, foi possível implementar grandes avanços nos projetos de motor."

As organizações precisam de pessoas capazes de trasladar entre as três ramificações do **ecossistema**. Os engenheiros e cientistas que trabalham com tecnologia avançada atuam como uma ponte fundamental entre as comunidades de pesquisa e desenvolvimento. Os indivíduos que trabalham na área de desenvolvimento provavelmente não têm tempo, formação educacional específica nem treinamento para selecionar as informações de que necessitam na pesquisa avançada. Para propiciar uma ponte entre as comunidades de aplicação e desenvolvimento, são igualmente necessários recursos — pessoas que investiguem as qualificações dos novos produtos e tecnologias, analisando seu provável impacto sobre a organização.

Se nos propusermos a abordar as crescentes preocupações sobre possíveis conflitos de interesses entre empresas farmacêuticas e médicos ou companhias de fornecimento de energia que financiam pesquisas acadêmicas, devemos ter todo o cuidado para não interromper o fluxo livre de informações entre as comunidades do **ecossistema** que exercem um efeito sinérgico sobre a inovação.

NUTRINDO O AMBIENTE INOVADOR

Assim como as plantas precisam de água e de luz solar para crescer, a inovação sustentável depende da dose certa de **liderança**, **financiamento**, **formulação de políticas**, **educação** e **cultura**.

Tanto a liderança empresarial quanto a política e individual influem no **ecossistema**. Em qualquer organização, o estímulo à inovação é, em última análise, uma responsabilidade daqueles que integram a cúpula. "Eu tenho de fazer de tudo para que nossa empresa incentive e recompense a inovação. Mesmo que uma grande empresa já esteja estabelecida, ainda assim pode inovar. É dever da liderança não apenas descobrir como isso pode ocorrer, mas garantir que isso de fato ocorra", afirma Bob Iger, diretor executivo da Disney. Os diretores e integrantes do conselho precisam infundir na empresa a capacidade de mudar e transmitir um espírito de missão conjunta a todos os funcionários.

Os dirigentes de nossa nação influem decisivamente no bem-estar do EI do país. Os políticos influem nos processos empresariais cotidianos por meio de leis e regulamentações. Eles controlam o financiamento e as diretrizes que afetam nosso sistema educacional e a comunidade de pesquisa. "O montante de investimento de um país em pesquisa determinará seus ciclos de negócios duas ou três décadas à frente", adverte John Chambers, diretor executivo da Cisco.

Pais, educadores e meios de comunicação são todos responsáveis por desenvolver e inspirar a geração de inovadores norte-americanos (brasileiros) que está por vir. Todos nós, enquanto funcionários ou membros de um grupo, temos a responsabilidade individual de liderar em nossa própria esfera de influência.

A concorrência por financiamento pode revelar o que há de melhor nos inovadores, mas pode também produzir um impacto oposto se os recursos forem **muito** escassos. Não é apenas a magnitude dos financiamentos que é importante, mas igualmente o modo como são alocados. A estabilidade e regularidade dos recursos são imprescindíveis aos projetos com longo prazo de duração. "O governo financiou o desenvolvimento da Internet durante aproximadamente 24 anos, o que é surpreendentemente notável para qualquer programa como esse", diz Vint Cerf, hoje evangelizador-chefe da Internet da empresa Google. "Esse financiamento constante fez uma imensa diferença", complementa Cerf. Quando não é possível confiar em um financiamento, inovadores e diretores acabam gastando mais tempo levantando capital do que trabalhando. Isso vale também para subvenções de apoio à pesquisa, capital de risco de empreendedores ou financiamento interno em organizações maiores. As exigências para que apresentem progressos na maioria das vezes podem resultar em transigências de curto prazo.

As políticas federais e estaduais exercem um impacto significativo sobre o **ecossistema**. A legislação, as regulamentações da Comissão de Valores Mobiliários (CVM), as regulamentações de litígio, requerimentos de serviços de saúde e os incentivos fiscais afetam a capacidade das empresas de inovar efetivamente.

A educação é igualmente fundamental. Todos nós nascemos com potencial para inovar. As crianças são naturalmente curiosas, receptivas, confiantes e persistentes. A educação básica e secundária e a educação superior podem desenvolver esse espírito naturalmente inovador ou sufocá-lo. A qualidade e acessibilidade da educação superior influem no banco de talentos disponível para impulsionar a inovação no **ecossistema** como um todo.

O contexto cultural com um todo também influi significativamente em nossa capacidade de mudar. A promessa de alcançar o "sonho norte-americano" define os rumos do empreendedorismo e da inovação nos EUA. Os valores implícitos de nossas organizações e de nossa nação podem reforçar ou diluir os princípios fundamentais da inovação.

Uma mudança complexa nesses fatores ambientais interrompeu bruscamente o equilíbrio do EI norte-americano, ameaçando o estilo de vida que hoje tomamos como garantido. Devemos encarar o fato de que nosso país está em desmoronando enquanto potência econômica e que não há nada a fazer em relação a isso? Podemos deixar isso a cargo do capitalismo, supondo que essa mudança é apenas uma fase passageira da qual os mercados conseguem dar cabo? **Não!** Nossa retomada de equilíbrio depende da concentração e objetividade de todos. Tanto as pessoas quanto as organizações devem se dedicar ao problema, da cabeça aos pés, exigindo que nossos legisladores tomem iniciativas com respeito às questões que requerem seu envolvimento.

Devemos todos pensar a respeito das consequências que nossas empresas e nossas decisões políticas terão sobre a inovação. Do contrário, nosso país correrá o risco de perder completamente seu EI — e, portanto, seu papel de liderança na economia global emergente.

Primeiro, precisamos compreender como foi que chegamos a esse ponto. Durante décadas, as empresas, os órgãos governamentais e as universidades produziram uma profusão de produtos e serviços capazes de mudar a vida das pessoas, bem como um fluxo constante de pessoas bem preparadas, de uma variedade de campos, com sede por inovação. **O que ocorreu com a intrépida nação que ousou pousar um homem na Lua, criar uma rede mundial de comunicação e decifrar o código genético?**

	1950	1960	1970

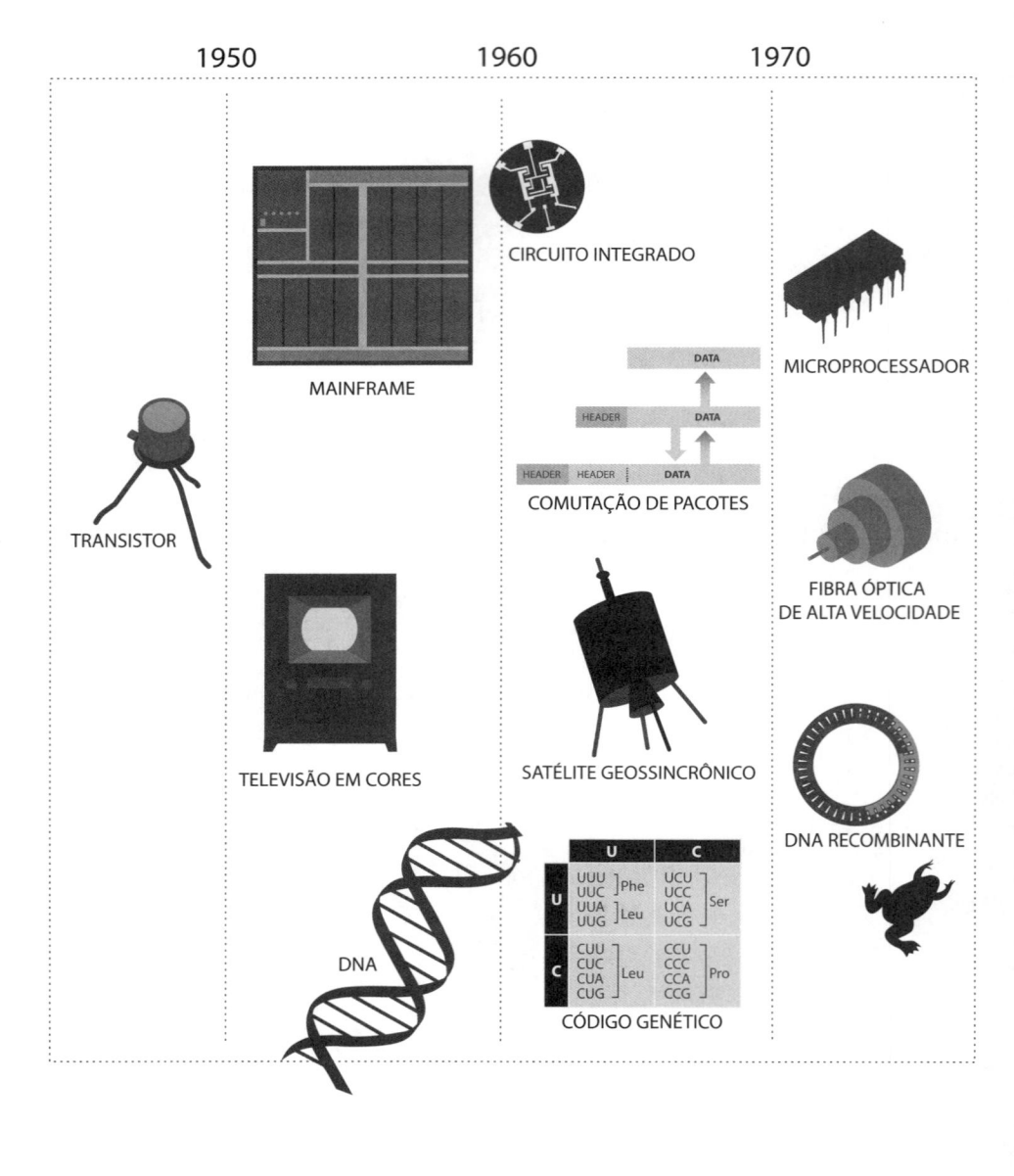

TRANSISTOR

MAINFRAME

CIRCUITO INTEGRADO

MICROPROCESSADOR

COMUTAÇÃO DE PACOTES

TELEVISÃO EM CORES

SATÉLITE GEOSSINCRÔNICO

FIBRA ÓPTICA DE ALTA VELOCIDADE

DNA

CÓDIGO GENÉTICO

DNA RECOMBINANTE

CAPÍTULO 3

INOVAÇÃO INSPIRADORA

Há alguns anos, eu, meus pais e meu filho fomos visitar o Museu da História do Computador, no vale do Silício. Os primeiros espaços da exposição representavam o princípio da computação, quando minha mãe e meu pai estavam apenas iniciando sua carreira profissional. Cresci ouvindo histórias sobre o Instituto de Estudos Avançados de Princeton, onde meu pai trabalhou com o matemático John von Neumann, no início da década de 1950, integrando a equipe que criou o primeiro computador com programa armazenado.

No museu, lá estava, logo à minha frente, o sistema original de von Neumann, construído com válvulas eletrônicas, junto com outras máquinas pioneiras inspiradas em sua arquitetura, que ainda hoje influencia o modo como os computadores são projetados. Os primeiros *mainframes* — que meus pais ajudaram a projetar — não passavam de esplêndidas máquinas de cálculo, se comparados aos padrões atuais, mas cada um deles chegava a ocupar 93 metros quadrados ou metade de uma quadra de tênis.

Já a meio caminho da exposição, chegamos à década de 1970 — a era dos microcomputadores, quando embarquei na carreira de desenvolvimento de redes. O transistor, inventado em 1948, substituiu as válvulas eletrônicas, volumosas e devoradoras de energia. Em seguida, em 1958, entra em cena o circuito integrado, que permite a integração de inúmeros transistores em um único *chip* de silício. Foram essas invenções que possibilitaram que os computadores encolhessem e chegassem ao tamanho de uma geladeira. Dos circuitos integrados nasceram os microprocessadores que equiparam os primeiros computadores verdadeiramente pessoais, como o Apple II e Tandy TRS80 que usávamos para redigir planos de negócios para a nossa primeira empresa, a Bridge Communications.

Em seguida, demos uma volta pelos sofisticadíssimos PCs (*personal computers*, ou computadores pessoais) e estações de trabalho, que foram responsáveis pela revolução da computação doméstica e criaram o mundo *on-line*. Finalmente, chegamos a uma exposição familiar para David — os computadores de mesa e os *notebooks* portáteis que ele e seus amigos consideram parte essencial de suas vidas. Essas máquinas leves e de *design* moderno são dez vezes mais potentes do que meu pai e seus contemporâneos imaginaram em 1950.

Ao caminhar pelo museu, não consegui outra coisa senão me impressionar com o **inacreditável grau de inovação da segunda metade do século XX**. O campo da comunicação foi revigorado pela possibilidade de interconectar computadores individuais em rede, em um mesmo escritório ou em cantos diferentes do planeta. O desenvolvimento das fibras ópticas, de custo compensador, e a *Web* transformaram esses avanços em realidade para clientes do mundo inteiro, quando as fronteiras entre a **computação**, a **comunicação** e a **eletrônica** de consumo tornaram-se indistintas.

Essa era dourada da inovação ultrapassou em muito os limites da computação e da comunicação. O **mundo da medicina foi transformado** pelo uso difundido de antibióticos e vacinas. A descoberta da montagem de DNA e de genes deu origem a um setor totalmente novo — a **biotecnologia** —, que criou soluções bem mais eficazes para o desenvolvimento e teste de novos medicamentos. Novos aditivos alimentares impulsionaram a capacidade de produção e prolongaram os prazos de validade, criando, ao mesmo tempo, oportunidades para os cientistas em pesquisas a respeito dos impactos a longo prazo desses aditivos sobre a saúde e o ambiente.

Avanços explosivos no campo da astronomia nos permitiram compreender mais a fundo a mecânica do sistema solar, os pulsares e os buracos negros. Quando o petróleo se tornou um recurso de energia crucial, também abriu caminho para a criação de materiais sintéticos, como plásticos, solventes e detergentes. Nesse meio-tempo, as ciências da Terra divisaram avanços em nosso conhecimento sobre terremotos, clima e o impacto da tecnologia e do comportamento humano sobre as mudanças climáticas mundiais.

A FRONTEIRA SEM FIM

O que estava ocorrendo nos EUA em meados do século XX que promoveu essa profusão de novas ideias e novas tecnologias? Será que havia algo na água? Metaforicamente falando, havia. Os princípios fundamentais — **questionamento, disposição ao risco, abertura, paciência e confiança** —, então cultivados pela liderança de nossa nação, transformaram nossa cultura.

Do radar à penicilina produzida em massa e à bomba atômica, a influência da ciência nos resultados da Segunda Guerra Mundial foi expressiva. Cientistas e engenheiros obtiveram o respeito dos dirigentes e cidadãos do país. A abundância de novas invenções propiciadas por financiamentos governamentais, como é o caso da Internet, não beneficiou apenas as Forças Armadas. Essas inovações impulsionaram igualmente o crescimento econômico. O surgimento do financiamento via capital de risco e de comunidades empreendedoras em locais como o vale do Silício transformou ideias em produtos capazes de mudar o mundo.

A Segunda Guerra Mundial e as ameaças da Guerra Fria decorrente garantiram à ciência *status* de prioridade nacional e ensejaram o aliciamento da comunidade científica do país para essa iniciativa coletiva. Mas a motivação, por si só, não deu conta do recado. Visão e persistência, personificadas na figura do dr. Vannevar Bush, foram igualmente essenciais. Quando ainda jovem professor na Universidade de Tufts, no início da década de 1900, Bush integrou-se à fundação de uma empresa de válvulas de rádio e, posteriormente, criou as calculadoras mecânicas, precursoras dos computadores digitais.

O governo norte-americano não estava particularmente interessado em incentivar a ciência e a tecnologia no período pré-guerra. Porém, em face dos desafios de lutar com os nazistas, o presidente Roosevelt procurou a ajuda de especialistas, colocando doutor Bush no comando do novo Escritório de Pesquisa e Desenvolvimento Científico (Office of Scientific Research and Development — OSRD), que coordenava as iniciativas de cientistas civis e das forças armadas durante a guerra. Motivados pela terrível possibilidade de que o Exército alemão desenvolvesse a bomba atômica antes dos aliados, doutor Bush encetou o projeto Manhattan.

Suas contribuições para a inovação tiveram uma influência permanente sobre a formulação de políticas. Seu escritório funcionava de uma nova forma, agora forjando relações com cientistas e engenheiros da indústria e de laboratórios de pesquisa por todo o país. Isso criou oportunidades de trabalho que estimularam uma geração de cientistas e engenheiros. .Meu pai foi iniciado em radiotecnologia enquanto servia ao Exército e minha mãe trabalhou em uma fábrica do setor privado para testar válvulas eletrônicas. Essas experiências os estimularam a buscar educação avançada para, finalmente, embarcarem em carreiras na área de engenharia. A Lei de Desmobilização (*GI Bill*), assinada pelo presidente Roosevelt em 1944, oferecia apoio financeiro aos veteranos que quisessem dar continuidade aos estudos ou procurar capacitação técnica. Aí aconteceu que 49% dos admitidos nas faculdades em 1947 eram veteranos de guerra. Por volta de 1956, aproximadamente oito milhões de veteranos da Segunda Guerra Mundial já haviam se beneficiado da subvenção prevista pela Lei de Desmobilização para prosseguir seus estudos.

Duas das propostas do doutor Bush tiveram efeitos positivos permanentes sobre a ciência. *As We May Think* (Como Podemos Pensar), um artigo escrito na revista *Atlantic Monthly* em 1945, expunha seu ponto de vista sobre como as máquinas poderiam acelerar o desenvolvimento do pensamento humano ao dar às pessoas capacidade de gerenciar eficazmente as informações. Ele esboçou o projeto de um dispositivo imaginário denominado Memex que poderia acompanhar os movimentos de um usuário por meio de uma biblioteca multimídia, semelhante a uma trilha de migalhas de pão na floresta — ou a um arquivo de marcadores de página de um navegador da *Web*. Posteriormente, o Memex serviu como uma fonte de inspiração fundamental para Tim Berners-Lee, pesquisador do Cern e pai da *World Wide Web*. O dr. Bush também redigiu um relatório denominado *Science: The Endless Frontier* (*Ciência: A Fronteira sem Fim*).

Para provocar impacto, as ideias do dr. Bush precisavam de grande respaldo político. Ele prevaleceu porque agiu perseverantemente como um ávido empreendedor em busca de suporte para uma nova *start-up*. Diante disso, dr. Bush convenceu o presidente Roosevelt a escrever uma carta declarando que uma iniciativa nacional encabeçada pelo OSRD, aliciando milhares de cientistas do meio acadêmico e do setor privado, "deveria ser usada nos dias de paz que se seguiam para melhorar o bem-estar nacional, criar novos empreendimentos para a geração de novos empregos e elevar o padrão de vida nacional".

Roosevelt desafiou dr. Bush a pensar grande. "Novas fronteiras para a mente se erguem diante de nós", escreveu ele da Casa Branca, "e se elas forem desbravadas com a mesma visão, coragem e arroubo com que empreendemos esta guerra, poderemos criar um emprego mais pleno e mais frutífero e uma vida mais plena e mais frutífera".

A resposta do dr. Bush, publicada em julho de 1945, foi providencial para o estabelecimento de um novo tom para a nação, expondo uma visão para a colaboração entre o governo e o setor privado, a fim de maximizar o valor que as ciências e a engenharia poderiam infundir nos EUA.

Os tópicos de *A Fronteira sem Fim* ainda se confirmam nos dias de hoje: o progresso científico é essencial à guerra contra as doenças, à nossa segurança nacional e ao bem-estar público; devemos assegurar uma contínua oferta de talentos científicos; e as pesquisas conduzidas durante os esforços de guerra precisam ser disponibilizadas ao grande público para que sejam aprimoradas pelo setor privado e pelo meio acadêmico. A visão do dr. Vannevar Bush de que a pesquisa básica deveria ser reconhecida como uma disciplina autônoma — financiada separadamente da pesquisa aplicada e do desenvolvimento — tornou-se um princípio norteador da política federal no pós-guerra, quando se criaram novos órgãos governamentais como a NASA (National Aeronautics and Space Administration) e os já existentes floresceram.

A abrangente P&D resultante do projeto Manhattan ficou sob o comando da Comissão de Energia Atômica em 1946. Os Institutos Nacionais de Saúde (NIH) estenderam seu apoio aos cientistas não federais, com um programa de subvenção que saltou de aproximadamente 4 milhões de dólares para 100 milhões de dólares, em uma única década, e igualmente ampliaram seu escopo para englobar novas áreas da medicina, como de saúde mental e doenças cardíacas. A Fundação Nacional da Ciência (National Science Foundation — NSF) foi instituída em 1950 para promover o progresso em todas as áreas não médicas de ciências e engenharia ao fomentar pesquisas acadêmicas e financiamento a uma série de indivíduos e instituições em todo o país.

Em seguida, em outubro de 1957, um novo e fatídico astro apareceu no firmamento americano, rastreado por entusiastas do radioamadorismo quando foi lançado: o *Sputnik 1*, primeiro objeto feito pelo homem a orbitar a Terra. "A União Soviética havia lançado com sucesso um foguete com um satélite a bordo, e nós ainda **não havíamos conseguido fazer isso**", afirma Sally Ride, a primeira mulher astronauta do país e diretora executiva da Sally Ride Science, que desenvolve programas para despertar o interesse das crianças pelo assunto. "De repente, não éramos mais tecnologicamente superiores. Todo mundo se deu conta de que os russos tinham foguetes que poderiam colocar um satélite em órbita, poderiam também transportar armas nucleares para os EUA. Isso afetou profundamente o espírito da nação", ressalta Sally Ride.

A reação norte-americana não foi simplesmente se concentrar na fabricação de um foguete maior. Em vez disso, em parte em consequência da visão do dr. Bush, o país reagiu ao desafio mais amplo de fomentar o financiamento de pesquisa em uma variedade de campos. O entusiasmo pela corrida espacial mobilizou a imaginação de uma geração inteira de jovens, que se tornaram destacados cientistas e engenheiros.

O Congresso demonstrou seu compromisso de aumentar o banco de talentos científicos e técnicos ao aprovar a Lei Educacional de Defesa Nacional (National Defense Education Act — NDEA) em 1958, investindo no futuro da nação. A NDEA destinou montantes significativos para empréstimos estudantis, favorecendo o estudo de ciências, engenharia ou idiomas estrangeiros, e também ofereceu recursos financeiros para a compra de equipamentos e financiamento de programas de bolsas de estudo em defesa nacional (National Defense Science and Engineering Graduate Fellowship — NDSEG) para alunos de pós-graduação.

Em 1958, o Departamento de Defesa fundou a Agência de Projetos Avançados de Pesquisa (Advanced Research Projects Agency — Arpa) para restabelecer o pioneirismo da nação em tecnologia militar e evitar mais surpresas como o *Sputnik*. A missão da Arpa era financiar pesquisas de longo prazo de alto risco, concentrando-se em grandes projetos e sistemas. Posteriormente, nesse mesmo ano, o presidente Eisenhower assinou a Lei Aeronáutica e Espacial Nacional (National Aeronautics and Space Act), criando então a NASA. O trecho que contorna a costa da Flórida entre Miami e Jacksonville — onde está instalado o Cabo Canaveral e o futuro Centro Espacial Kennedy — tornou-se fervilhante.

John F. Kennedy foi eleito à Casa Branca em 1961. Em um discurso memorável ao Congresso, em maio daquele mesmo ano, ele lançou um desafio comovente: "Em primeiro lugar, acredito que esta nação deva se comprometer em concretizar a meta de, antes do final desta década, pousar o homem na Lua e trazê-lo de volta à Terra com segurança. Nenhum projeto espacial neste período será mais comovente para a humanidade ou mais importante para a exploração espacial de longo alcance; e nenhum será tão difícil nem tão caro de ser concretizado".

Em resposta a uma tragédia provocada pela introdução de um medicamento testado inadequadamente, a *Talidomida*, a Agência de Controle de Alimentos e Medicamentos (FDA) dos EUA intensificou o controle sobre a aprovação de novos produtos farmacêuticos. Prescrito a mulheres grávidas para combater o enjoo matinal, a *Talidomida* provocou defeitos congênitos incapacitantes em milhares de crianças. Após a promulgação da Emenda Kefauver-Harris (Drug Efficacy Amendment) em 1962, requerendo prova de eficácia dos medicamentos, as empresas norte-americanas passaram a ter a obrigação de comprovar a eficácia e segurança de qualquer novo composto. As regulamentações sobre ensaios clínicos foram endurecidas pelas exigências de consentimento informado e divulgação de efeitos adversos.

Esse é um exemplo de como o tipo certo de regulamento pode ajudar a inovação. A FDA estabeleceu padrões para que os médicos e os pacientes não ficassem com medo de experimentar os medicamentos. "Essa emenda dizia que, se quiséssemos vender um medicamento neste país, teríamos de ter evidências científicas, demonstradas por ensaios adequados e bem controlados, da eficácia do medicamento", afirma David Kessler, ex-comissário da FDA. "Foi isso que deu origem ao setor farmacêutico mais competitivo do mundo, que assim se manteve por várias décadas."

Os dirigentes do país reagiram a acontecimentos mundiais com a compreensão do papel que a ciência desempenha na sociedade. Eles tiveram visão, não apenas um discurso retórico, e fizeram valer suas palavras para inspirar e financiar novas descobertas, compreendendo que a pesquisa era uma necessidade, e não um luxo. O resultado foi a instituição de pesquisas intensas e de amplo alcance. O apoio federal à atividade de P&D, como porcentagem do produto interno bruto (PIB), praticamente triplicou entre 1953 e 1963. Com escopos e estilos complementares, diferentes órgãos de financiamento possibilitaram um amplo espectro de investigações científicas. Eles ofereciam suporte principalmente a universidades de pesquisa e grandes laboratórios nacionais independentes como a SRI e também a empresas de grande porte.

No setor tecnológico, diversas empresas, que eram monopólios ou os principais concorrentes em seu setor, tiveram margens de lucro e visão para investir em uma grande variedade de pesquisas. A AT&T Bell Labs, RCA Sarnoff Labs, IBM Research e Xerox PARC — ao lado das instituições acadêmicas — promoveram enormes avanços nas áreas de computação, física, comunicação, eletrônica e em outros campos da ciência. Nesses casos, as empresas controladoras não esperavam obter ganhos financeiros de curto prazo do trabalho realizado nesses laboratórios.

Em alguns casos, obtiveram lucros de fontes das quais provavelmente não supunham obter. "Se examinar apenas o rendimento da Xerox na atividade de impressão a *laser*, ele mais do que paga todo o investimento da empresa na PARC", explica John Schoch, ex-pesquisador da PARC que se tornou presidente da divisão de sistemas de escritório da Xerox. Os benefícios dessa pesquisa — do transistor ao *laser* e à Internet — estenderam-se a todas as áreas da sociedade norte-americana e à economia global.

Podemos adquirir muitos conhecimentos sobre inovação com instituições como a PARC, Bell Labs e Arpa. Elas tinham mentalidade e cultura distintas, mas tudo o que conquistaram mostra o inacreditável potencial que se tem à mão quando temos a mistura correta de liderança, recursos, visão, talento e confiança.

AMPLIANDO O INTELECTO HUMANO

A liderança da Arpa deu sequência a várias das filosofias que o dr. Bush já havia aprimorado muito eficazmente durante a guerra. Essa agência estava comprometida em financiar pesquisas de alto risco e em alistar os engenheiros e cientistas civis mais brilhantes, mantendo, ao mesmo tempo, o mínimo de despesas burocráticas. Por volta do início da década de 1960, como a influência da computação e da comunicação sobre a tecnologia militar era crescente, a Arpa criou seu escritório de Técnicas de Processamento de Informações (Information Processing Techniques Office — IPTO) para se concentrar em pesquisas nesses campos emergentes. O primeiro diretor do IPTO foi J. C. R. Licklider, um visionário afável com formação em física, matemática e psicologia.

Tal como o dr. Bush, anterior a ele, Licklider acreditava que os computadores algum dia seriam usados para ampliar as ideias e a criatividade — uma visão que ele expôs em um artigo presciente intitulado *Man-Computer Symbiosis* (Simbiose Homem-Computador). Os diretores do IPTO permaneciam nesse cargo por dois anos. Visto que escolhiam seu sucessor, a visão de "Lick" de pesquisa com finalidade aberta foi mantida e ampliada. Depois de cumprir seu mandato, esses diretores costumam voltar para a área de pesquisa ou o setor privado, inspirando estudantes e funcionários a levar adiante essa missão.

Esteja você lendo seu *e-mail*, abrindo uma planilha, digitando um memorando, pagando suas contas *on-line* ou apenas navegando na *Web*, você está dependendo de uma interface de usuário e de esquemas de rede local e global que se baseiam no trabalho financiado pelo IPTO nas décadas de 1960 e 1970. Nessa era dourada das pesquisas patrocinadas pela Arpa, as universidades e os laboratórios corporativos associavam-se para produzir experimentos revolucionários à medida que cientistas e engenheiros criavam as novas e poderosas ferramentas digitais que hoje consideramos naturais. As novas telas de mapa de *bits* possibilitaram a exibição de imagens e elementos gráficos na tela e a tipografia digital, e as faces sorridentes foram transformadas de :-) em ☺. Com a chegada de um novo dispositivo que nos permitia navegar nesse novo espaço virtual — o *mouse* —, nasceu a interface **"apontar-e-clicar"**, hoje universal na computação pessoal.

Paul Baran era ainda um jovem pesquisador na Rand quando o departamento de Defesa dos EUA deu-se conta de que seus sistemas estratégicos de comando e controle eram vulneráveis pelo fato de serem supercentralizados. Ao analisar de que forma as redes neurais do cérebro humano recuperam-se de lesões catastróficas, como um derrame cerebral, Baran e sua equipe conceitualizaram modelos para um novo tipo de rede de telecomunicações que seria semelhante a uma rede de pesca, com uma abundância de *links* que permitiam que a rede roteasse automaticamente as comunicações ao redor das áreas defeituosas.

Eles descobriram que, quando temos três vezes mais a quantidade de *links* que precisamos, sempre há um trajeto viável pela rede. "Descobrimos que uma determinada propriedade mágica manifestava-se subitamente", recorda-se Baran. "Mas não sabíamos como construir essas redes, porque a tecnologia digital necessária estava apenas surgindo nos laboratórios", observa Baran. Ele e seus colegas resolveram construir uma rede digital de comando e controle que fosse capaz de sobreviver a um ataque nuclear. O resultado disso foi a tecnologia de comutação de pacotes, essencial para que a Internet funcionasse como tal.

Alan Kay, um dos arquitetos da interface gráfica com o usuário, sempre se guiou por sua convicção de que a **melhor maneira de prever o futuro é inventá-lo**. Em nossa longa conversa sobre os dias dourados da Arpa, sua paixão por criar computadores mais acessíveis a todos era contagiante. "A impressão que eu tinha da comunidade Arpa quando comecei a trabalhar lá como estudante de pós-graduação, na década de 1960, era de que havia o 'sonho da Arpa' — de que o destino da computação seria mais cedo ou mais tarde criar uma rede global que funcionaria como um amplificador intelectual para todo e qualquer indivíduo. Não acredito que teríamos chegado aonde chegamos, se Licklider não tivesse estado lá no princípio", afirma Alan Kay.

Os dirigentes do IPTO tinham em comum não apenas uma visão sobre como os computadores poderiam melhorar nossa vida, mas também um conjunto de crenças quanto a possibilidade de o financiamento governamental ser mais bem aplicado para estimular mudanças radicais, em vez de melhorias incrementais. Eles se viam em sua função como intendentes da inovação e capacitadores da genialidade, por emoldurarem a realidade mais ampla e delinearem os desafios que enfrentamos enquanto sociedade. Contudo, não tentavam incutir metas ou teorias específicas sobre os grupos que financiavam. A Arpa identificou centros de excelência em universidades e laboratórios específicos, sem restrição de distribuição geográfica, e financiou equipes de cientistas de diversas áreas de formação. Seus contratos de subvenção duravam vários anos e tinham um escopo extremamente amplo, e isso permitia que os estudantes se apoiassem no financiamento no decorrer de seu doutorado e que conseguissem um montante de financiamento mínimo e estável necessário à obtenção de avanços significativos em suas pesquisas.

Quando estudante de pós-graduação na Universidade da Califórnia em Los Angeles, Vint Cerf participou do desenvolvimento da ARPANet e, quando professor na Stanford, foi um dos protagonistas na criação da Internet. "Os principais pesquisadores davam aos estudantes de pós-graduação uma enorme margem de manobra para detonar e enfrentar os problemas", lembra-se Vint Cerf. "A Arpa tinha a habilidade de decidir essencialmente quem ia fazer o quê com relativa liberdade. Eles pegavam um problema e envolviam as pessoas mais inteligentes que conseguiam encontrar e lhes perguntavam: 'Como você solucionaria isso?'. E daí lhes pagavam para isso", complementa Vint Cerf.

Uma das equipes financiadas pela Arpa foi o Centro de Pesquisa de Ampliação da SRI, de Doug Engelbart, mais conhecido como inventor do *mouse* de computador, mas suas contribuições foram bem mais amplas. Inspirado pela ideia do dr. Bush em *As We May Think*, o laboratório de Engelbart criou protótipos para processamento de palavras, armazenamento e recuperação de documentos eletrônicos, hipertexto, interfaces baseadas no *Windows*, *e-mail* e videoteleconferência — tudo isso na década de 1960.

Assistir a um vídeo da famosa demonstração de Engelbart dessas tecnologias é como assistir a um filme de ficção científica antigo em preto e branco no qual a tecnologia parece um bocado desajeitada, mas oferece uma amostra presciente do futuro. Não é possível não nos surpreendermos com a tamanha influência exercida por esses conceitos, introduzidos no mundo em 1968, sobre os ambientes computacionais que usamos hoje.

Abertura e colaboração foram duas das metas fundamentais da Arpa, e os obstáculos foram eliminados ativamente. A inovação foi estimulada em uma atmosfera de confiança. A agência contratou pessoas adequadas e lhes pediu para encontrar outras pessoas nas quais confiassem para concretizarem o trabalho. Os gerentes de programação peritos em tecnologia tinham liberdade e recursos para formar vários contratos e estimular novas áreas de investigação.

As propostas não tinham de passar por uma longa avaliação por pares. Os pesquisadores despendiam seu tempo trabalhando, e não no preenchimento enfadonho de extensas propostas de financiamento. "Conseguíamos preencher nossas propostas em meia página porque na verdade se tratava apenas de metas", afirma Alan Kay. "Precisávamos inventar uma rede escalonável — o que mais poderíamos dizer? Costumávamos dizer que a Arpa tinha a ver com visão e pessoas, e não com metas e projetos", recorda Alan Kay.

A Arpa reuniu pesquisadores para formar comunidades aproveitando-se da rede nascente e patrocinando encontros entre pesquisadores e estudantes de pós-graduação. A Xerox PARC realizou trabalhos de empreitada para a Arpa para que pudesse atrair os melhores estudantes doutorados que haviam trabalhado nos projetos financiados da Arpa e quisessem se manter conectados. "As pessoas recrutadas pela PARC eram aquelas que acreditavam nesse sonho e eram excêntricas o suficiente para não serem doutrinadas acerca de como deveriam proceder para isso. A Xerox PARC não seria possível se não fosse a Arpa", diz Kay. Esse tipo de estruturação comunitária revelou-se fundamental ao avanço da computação pessoal. Visto que o monopólio da Xerox sobre as copiadoras era extremamente lucrativo, a PARC tinha recursos e experiência para prototipar a grande quantidade de sistemas necessários para a experimentação dos ambientes de computação de rede.

"A Arpa era fascinante", lembra-se Bob Metcalfe, hoje sócio geral da Polaris Venture Partners. A herança deixada por seus dirigentes e pesquisadores não se resume às suas contribuições tecnológicas. Na verdade, inclui uma multiplicidade de professores, estudantes de pós-graduação, pesquisadores e desenvolvedores cujas vidas e carreiras eles influenciaram — direta e indiretamente — durante décadas.

O ÂMBITO DE AÇÃO DA BELL LABS

É difícil acreditar que o transistor, o telefone celular, o *laser*, o diodo emissor de luz, o sistema operacional *Unix*, os *chips* das câmeras digitais e seis prêmios Nobel provenham todos do mesmo laboratório — e nesse caso de um laboratório corporativo. Mas isso é um fato. Em seu período mais fecundo, entre 1960 e 1983, a Bell Labs empregou aproximadamente 25 mil pessoas, a maioria dedicada a criar uma tecnologia para melhorar o serviço telefônico. Porém, milhares de outros cientistas e engenheiros dedicavam-se com exclusividade a pesquisas extremamente básicas em uma grande variedade de campos científicos, como a física, a química e a ciência da computação. Sua organização era inigualável, visto que a respectiva empresa controladora, a AT&T, era um monopólio patrocinado pelo governo e seu financiamento provinha de um imposto sobre o serviço telefônico.

Em seus primórdios, a empresa integrou-se de uma forma completamente vertical. Graham Bell criou tudo sozinho, dos monofones aos sistemas de comutação. Ele não apenas foi o primeiro a usar o rádio de micro-ondas, mas também desenvolveu seus próprios cristais para as placas de quartzo necessárias à construção dos osciladores que possibilitavam que esses rádios funcionassem. Por isso, a Bell Labs foi capaz de atrair os melhores cientistas e engenheiros de uma ampla gama de disciplinas, contratando ao ano 10% dos doutorados em engenharia elétrica do país. Para inúmeros jovens engenheiros e cientistas, a Bell Labs era o lugar ideal para iniciar a carreira. Independentemente de terem escolhido permanecer nesse ambiente, voltar para o meio acadêmico ou mudar para o setor privado, a Bell Labs foi um excelente campo de treinamento para uma geração de inovadores. "O melhor da antiga Bell Labs era que havia um especialista mundial em todos os assuntos de interesse e esse especialista estava bem ali no final do corredor", diz Robert Lucky, que foi trabalhar lá em 1962 assim que se doutorou.

Havia um canal predefinido e garantido para a tecnologia da Bell Labs: a empresa precisava apenas procurar as companhias telefônicas locais e lhes dizer que elas seriam compradas. Os cientistas eram movidos pelas necessidades que enxergavam ao seu redor. Como a AT&T estava gastando 80 milhões de dólares por ano na substituição de válvulas eletrônicas, o diretor de pesquisa decidiu encetar a iniciativa de substituí-los. Visto que as pesquisas de desenvolvimento do radar na época da guerra haviam produzido avanços na área de semicondutores, um pesquisador da Bell Labs, Bill Shockley, formou uma equipe para analisar de que modo esses novos dados poderiam ser aplicados na substituição dos comutadores a válvula. Em 1948, o jornal *The New York Times* anunciou a descoberta do transistor... na página 46. Ninguém imaginava que um dia um único *chip* de silício conteria mais de um bilhão de transistores e que essa humilde descoberta tornar-se-ia o elemento básico do setor de computadores e de um mundo inteiramente novo de dispositivos eletrônicos.

Grandes organizações como a AT&T raramente conseguiram ser tão inovadoras. A Bell Labs tinha vários níveis hierárquicos, mas na base havia equipes compostas de uma dúzia ou mais de cientistas e engenheiros que trabalhavam no que quer que desejassem. Os chefes de departamento não controlavam meticulosamente os pesquisadores; na verdade, eles supervisionavam o desenvolvimento de um portfólio de projetos. "No tempo em que fiz parte da equipe técnica da Bell Labs, ninguém nunca me passou uma atribuição de forma explícita", revela Lucky. "A concorrência surgiu não de pressões comerciais, mas da aclamação científica que se podia ter. Já se presumia que fôssemos automotivados e autodirigidos e que, se não conseguíssemos ter sucesso nesse contexto, deveríamos encontrar um emprego diferente", explica Lucky.

A Bell Labs contava com uma liderança com perspectiva de longo prazo e uma estrutura de financiamento que não dependia dos lucros da empresa. Uma massa crítica de cientistas de variadas disciplinas tinha liberdade para investigar e aplicar suas conquistas na solução de problemas do mundo real.

ENGENHEIROS EMPREENDEDORES

A sólida tradição de pesquisa instituída pela Arpa e pela Bell Labs estabeleceu o alicerce para o que se tornaria a fonte fundamental de inovação nos anos subsequentes: a empresa *start-up*. Da década de 1950 em diante, o empreendedorismo começou a desempenhar um papel cada vez mais importante na computação, comunicação e biotecnologia.

Ao reconhecer o imenso potencial do transistor, Bill Shockley deixou a Bell Labs e mudou-se para a região Oeste dos EUA. Em 1956, fundou a Shockley Semiconductor perto do *campus* da Stanford em Palo Alto. Fred Terman, vice-reitor executivo e diretor de engenharia, foi um dos primeiros a apoiar a colaboração entre o meio acadêmico e o setor privado. Palo Alto já havia se tornado um ponto de encontro para o desenvolvimento do rádio e da eletrônica militar. Empresas como a Varian e a Hewlett-Packard atraíam os melhores talentos, oferecendo benefícios como participação nos lucros e estabelecendo um precedente para a cultura do vale do Silício enquanto incubador da inovação.

À medida que as *start-ups* foram ganhando notoriedade, os funcionários com visão com frequência deixavam a empresa para fundar seu próprio negócio. Um dos primeiros a ser contratado por Schockley foi Robert Noyce, que havia desenvolvido um fascínio pelos transistores ainda na faculdade. Um ano depois de entrar na empresa, Noyce comandou um êxodo de cientistas — popularmente chamados no vale do Silício de os "oito traidores" —, os quais se sentiam contrariados com o estilo de gerência de Schockley. Com o apoio financeiro de um pioneiro capitalista de risco, Arthur Rock, a Fairchild Semiconductor foi criada em 1957, instaurando um modelo para a transformação de engenheiros em empreendedores.

Depois que o Congresso aprovou em 1958 a Lei de Investimento em Pequenas Empresas (Small Business Investment Act), inovadores profissionais da área financeira e ex-empreendedores juntaram-se para fundar as primeiras parcerias de capital de risco. Em 1961, Arthur Rock deixou a atividade bancária para se dedicar exclusivamente às operações de capital de risco. Eugene Kleiner, um dos cientistas que saíram da Schockley, fundou a Kleiner Perkins em parceria em 1972. Trinta novas empresas de capital de risco foram criadas entre 1968 e 1975.

Onze anos após a fundação da Fairchild Semiconductor, Noyce e Gordon Moore, acreditando que podiam empreender mais se agissem por conta própria, saíram da empresa para estabelecer a Intel. Junto com eles estava Andy Grove, que mais tarde se tornaria diretor executivo da Intel e um dos executivos mais notáveis do país. Por ter uma cultura em tudo favorável aos princípios fundamentais da inovação e por sua proximidade a duas grandes universidades de pesquisa — Universidade da Califórnia–Berkeley e de Stanford —, o vale do Silício foi rapidamente ocupado por pequenas empresas especializadas que colaboraram para e se rivalizaram pela criação de novos empreendimentos.

Os capitalistas de risco bem-sucedidos da época tinham uma filosofia semelhante à da Arpa, mas um horizonte de tempo distinto. Eles financiavam pessoas excelentes, assumiam riscos, não exigiam conceitos ou mercados totalmente desenvolvidos antes de investirem e sabiam que no final os empreendimentos novos e arriscados raramente ganhavam a feição originalmente esboçada nos planos de negócios. Eles estavam dispostos a se fiar na intuição e na confiança, associando paciência com a compreensão de que talvez tivessem de esperar de cinco a sete anos para ver algum retorno. Essa inspiração pelo risco — aliada à aceitação do fracasso — foi o que fez do vale do Silício um lugar único.

O compromisso do governo e do setor privado para com a pesquisa de alto risco e de longo prazo abriu caminho para descobertas que inspiraram a inovação durante décadas. Os financiamentos propiciados pela Arpa resultaram na Internet e na *Web*. Sem a Bell Labs, não teríamos PCs nem telefones celulares. As pesquisas da Nasa renderam frutos que transcendem em muito a exploração espacial. A primeira tecnologia a ser desenvolvida para os satélites terrestres dotados de sensores remotos é empregada hoje em sistemas de imagiologia cardíaca. O aspirador de pó *DustBuster* da Black & Decker é um desdobramento dos dispositivos desenvolvidos pela empresa para possibilitar que os astronautas do *Apollo* recolhessem amostras de pedras e do solo na superfície da Lua.

Com a entrada no setor de *start-ups* financiadas com capital de risco, um novo grau de risco se evidenciou, prova disso é que várias delas entraram em colapso. Porém, os bons resultados deram impulso a recompensas significativamente maiores quando essas empresas novatas conseguiram transformar novas ideias em produtos e lucros. As *start-ups* se tornaram a força motriz da inovação. Mas em breve uma concorrência crescente — em parte criada por essas novas empresas — causaria um impacto nas grandes corporações. Além disso, os incentivos governamentais para o financiamento de pesquisas de longo prazo começaram a mudar de feição. O equilíbrio do EI estava prestes a sofrer uma guinada, o que colocaria em xeque a solidez de seu alicerce.

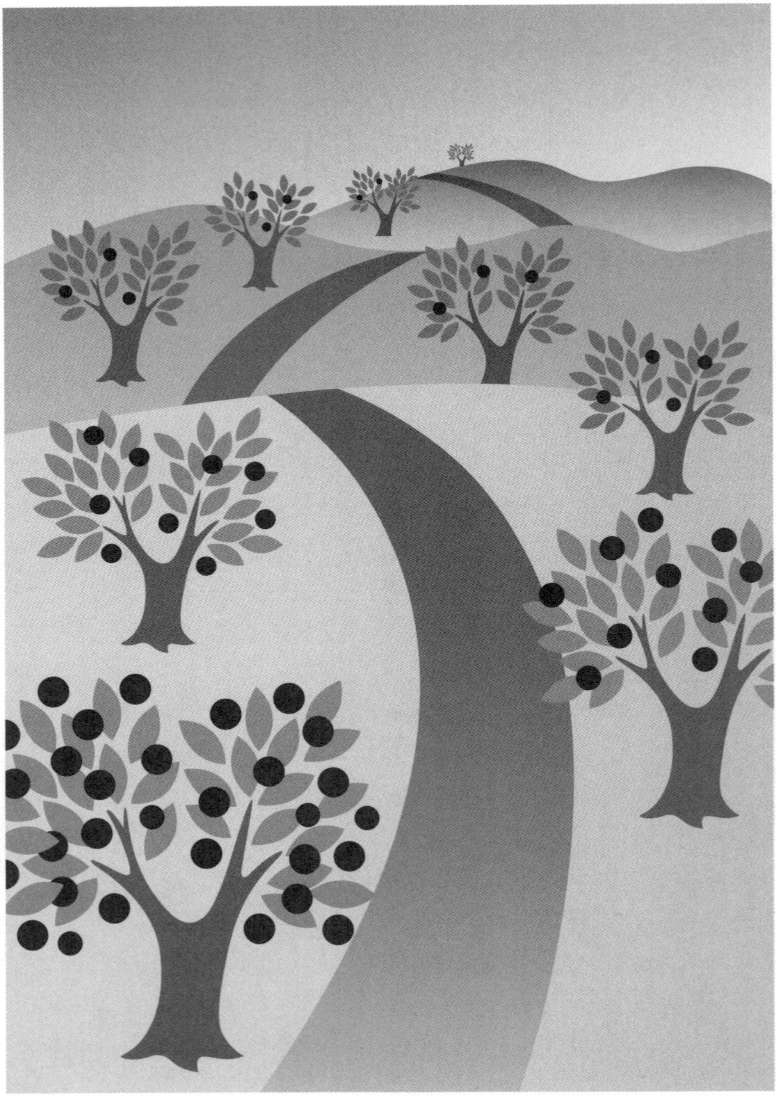

CAPÍTULO 4

ESTREITANDO OS HORIZONTES

Por volta da década de 1970, tendo em vista o profundo comprometimento do governo para com a ciência e o surgimento da economia de *start-ups*, os EUA tiveram de restabelecer sua primazia tecnológica. Essa posição de liderança beneficiou a segurança nacional e incitou o crescimento econômico. Todavia, a intensificada concorrência global e as pressões cada vez maiores provenientes de Wall Street obrigaram grandes empresas a privilegiar a eficácia e a podar as pesquisas.

O apoio a empresas *start-up* manteve-se firme. Empreendedores, capitalistas de risco, clientes e a economia continuaram colhendo benefícios. Essas pequenas empresas recém-criadas, entretanto, tinham de estreitar o foco e não estavam aptas a conduzir um trabalho investigativo mais amplo da mesma forma que um laboratório corporativo conseguiria.

Visto que os incentivos que impulsionavam o financiamento e a política do governo começaram a mudar, as inovações continuaram a fluir da comunidade de pesquisa, mas várias delas estavam mais voltadas à pesquisa aplicada do que à pesquisa básica com finalidade aberta que notabilizou a visão do dr. Vannevar Bush de "fronteira sem fim".

Na década de 1970, pela primeira vez o investimento do setor privado em P&D superou o do governo federal. Essa tendência era sem dúvida alguma uma indicação de que o setor privado estava em expansão e investindo. Contudo, paralelamente a isso, houve uma mudança do financiamento em pesquisa para o financiamento em desenvolvimento e um estreitamento do horizonte como um todo. Os incentivos para continuar plantando as sementes necessárias à inovação permanente e sustentável não estavam mais alinhados.

A Emenda Mansfield, aprovada pelo Congresso em 1973, restringiu as verbas das pesquisas em defesa por intermédio da Agência de Projetos Avançados de Pesquisa (Arpa) a tecnologias com aplicações militares diretas. Essa nova política diminuiu os financiamentos para algumas das iniciativas com grande potencial de inovação apoiadas pela Arpa e alertou os cientistas de que mais mudanças estavam a caminho. Foi então que a Arpa passou a se chamar Agência de Projetos de Pesquisa Avançada em Defesa (Darpa), para reforçar sua relação com a defesa.

A nova legislação mudou o modo como os recursos financeiros eram concedidos, o que pode ser bem mais importante do que o montante geral em dólares. Ed Catmull, fundador da Pixar, que realizou pesquisas na Universidade de Utah na década de 1970, sentiu o peso dessa mudança: "Lembro-me de ter ouvido a Arpa dizendo muito explicitamente o seguinte, quase já no momento em que estava para suspender seu apoio à computação gráfica: 'Já fizemos nossa parte'. A postura era de que o trabalho já havia sido semeado e que o setor privado deveria a partir daquele momento assumir o comando. Eles poderiam ter dito 'Ótimo, continuemos semeando mais coisas', mas nem sequer levaram em conta sua responsabilidade."

A Guerra do Vietnã desviou o dinheiro da pesquisa básica e isso aumentou a resistência dos cientistas universitários às Forças Armadas. As pesquisas relacionadas à Internet que Vint Cerf estava conduzindo na Stanford continuaram a obter o apoio total do governo porque era fácil explicar à Darpa como um sistema de comunicação capaz de sobreviver a uma guerra nuclear poderia atender às necessidades das forças armadas. Cerf, contudo, teve de fazer com que o pessoal a cargo da pesquisa se sentisse mais à vontade com seus patrocinadores. "Eu me vi na situação de tentar descobrir que tipo de problema não militar poderíamos resolver usando nossas pesquisas", afirma Vint Cerf. Ele tentava especificamente evitar termos militares ao descrever os problemas aos pesquisadores e, ao mesmo tempo, assegurar que o trabalho deles era fundamental para as necessidades militares.

Como os orçamentos governamentais minguavam de maneira geral, os contratos da Darpa estavam ficando mais focalizados. Visto que os setores de TI e biotecnologia estavam apresentando resultados promissores, o financiamento voltou-se para essas áreas, à custa de se continuar fomentando pesquisas básicas nas ciências físicas e ambientais.

A DECOLAGEM DA INOVAÇÃO EMPREENDEDORA

A crise do petróleo, no início da década de 1970, estremeceu a economia norte-americana, aumentando a pressão sobre grandes empresas e indivíduos no mundo inteiro, mas *start-ups* pequenas e fragmentárias continuaram a surgir. O fundador da Cotação Automatizada da Associação Nacional de Corretores de Valores Mobiliários (National Association of Securities Dealers Automated Quotation — Nasdaq) abriu outra possibilidade de retorno financeiro, o que, por sua vez, incitou mais atividades empreendedoras. Diferentemente da Bolsa de Valores de Nova York (New York Stock Exchange — NYSE), o "pregão" da Nasdaq existia apenas no ciberespaço. Como as exigências de listagem e as taxas da Nasdaq eram menores, isso possibilitou que empresas menores e mais voláteis usassem isso como meio de acesso a mercados públicos e financiassem seu futuro crescimento.

Tendo em vista a legislação que autorizava os fundos de pensão a investir em empresas de capital de risco, o capital ao alcance das *start-ups* aumentou significativamente. Os incentivos de empreendedores, capitalistas de risco, mercados financeiros públicos e clientes estavam todos alinhados para criar empresas que gerassem lucro para seus investidores. Da perspectiva do empreendedor, essas empresas existiam para desenvolver uma nova tecnologia, medicamentos, vacinas ou aparelhos capazes de mudar o mundo.

O novo e importante campo de biologia molecular foi instituído com a descoberta do DNA recombinante no início da década de 1970 por Herbert Boyer, bioquímico da Universidade da Califórnia–San Francisco, e por Stanley Cohen, professor adjunto de medicina na Universidade de Stanford. A promessa de revolucionar a medicina, aliada ao apetite do mercado de ações pelo risco, criou um ambiente em que muitas das pesquisas iniciais acabaram sendo feitas pelo setor privado e financiadas por capitalistas de risco e pelos mercados públicos.

A Genentech, fundada por Boyer e pelo capitalista de risco Robert Swanson em 1976, tornou-se um arquétipo para o setor de biotecnologia. Cientistas talentosos tinham à sua disposição recursos, financiamento e autonomia para fazer as principais perguntas e reaver a serendipidade enquanto uma possível fonte de valores significativos. "A Genentech estava anos-luz à frente de todos os outros na área de biologia molecular. Os biólogos fascinados por tecnologia que trabalhavam lá eram os melhores do mundo", explica Larry Lasky, um dos primeiros pesquisadores da empresa. "Faltavam-nos três coisas no meio acadêmico — dinheiro, liberdade e tecnologia." Em seus primeiros quatro anos, a empresa realizou a clonagem da insulina humana e do gene do hormônio do crescimento humano e abriu seu capital, conseguindo com isso levantar 35 milhões de dólares antes mesmo de gerar alguma receita ou lucro significativo.

A possibilidade de trabalhar com os campeões dos campeões era preferível à segurança de ser contratada por uma grande empresa de renome. Quando me formei na Stanford em 1976, fui entrevistada por todas as empresas de informática estabelecidas — Hewlett-Packard, Xerox e Intel — e também por uma nova empresa, com 50 funcionários, chamada Zilog, que havia sido fundada por ex-funcionários da Intel. Optei por trabalhar na Zilog porque um amigo de meus pais disse que as pessoas mais brilhantes que ele conhecia trabalhavam lá. Muitos dos meus amigos achavam uma loucura de minha parte optar por trabalhar em uma empresa tão pequena. Eu nem sabia o que era uma opção de compra de ações. O que me motivava era a possibilidade de ter impacto sobre aquela nova fase do setor de informática. A Zilog era uma incubadora de inovações que me revelou o entusiasmo da vida de uma *start-up*.

O PC sobre sua mesa, o videogame que seus filhos estão jogando na sala ao lado e o assistente digital pessoal (PDA) que você pode levar no bolso nasceram todos na década de 1970 em *start-ups* arrojadas como a Apple, Microsoft e Atari. Não havia outro lugar mais empolgante para se estar do que o Vale do Silício.

SERVINDO A DOIS SENHORES

Na década de 1980, a pressão de fatores econômicos sobre as políticas do governo era cada vez maior. A vigorosa campanha da administração Reagan para reduzir o tamanho do governo provocou mudanças no financiamento e na aquisição de produtos e serviços pelo governo federal, o que encurtou ainda mais o período de execução das pesquisas. Novas diretrizes estipulavam que o governo não deveria empreender nenhum projeto que pudesse ser realizado pelo setor privado, e os projetos que estavam sendo financiados eram dirigidos à busca de soluções compatíveis tanto com o governo quanto com o setor privado — as chamadas tecnologias de dupla utilização. Por exemplo, uma tecnologia em perspectiva, concebida para beneficiar ambientes de centros de dados empresariais também tinha ser útil para aplicações no campo militar.

Projetos de sistemas ambiciosos como a ARPANet continuaram a receber apoio. A Fundação Nacional da Ciência (NSF) financiou uma série de centros de supercomputação, interligados por uma rede de alta velocidade que se tornou um componente fundamental da Internet. Porém, a ciência básica que originalmente havia aberto o caminho para a criação dessas redes não era mais uma prioridade.

As pessoas que enxergavam cinco a dez anos à frente estavam agora enxergando apenas dois a três anos, porque eram obrigadas a justificar suas pesquisas. "Eu percebi essa imensa retração no horizonte das pesquisas", lembra-se Van Jacobson, que estava no Laboratório Nacional Lawrence Berkeley e hoje trabalha como pesquisador na PARC. "Em Washington, era essencial demonstrar duas coisas: sempre que possível tínhamos de usar uma engrenagem comercial e o que quer que estivéssemos fazendo tinha de ter aplicação comercial", relata Van Jacobson. A ideia de desenvolver tecnologias que fossem úteis tanto ao governo quanto ao setor privado parece boa, mas ela pôs um freio nas pesquisas abertas. E, nesse caso, o enxugamento do governo não produziu mais inovações nem maior eficácia.

Mudanças nas políticas de licenciamento nas universidades produziram consequências não intencionais sobre a inovação. Em 1980, o Congresso aprovou a Lei Bayh-Dole, concedendo às universidades direito de propriedade intelectual resultante de pesquisas financiadas pelo governo federal. As universidades então passaram a ter a responsabilidade, enquanto administradoras de suas descobertas, de averiguar se essas descobertas beneficiavam a sociedade. Os escritórios de transferência de tecnologia (ETTs) foram criados para transferir ideias dos laboratórios do *campus* para o mundo comercial, onde uma quantidade crescente de empreendedores aguardavam o momento de tirar proveito delas.

Mas havia uma diferença entre o que a Lei Bayh-Dole propunha e o que obtinha. Quando esses escritórios de licenciamento ganharam tamanho e poder, passaram a ser vistos em algumas universidades como uma nova fonte de receita, o que estimulou os pesquisadores a enfatizar a pesquisa aplicada de curto prazo que podia ser licenciada mais rapidamente.

"Fiquei extremamente exaltado ao analisar que as próprias universidades estão se motivando a explorar a propriedade intelectual de suas pesquisas, em vez de possibilitar que as pesquisas sejam motivadas pelo desejo de saber e compartilhar", diz o pioneiro da Internet Vint Cerf. O ritmo das pesquisas acelera extraordinariamente quando há um compartilhamento e intercâmbio adequado de conhecimentos, o que na verdade é a essência das publicações. O Banco de Dados sobre o Genoma Humano (Human Genome Database) é apenas um exemplo de que é possível avançar mais rapidamente quando é necessário compartilhar dados.

A Lei Bayh-Dole criou um conflito entre as motivações científicas e as motivações financeiras — entre descobrir um meio de explorar a propriedade intelectual e o compartilhamento de informações, que é a moeda do reino no mundo acadêmico. Quando a rede de computadores decolou em meados da década de 1980, as pessoas ficaram menos dispostas a compartilhar os frutos de suas pesquisas. "Se tentássemos fazer hoje o que a Arpa fez nas décadas de 1960 e 1970", afirma Cerf, "talvez não funcionasse, por causa do interesse comercial das pessoas que desejam transformar suas ideias em dinheiro." Inquietação semelhante com respeito aos direitos de propriedade intelectual começou a remodelar as pesquisas biomédicas, o que deu lugar ao patenteamento de genes.

"A ideia de distinção em relação à comunidade acadêmica se perdeu", observa John Markoff, jornalista do *The New York Times*, que acompanha a tecnologia e o vale do Silício desde o início da década de 1980. "Antes, havia uma comunidade de pesquisadores que não eram empreendedores. Havia um critério fixo e inequívoco, e mantinha-se a genuinidade de uma pesquisa justamente não a tornando um empreendimento comercial." Essa mudança foi anunciada como progresso por alguns: os pesquisadores acadêmicos estavam sendo retirados de sua torre de marfim para enfrentar problemas do mundo real. Porém, o efeito foi estreitar o escopo das pesquisas a um projeto que pudesse ser adaptado e levado para o mercado o mais rápido possível.

Os professores e alunos imbuídos do desejo de se tornar empreendedores seguiram naturalmente esse caminho. Contudo, forçar os pesquisadores a isso com frequência foi um tiro que saiu pela culatra, resultando em empresas fracassadas e pesquisas de pouca importância. Embora a maioria das universidades fosse bem mais bem-sucedida ao angariar fundos por meio de ex-alunos bem-sucedidos, e não dos lucros provenientes de alguma propriedade intelectual, os escritórios de licenciamento não pararam de ganhar influência.

A pesquisa universitária não foi a única vítima desse estímulo à comercialização. Uma vez que o mercado tornava-se progressivamente competitivo, as empresas de grande porte que tinham laboratórios próprios não conseguiram mais manter uma visão de longo prazo. Organizações como a Bell Labs foram reorganizadas para se concentrar no desenvolvimento de tecnologias avançadas capazes de influir mais diretamente em seus resultados comerciais. Um processo judicial antitruste do departamento de Justiça dos EUA forçou a AT&T a se desmembrar nas Baby Bells, e esse desdobramento acabou levando parte da Bell Labs. O antes renomado centro de pesquisas ficou mais magro e mais orientado ao cliente. Os dias que marcaram a exploração científica já haviam se acabado.

OTIMIZAÇÃO EM PROL DA EFICIÊNCIA

As empresas, ao enfrentarem intensa concorrência tanto interna quanto externamente, ficaram obcecadas por maximizar suas margens de lucro. Os executivos corporativos mais admirados na década de 1980 eram aqueles que advogavam por maior **eficiência**, maior **produtividade** e maior **focalização no cliente**. A gestão da cadeia de suprimentos e o estoque *just-in-time* (no momento certo) eram fatores essenciais da mudança.

Uma nova técnica de gestão, denominada Seis Sigma — uma metodologia extremamente disciplinada para eliminar defeitos por meio de mensuração e controle precisos —, foi aclamada como a solução para melhorar os níveis de qualidade na fabricação. Avanços obtidos em tecnologia da informação ofereceram acesso instantâneo a informações detalhadas sobre todos os aspectos dos negócios, possibilitando que os diretores estimulassem a inovação incremental de curto prazo em seus processos internos — e em seus produtos. A função do diretor executivo de informática ganhou destaque quando as empresas reconheceram a importância de ter acesso a dados atualizadíssimos. Da noite para o dia, a TI alcançou a atenção da alta direção e dos conselhos de administração, e as aquisições de tecnologia tornaram-se o tema central dos bate-papos nos coquetéis executivos.

Entretanto, várias empresas de produtos de base científica ou tecnológica estavam sendo administradas naquele momento por administradores profissionais com experiência jurídica, financeira ou em vendas, mas com pouco conhecimento ou pouco respeito pela ciência propriamente dita. Além disso, a eficiência reinava suprema em Wall Street, visto que as empresas buscavam produzir resultados mais previsíveis. Quando alguém conseguia um centavo a mais e superava um analista, era enaltecido; porém, se ficasse um centavo abaixo, era subjugado.

No momento em que as empresas passaram a procurar soluções para controlar os custos, o sistema de saúde tornou-se um dos principais alvos. Como o seguro-saúde patrocinado pelo empregador ficava cada vez mais caro, as empresas mudavam para planos que restringiam a escolha de serviços de saúde e opções de tratamento pelos funcionários. Conquanto essa medida tenha contido os custos por um determinado período, os métodos draconianos empregados por organizações de assistência médica administrada minaram a popularidade de seus planos e essas economias tiveram vida curta. Muitas dessas organizações privilegiaram a tomada de decisão administrativa em detrimento do compromisso do médico para com um padrão de assistência.

Havia muitos custos obscuros nesse foco sobre a eficiência de curto prazo. As organizações perderam a tolerância a tudo o que não era possível controlar por meio do painel de indicadores no PC de mesa do executivo. A inovação pode ser um processo desordenado e ineficiente; não é um processo que pode ser controlado por indicadores absolutos.

É difícil alargar o pensamento e transcender as melhorias incrementais quando o mantra da organização é *foco, foco, foco*. "O próprio processo pelo qual a empresa se torna eficiente no que faz normalmente é um processo em que tenta expulsar os mistérios e as incertezas", afirma Danny Hillis, cofundador da Applied Minds. "Muitas pessoas aprenderam como ninguém a eliminar a gordura do sistema. Infelizmente, era nessa gordura que boa parte das inovações estava ocorrendo. Era o que abria espaço para a busca de novas oportunidades", ressalta Danny Hillis.

TECNOLOGIA DA INFORMAÇÃO E BIOTECNOLOGIA DIRECIONAM O MERCADO

Da perspectiva do vale do Silício, a década de 1980 foi inacreditável. Empresas jovens como a Apple, Genentech e Microsoft estavam abrindo seu capital e as pessoas começaram a ganhar muito dinheiro. Os bancos de investimento que tradicionalmente só falavam com corporações maiores começaram apontar para as pequenas empresas de TI e ciências biológicas enquanto mercados emergentes. Dinheiro era injetado nos fundos de capital de risco, com parcerias que entendiam bem qual era o papel do risco na geração de lucros.

Em 1981, inspirados por nossa experiência na Zilog, Bill Carrico e eu decidimos abrir a Bridge Communications, uma das empresas originais no embrionário mercado de redes. Nossos produtos seriam desenvolvidos com base na Ethernet, tecnologia que ainda não era o padrão e nem mesmo havia sido reconhecida como predileta. Uma semana antes, estávamos para fechar nossa primeira rodada de financiamentos, uma empresa de pesquisa de mercado declarou que a Ethernet não teria sucesso e que uma tecnologia concorrente, desenvolvida pela Wang, tornar-se-ia o padrão. Bill tinha 31 anos e eu 26. Embora não tivéssemos muita experiência, tínhamos visão e convicção. Acreditávamos que a Ethernet se manteria de pé ainda por muito tempo. Nossos investidores — que pouco conhecimento tinham sobre questões tecnológicas — acreditaram em nós, assumiram um risco e assinaram o cheque. Eles nos deram oportunidade de perseguir nosso sonho. A Ethernet tornou-se o padrão internacional e a Wang hoje está extinta. A Bridge saiu-se bem financeiramente e o risco compensou.

As *start-ups* transformaram-se em mecanismos de pesquisa do setor farmacêutico. "Quando comecei a investir em biotecnologia, não fazíamos outra coisa senão pesquisar", afirma Sam Colella, diretor geral da Versant Ventures. "Não havia nenhum produto. As empresas tinham sido criadas por capitalistas de risco, mas em seguida uma grande soma de dinheiro foi injetada pelo governo federal e por sócios", observa Sam Colella.

Visto que mais empresas de tecnologia e biotecnologia abriram seu capital, um grupo de analistas astutos surgiu para ajudar os investidores a decifrar essas empresas e produtos complexos. Ainda que no final várias empresas tenham sido adquiridas, a meta da maioria dos empreendedores era erguer uma empresa de vida longa, e o acesso aos mercados públicos lhes possibilitou concretizar esse sonho. Ainda me lembro do entusiasmo — mitigado por certo senso de responsabilidade — na manhã de 1985 em que a Bridge Communications começou a operar como empresa de capital aberto.

Os clientes da comunidade de aplicação com capacidade de mudança saudaram de braços abertos a nova geração de *start-ups*. O desenvolvimento de novos equipamentos, produtos, medicamentos e procedimentos médicos foi bem recebido por empresas, por clientes e pela classe médica, todos ansiosos por experimentar novas coisas. As empresas contavam com essas novas soluções de informática e *software* como vantagem competitiva, pois poderiam ajudá-las a aumentar sua produtividade, diminuir os custos e atingir seus clientes de novas maneiras. Elas estavam dispostas a apostar em empresas pequenas e desconhecidas, mas que tivessem ideias geniais.

Com a arrancada da tecnologia da computação e das comunicações, sua influência transcendeu a força normal da inovação que propulsiona a inovação. O correio eletrônico e o compartilhamento de recursos de computação pela Internet intensificaram o processo colaborativo em todas as comunidades do ecossistema de inovação (EI), possibilitando que as pessoas se beneficiassem do trabalho uma das outras e que as empresas recebessem *feedback* de funcionários, clientes e parceiros ao redor do mundo.

A *World Wide Web* aumentou a acessibilidade a informações sobre todas as áreas da ciência. A capacidade de ler a respeito de novos avanços em um determinado campo, que estejam ocorrendo em algum lugar do mundo, hoje só depende da curiosidade e do tempo que se tem para isso. Além dos benefícios da colaboração, a viabilidade de fatores como processamento rentável e de alto desempenho e armazenamento de dados de alta capacidade mudou a velocidade da experimentação e análise.

Novas formas de utilização dos computadores surgiram para testar conceitos e produtos, dos *chips* de silício, a roupas e a automóveis. Reduções excepcionais no custo de armazenamento e processamento abriram espaço para um novo patamar de depósito de dados (*data warehouse*) e mineração de dados (*data mining*), possibilitando que empresas como a Amazon oferecessem produtos com base em padrões de compra anteriores ou que os anunciantes atinjam mais pontualmente uma determinada faixa demográfica.

A descoberta do DNA na década de 1950 ocorreu mais ou menos na mesma época da descoberta do semicondutor. Porém, de nenhuma maneira os cientistas poderiam lidar com a vasta quantidade de variáveis e a complexidade da genética sem o auxílio dos computadores. Décadas se passaram até que os computadores alcançassem o nível de desempenho essencial para que se tornassem favoráveis aos avanços nesse campo. "Era quase como se, até então, tivesse havido um entrave à biologia, até que o semicondutor abriu caminho para um tipo de potência de computação que nos possibilitava analisar um sistema com 20 mil variáveis independentes ou genes", afirma Randy Scott, diretor executivo da Genomic Health. "Mas só quando a tecnologia destinada a experimentações começou a entrar em cena e já havia uma tecnologia de computadores capaz de analisá-las é que o jogo de fato principiou", complementa Randy Scott.

A década de 1980 foi um período de evolução e de possibilidades crescentes, na medida em que as informações diminuíram as barreiras à inovação oferecendo maior potência de processamento às experimentações e melhorando a comunicação entre cientistas, engenheiros e empresários. Entretanto, em tempo de prosperidade crescente, poucas pessoas conseguiam avistar as nuvens escuras que se formavam no horizonte.

PERDENDO A LIDERANÇA

Com a queda do Muro de Berlim em 1989 e o fim da União Soviética, os orçamentos de defesa apresentaram um declínio constante e o foco na redução do déficit federal era contínuo. Pressões sobre o financiamento de pesquisas cresceram em toda parte. O setor de tecnologia era tão sólido que ninguém percebeu que havíamos parado de plantar as sementes do crescimento do amanhã. O restante do mundo não estava imobilizado. O número de artigos em ciência e engenharia publicados por autores norte-americanos permaneceu invariável no decorrer da década de 1990, enquanto em outras nações as pessoas se tornavam mais prolíficas.

Como nossa base de pesquisas erodia em silêncio, outras forças começaram a conspirar para prejudicar o ímpeto inovador do país. As grandes corporações estavam procurando uma saída para concorrer mais eficazmente, na medida em que seus custos com sistema de saúde, litígios e comercialização aumentaram. O foco contínuo em eficiência aumentou suas margens de lucro. As empresas farmacêuticas ficaram maiores e a direção executiva deslocou os recursos destinados à inovação científica para inovações na arte de vender, comercializando os medicamentos diretamente com médicos e clientes em potencial.

"Observe a história da Genentech e observe a história da Pfizer", diz David Kessler, ex-comissário da FDA. "Nessas várias décadas que se passaram, a Genentech acreditou que o único fator importante para seu sucesso a longo prazo é seu P&D, sua capacidade de descobrir novas moléculas. Tudo está fundamentado na ciência. Ela está disposta a olhar para as doenças severas e os mercados menores, áreas em que há maior carência, e de assumir riscos para desenvolver medicamentos onde não há mais ninguém. Entretanto, a Pfizer, depois de incorporar várias empresas, tornou-se tão grande, que sua estratégia é se afastar de P&D, rumo ao *marketing* e à promoção, e transformar-se em uma empresa voltada para o segmento *wellness lifestyle*.[1] Eles se distanciaram da ciência", relata David Kessler.

O setor farmacêutico preocupou-se em fabricar medicamentos para os quais se prescrevem milhões de receitas todos os anos. "Nós conduzimos o mundo para o modelo *blockbuster*",[2] diz Randy Scott, diretor executivo da Genomic Health. "Ficou tão caro desenvolver um medicamento que os únicos medicamentos cujo desenvolvimento é possível justificar têm de equivaler a 0,5 bilhão a 1 bilhão de dólares ou mais", enfatiza Randy Scott.

Para vender esses medicamentos, a Big Pharma fez pressão para conseguir comercializar seus produtos diretamente aos clientes. "Eu fui contrário a isso nos sete anos em que estive na FDA", explica David Kessler. "Eu simplesmente arrisquei meu pescoço e disse não, porque, quando estamos de fato centrados na ciência e nosso produto funciona, podemos transmitir

---

1 Esse segmento, que vem sendo chamado de **"estilo de vida saudável"**, segue uma abordagem de saúde que abrange a medicina tradicional e a alternativa, *fitness*, terapias comportamentais etc. (N. da T.)

2 *Blockbuster*, nesse contexto, é o medicamento que lidera as vendas no mercado, isto é, que gera uma receita de mais de 1 bilhão de dólares anuais. A busca de *blockbusters* tem sido o princípio norteador da estratégia de P&D das grandes empresas farmacêuticas. (N. da T.)

a mensagem àqueles que precisam dele. Não é necessário fazer alarde", declarou ele. Kessler deixou a FDA em 1997 e, no prazo de semanas, a agência mudou sua política. O valor gasto em propaganda farmacêutica aumentou 28% ao ano desde então. Parte do dinheiro investido em inovação em *marketing* teria sido mais bem gasta em tecnologias de pesquisa para nos permitir descobrir e desenvolver medicamentos a um custo menor.

A inovação do sistema de saúde tem sido mais dificultada pela ameaça crescente de processos judiciais por negligência médica e pelos custos ascendentes dos prêmios de seguro destinados aos médicos. Os processos por negligência médica podem ser vistos como um meio tortuoso de assegurar um tratamento melhor, mas eles com frequência são mal utilizados, criando um comportamento preventivo por parte dos médicos, o que pode ocasionar exames desnecessários, custos mais altos e mesmo outros riscos à saúde. "O efeito é tão insidioso que está se tornando difícil distinguir a **boa** medicina da medicina **defensiva**", afirma Mark Josephs, diretor do departamento de emergência do Exeter Hospital, em New Hampshire. "No departamento de emergência, podemos realizar uma tomografia computadorizada da coluna cervical a fim de descartar a mais exígua possibilidade de fratura. Com a tomografia, corre-se algum risco de contrair câncer da tiroide bem mais à frente. O médico da emergência não deve ser responsabilizado por esse câncer, mas será processado se a fratura não for percebida", enfatiza Mark Joseph. Esse **tipo de dilema** é comum no cotidiano dos médicos e dos hospitais que tentam praticar a boa medicina e, ao mesmo tempo, se precaver!

Quando empresas com ciclos de rendimentos flutuantes abriram seu capital, as ações judiciais coletivas sobre valores mobiliários tornaram-se mais corriqueiras. Uma decisão judicial da Suprema Corte que atenuou o ônus da prova do reclamante abriu espaço para a formação de categorias mais amplas de reclamantes e maiores prejuízos e indenizações. Tal como os excessivos processos judiciais por negligência, ações judiciais frívolas tornaram-se mais comuns no âmbito comercial, desviando o foco e o financiamento suplementar da direção executiva em relação à inovação e diminuindo o apetite pelo risco. Posteriormente, nessa mesma década, houve algum alívio proporcionado por uma reforma legislativa, mas o mau uso de litígios trabalhistas e de valores mobiliários intensificou, e nisso um valor significativo em dinheiro foi para os prêmios de seguro e honorários advocatícios.

O declínio do EI norte-americano só estava começando, mas era na maioria das vezes invisível porque estávamos no limiar da explosão de novas tecnologias e empresas e de uma prosperidade repentina, descrita por Louis Rossetto, fundador da revista *Wired*, como uma "Revolução Digital [...] açoitando nossas vidas como um tufão bengalês". Mas à época que esse tufão passou, os alicerces do EI já haviam enfraquecido. Contudo, para os jovens que começaram a afluir ao vale do Silício em meados da década de 1990, parecia que a festa estava apenas iniciando.

DESCONTROLE CRESCENTE

Um dos avanços investigativos mais importantes da década ocorreu fora dos EUA. Tim Berners-Lee, pesquisador do Cern, na Suíça, desenvolveu uma nova solução para exibição e transmissão de documentos na Internet, inspirado em parte pelos conceitos apresentados na demonstração de Doug Engelbart. Ele batizou essa nova tecnologia de *World Wide Web*, e isso deu vida a uma nova forma de compartilhamento de informações que transcenderia em muito as expectativas de aperfeiçoamento da comunicação entre os físicos da Cern.

Marc Andreessen, o futuro cofundador da Netscape, foi influenciado pela pesquisa de Berners-Lee, mas considerou as implementações de seu primeiro *software* rudimentares e difíceis de usar. À época, Andreessen era estudante universitário e trabalhava meio período na Universidade de Illinois. No início de outubro de 1992, ele e uma pequena equipe de programadores passaram noites e fins de semana prototipando um cliente universal para a Internet, inclusive uma interface gráfica para a *Web*. Passados três meses, eles distribuíram uma versão preliminar do *Mosaic*. O que havia se iniciado como um projeto paralelo prosperou rapidamente. Andreessen foi capaz de potencializar e aproveitar décadas de estudos realizados por pesquisadores nas áreas de rede e interface gráfica com o usuário. "Do modo como o enxerguei, o *Mosaic* era a camada final de decoração de um bolo que foi assado por outras pessoas durante 30 anos", diz Andreessen. "Ele se propagou como um vírus." Por volta de abril, havia dezenas de milhares de usuários e, no final de 1993, pelo menos um milhão.

Estreitando os horizontes

Em seguida, em 1995, a Netscape abriu seu capital. Por que o mercado de ações valorizou em mais de 1 bilhão de dólares uma empresa que tinha um pouco mais de um ano de existência? "O navegador Netscape tornou-se um fenômeno, especialmente entre os universitários aficionados por tecnologia", diz Peter Currie, ex-diretor financeiro da Netscape e no momento presidente da Currie Capital. "Todo o mundo que o usou pensava: 'Que bacana. Vou comprar uma fatia dessa empresa' — inclusive as pessoas que nunca haviam comprado participação acionária antes", afirma Peter Currie. Eles ligavam para corretores do país inteiro e emitiam ordens de compra para as ações da Netscape no momento em estivessem disponíveis.

A maioria dos investidores especifica o valor máximo que estão dispostos a pagar quando emitem um pedido. Porém, essa nova safra de 20 a 30 anos de idade — que entendia mais de revolução digital do que de mercado de ações — não fez isso. Um banqueiro de investimentos da Netscape, Morgan Stanley, teve até de colocar uma linha de *fax* dedicada só para as pessoas que estavam solicitando uma cópia do prospecto da Netscape. Quando as ações estavam para ser comercializadas, havia todos esses pedidos de compra, mas ninguém querendo vender. A ação que supostamente começaria a ser vendida a 28 dólares abriu cotada em 70. Os investidores maiores que haviam perdido a possibildade de entrar logo no início com ações da Apple, Genentech ou Microsoft perceberam algo importante e mais do que depressa agarraram a oportunidade. O mundo financeiro estava experimentando os primeiros sinais do potencial impacto dos indivíduos que a Internet havia revestido de poder. A loucura que hoje é chamada de **"bolha ponto.com"** também já dava seus primeiros sinais de vida.

Àquela altura, o papel das *start-ups* de impelir a inovação estava se tornando tão evidente que muitas empresas maiores começaram a depender delas para crescer. As parcerias e aquisições passaram a ser uma estratégia fundamental para "terceirizar" a inovação à medida que as empresas no setor de tecnologia e de biotecnologia aceleravam o passo para não ficar atrás. No entanto, quanto mais rápido movíamos, mais estreitos ficavam os horizontes de tempo. Isso se aplicava igualmente às *start-ups*, pois eram criadas e fundadas especificamente para serem compradas por uma empresa maior e, assim, obterem rápido retorno. Várias empresas de rede foram financiadas com a expectativa de serem adquiridas pela Cisco, que tinha mais de 30 mil funcionários por volta do final da década.

Todos os empreendedores, capitalistas de risco, banqueiros investidores e investidores públicos queriam abocanhar uma parte do Netscape que estava a caminho. Os fundos de capital de risco disputavam os negócios mais quentes, assumindo um enorme risco com base em pouquíssimas informações. O foco se desviou dos tradicionais indicadores comerciais, como receitas e lucros, para indicadores de tendência emprestados do setor de entretenimento, como o número de "globos oculares" (espectadores) atraídos para um determinado *site Web*. Na linguagem de codificação da *Web*, URL significa *universal resource locator* (localizador universal de recursos) — um indicador para o endereço de rede de um *site*. Na atmosfera inebriante do final da década de 1990, Eric Schmidt, na época diretor executivo de tecnologia da Sun, me perguntou com um sorriso: **"Você sabe o que significa URL? Onipresença já, lucros depois."**[3]

Essa foi uma descrição precisa do modelo de negócio da então chamada **nova economia**. As novas empresas se esqueceram dos princípios básicos de seus negócios. Lembro-me de ter conversado com uma amiga no início de 2000 sobre sua sobrinha, que havia acabado de se integrar a uma empresa ponto.com e chamava seu modelo de negócio de "levantar dinheiro". Para essas empresas, criadas para se apossar de uma fatia na grilagem das terras da Internet, seu papel era recolher dinheiro para atrair o máximo de atenção possível. Elas não tinham nenhum plano para se tornarem lucrativas.

A própria Internet de repente se tornou um tipo de negócio. As pessoas não paravam para pensar que isso equivalia a dizer que, se uma empresa dependesse de telefone para fazer negócios, isso a tornava uma "empresa à base de telefone". O ritmo passou de rápido a frenético e os primeiros adeptos (supostamente) tiveram vantagem.

Estávamos mudando de uma economia baseada na manufatura e distribuição para uma economia movida pela informação. Quando era diretora executiva de tecnologia da Cisco, todos os dias uma empresa grande e madura visitava o centro de apoio ao cliente para aprender a aproveitar melhor a Internet e adaptar-se à mudança.

---

3 Em inglês, *Ubiquity now, revenue later* (URL). (N. da T.)

O mercado de ações saltou do sólido para uma opulência incomensurável. Dinheiro era injetado nos fundos mútuos que disputavam o capital dos investidores por meio de demonstrações do desempenho trimestral; isso só fez aumentar a pressão para favorecer resultados de curto prazo, em detrimento do bem-estar de longo prazo.

O jornalismo tornou-se mais competitivo e sensacionalista quando o período de notícias de 24h entrou para dominar tanto a TV quanto a *Web*. A CNBC e seus concorrentes cobriam o mercado do nascer ao pôr do Sol, fornecendo informações e opiniões a um grupo de investidores mais abrangente do que nunca. O *day-trading*[4] tornou-se uma profissão e de repente estudantes, pessoas que trabalhavam em casa e desempregados do mundo inteiro conectavam-se a *sites* como o E*TRADE, perseguindo o sonho de ficar milionário da noite para o dia com alguns poucos cliques no *mouse*.

Dada a onipresença dos PCs e da Internet, transformar-se de investidor em apostador imprudente ficou mais do que fácil. "As pessoas não precisavam mais telefonar para um corretor e dizer: 'Olha, gostaria de comprar ações da Digital Data Whack'", afirma David Liddle, sócio geral da U.S. Venture Partner. "Antes, o corretor lhes diria: 'Espere, não tenho certeza; vejamos o que o analista diz; na verdade não combina muito com o seu perfil de risco'. Não havia nenhum atrito", explica David Liddle.

De uma hora para outra, analistas financeiros e repórteres transformaram-se em astros de televisão. Em vez de observarem e analisarem tendências para ajudar investidores profissionais, eles conversavam na mídia com investidores de varejo menos experientes, com frequência influenciando diretamente as ações e criando um novo nível de volatilidade. Dólares e mais dólares eram investidos com base em interpretações cada vez menos sensatas.

Comissários de bordo e ortodontistas de repente estavam pagando 100 dólares por ação de empresas que não tinham ainda nenhum produto. "A ganância era evidentemente o principal impulsionador", recorda-se Hossein Eslambolchi, na época diretor executivo de tecnologia da AT&T. "As pessoas estavam correndo atrás de dinheiro fácil", complementa Eslambolchi. A Comissão de Valores Mobiliários (SEC) investigou um estudante

---

4 **Day-trade** - Operação de compra e venda realizada no mesmo dia, com a mesma ação, pelo mesmo investidor e através da mesma corretora. (N. da T.)

secundarista de 15 anos de idade por fraude no mercado financeiro. Esse adolescente abocanhou 74 mil dólares por dia negociando ações sem sair de seu quarto em uma área residencial em Nova Jersey.

Havia uma profusão de inovações aparentes e uma torrente de novas empresas tentando vender modelos de negócio "revolucionários". O setor privado crescia tão rapidamente que era difícil tomar fôlego. O ímpeto do setor de alta tecnologia estava descontrolado, de um modo que poderia ser contraprodutivo para a inovação em ciência e tecnologia.

Nunca me esquecerei do dia em que contei a nossos funcionários que havíamos acabado de vender a Precept para a Cisco por 82 milhões de dólares — um bom preço, aliás, para uma empresa com receita de 1 milhão de dólares. Um de nossos engenheiros entrou em minha sala transtornado, me dizendo que eu havia vendido muito cedo e por um valor muito baixo. "Eu esperava ganhar pelo menos 1 milhão de dólares quando vim para cá", disse ele. Mal sabíamos que a ação da Cisco estava para aumentar cinco vezes mais, alcançado um valor de capitalização de mercado de 500 bilhões de dólares no pico da euforia e da bolha especulativa.

O universo tecnológico certamente havia mudado — uma sensação de direito adquirido havia se instituído. "A rotatividade era tão alta que qualquer ideia de lealdade se esvaía", lembra-se Marc Andreessen. "Lá estava eu lidando diariamente com problemas administrativos, sabendo que havia 50% de probabilidade daquela pessoa com a qual estava tratando cair fora em três meses", recorda Andreessen. O setor tecnológico como um todo se tornou bem mais mercenário e as pessoas que desejavam erguer pacientemente uma empresa — e uma cultura — se tornaram raras exceções. "Nesse período insano, víamos surgir empreendedores equivalentes a operadores do mercado intradiário", recorda-se Heidi Roizen, capitalista de risco que hoje é diretor executivo da SkinnySongs. "Eles viam a oportunidade de ficarem ricos simplesmente criando algo que alguém quisesse comprar e praticando o *flipping*", observa Heidi Roizen.

A inovação e o empreendedorismo estão intimamente relacionados, mas nem sempre estão alinhados. A motivação da maioria dos empreendedores é seu compromisso tanto com sua visão quanto com o potencial de fazer dinheiro. Contudo, os empreendedores que antes se preocupavam em criar excelentes produtos e mudar o mundo estavam, em vez disso, acompanhando o crescimento de suas ações minuto a minuto pela TV sintonizada no canal da CNBC na sala de espera da empresa.

Durante a expansão da "bolha", nossa atenção voltou-se para a recompensa instantânea e o empreendedorismo começou a entrar em desacordo com a inovação. Perdemos a paciência e, com ela, nossa capacidade ou disposição para dedicarmos algum tempo à formulação de perguntas. Essa dinâmica transcendeu as estratégias de investimento, disseminando-se para expectativas em outros âmbitos. Os pacientes queriam que os serviços de saúde fossem tão rápidos e direcionados quanto suas próprias vidas, exigindo um remédio ou um exame que haviam ouvido na TV ou visto na Internet.

A velocidade com que tudo estava se movendo afetou não apenas o horizonte de tempo das pessoas, mas também sua profundidade de discernimento. Criamos uma geração de "fanáticos" do *PowerPoint*, que passam o tempo criando listas com marcadores, animações e elementos gráficos para deslumbrar seus ouvintes, em vez de possibilitar a reflexão e análise. A **aparência** substituiu a **essência**. O *PowerPoint* tornou-se o método pelo qual pensamos, em vez de uma ferramenta para resumir e transmitir o que pensamos a outras pessoas. Decisões cruciais eram feitas todos os dias sem a profundidade de análise que os problemas mereciam. E, nessa mudança, começamos a nos treinar a pensar em forma de tópicos, como uma lista de marcadores, e com frases de efeito.

Todo o mundo foi fisgado por isso. "Não recuamos e nos perguntamos onde se encontrava a lógica comercial nesse crescimento. Era sustentável? Foi aí que perdemos nossa liderança, todos nós, de diretores executivos a engenheiros", observa Malay Thaker, que trabalha em *start-ups* no vale do Silício desde 1987. No clima de hiperinflação, nos persuadimos de que o estilo de negociação que prevalecera por décadas não era mais a norma e que algo novo estava acontecendo. Paramos de usar as perguntas **o quê?** ou **por quê?** — em vez disso, perguntávamos **quando** e **quanto**.

O medo disseminado de que dispositivos controlados por computador e infraestruturas de rede entrariam em colapso na véspera do Ano-Novo em 1999 — o assim chamado problema Y2K (o *bug* do milênio) — impulsionou ainda mais a demanda no setor de TI. Ninguém, incluindo os próprios desenvolvedores de sistema, de fato sabia quais partes de nossa infraestrutura seriam afetadas. Todos os programas de computador que haviam sido escritos para armazenar a data de 2000 tinham de ser testados e possivelmente reescritos.

O enorme escopo dessa tarefa, aliado à pressão do tempo, abriu espaço para alguns dos primeiros projetos de TI terceirizados da Índia, inaugurando o nascente setor tecnológico daquele país. As empresas mais avançadas viram nisso uma oportunidade de rever e reestruturar seus sistemas informatizados, e não apenas encontrar soluções paliativas ou dar um jeitinho no problema da data. Mas alguns fornecedores não prestaram a devida atenção ao fato de que aquele aumento nas compras estava sendo impulsionado por algo que ocorreria uma única vez.

Ao nos prepararmos para agir na virada do milênio, investimos violentamente na inovação do **presente**, mas não na inovação do **amanhã**. O que ninguém conseguiu prever foi **quão** importantes os investimentos no futuro se tornariam para a nossa segurança e o crescimento econômico nacional.

CAPÍTULO 5

PERDENDO O EQUILÍBRIO

As exibições de fogos de artifício ao redor do mundo foram surpreendentes, e a euforia então reinante era imensa. Porém, os princípios fundamentais que durante décadas serviram de arrimo para o nosso EI haviam sido estripados. Os três principais choques ocorridos entre 2000 e 2003 — o estouro da bolha da Internet, a revelação de inúmeros escândalos corporativos e os ataques aos EUA em 11 de setembro — solaparam o equilíbrio do EI. Para complicar ainda mais as coisas, esses eventos ocorreram em um momento em que as perspectivas e os propósitos em relação à ciência no país estavam mudando, o que dificultou ainda mais seu restabelecimento.

Em meados de 2000, as pessoas começaram a se dar conta de que o **capital** tinha um **custo** e de que não era inesgotável; uma empresa, em última análise, tinha de gerar lucros. Dada a desconexão entre o crescimento do mercado de ações e os fundamentos econômicos, seguiu-se a isso, inevitavelmente, uma implacável tomada de consciência. A bolha estourou e a Nasdaq desmoronou. Começaram então a duplicar na Internet o número de *start-ups* com modelos de negócio **não sustentáveis**. Inúmeros *sites* foram criados apenas para exultar ainda mais a catástrofe.

Quando iniciamos a Packet Design em maio de 2000, realizamos um excelente trabalho com os provedores de serviços de Internet, analisando suas redes para identificar problemas técnicos importantes. Depois disso, cada um a seu tempo, começou a abrir falência e as pessoas com as quais estávamos trabalhando perderam o emprego. O impacto do desmoronamento dos provedores de serviços de Internet foi bem mais amplo do que o colapso das ponto.com em virtude da magnitude do capital envolvido. Os provedores de serviços de Internet haviam ousadamente erguido sua infraestrutura com base em uma demanda excessiva. Chegou um momento em que os novos provedores de serviços não conseguiram mais continuar levantando fundos sem um plano de lucros bem-definido e empresas estabelecidas como a AT&T não conseguiam mais taxas de crescimento arrojadas.

Quando a Nasdaq desmoronou, investidores grandes e pequenos perderam bilhões de dólares. Para alguns, essa retração econômica era uma volta à realidade, mas para outros foi devastador, na medida em que economias de uma vida inteira evaporaram da noite para o dia. Ao perceber a mudança de uma concentração de investidores profissionais para uma base de acionistas que não mais usavam corretores, a Comissão de Valores Mobiliários (SEC) implementou novas regras para garantir o que veio a se chamar "divulgação fidedigna". A regulamentação de divulgação fidedigna (*fair disclosure*) exigia que as empresas de capital aberto divulgassem informações relevantes a todos os investidores simultaneamente. Embora o propósito da SEC fosse tornar as informações relevantes mais transparentes ao processo de investimento, isso diminuiu a quantidade de dados úteis para todas as pessoas, visto que as empresas começaram a ficar mais atentas ao que estavam dispostas a revelar.

O perfil de risco mudou de modo geral. As grandes empresas que haviam comprado produtos das *start-ups* sentiam-se então prejudicadas. Muitas das empresas que haviam vendido novas tecnologias produzidas por esses empreendimentos não conseguiam oferecer suporte nem fechar as portas. Os provedores de serviços que haviam se munido dos pés à cabeça pararam completamente de comprar e a resposta a toda e qualquer nova proposta dos diretores executivos de informática era **não**.

As grandes empresas tecnológicas, como a Cisco e a Sun, cujo crescimento fora formidável, tiveram de se ajustar rapidamente a uma nova realidade. Várias das pequenas empresas de rede e *software* cujas estratégias dependiam da parceria com essas empresas maiores tiveram de se adaptar ou, de outro modo, faliram. A Internet e as indústrias de tecnologia que na década de 1990 eram o destaque do momento de repente perderam sua popularidade entre os investidores — ou usuários.

Os capitalistas de risco, que haviam investido mais de 54 bilhões de dólares em 1999 e 100 bilhões de dólares em 2000, tiveram de retroceder, reorganizar-se e descobrir quais empresas poderiam ser salvas e quais tinham de fechar as portas. "Eles sem dúvida passaram por uma fase de aversão ao risco, e isso ficou patente no pouco dinheiro que estavam investindo seja lá no que fosse", afirma o investidor Peter Currie. Eles passaram a se dedicar unicamente aos portfólios que já possuíam.

As empresas de biotecnologia não conseguiam mais reunir os 100 milhões de dólares e mais os consórcios de capital de risco, as parcerias farmacêuticas e os fundos do mercado público necessários para financiar a pesquisa básica, o desenvolvimento e os ensaios clínicos. "Da Wall Street se ouviu: 'Não vamos financiar pesquisas básicas — queremos produtos'", recorda-se Sam Colella, investidor no setor de biotecnologia. "Em seguida, ouviu-se da Big Pharma: 'Não podemos lhe conceder 50 milhões de dólares. Vamos lhe conceder 5 milhões'". Os capitalistas de riscos da área de biotecnologia começaram a procurar empresas com horizontes de lucro de curto prazo que podiam ser financiadas a um bom preço. Nos primórdios do setor de biotecnologia, provavelmente 80% das empresas mais promissoras de Colella haviam sido levantadas com base em uma inovação cientifica revolucionária. Contudo, o tipo de ciência e pesquisa que ele havia financiado antes não era mais financeiramente viável. Os investimentos foram desviados para as *start-ups* dedicadas ao aperfeiçoamento de moléculas existentes e à exploração de vias biológicas confiáveis empregando-se uma química ou biologia aperfeiçoada.

Quando a bolha estourou, a balança pendeu para o outro lado. Ninguém estava disposto a assumir riscos e, sem riscos, não há inovação.

FARINHA DO MESMO SACO

No momento em que o mercado financeiro desmoronou, o comportamento abominável de um grupo de empresas veio à tona. Quando da demissão de Jeffrey Skilling, diretor executivo da Enron (empresa de fornecimento de energia que havia se expandido para novos mercados na década de 1990), em agosto de 2001, inúmeras pessoas ficaram se perguntando o motivo, mas poucas conseguiam imaginar a magnitude do que estava para ocorrer. Uma série de artigos redigidos por um jornalista descrente e a investigação decorrente da SEC revelaram práticas contábeis excessivamente enganosas e vários conflitos de interesses dentro da empresa. Isso provocou a maior falência declarada na história dos EUA e um torrencial de acusações contra os executivos da Enron. Visto que o preço da ação da empresa caiu verticalmente, chegando a uma ninharia em menos de seis meses, seus funcionários perderam não apenas o emprego, mas também economias guardadas durante toda a vida.

Houve também uma investigação de fraude, iniciada por agentes federais, contra a Arthur Andersen, uma das cinco melhores empresas de auditoria e contabilidade que presumivelmente estava encarregada de apresentar os freios e contrapesos aplicáveis à Enron. Essa investigação provocou a dissolução da Arthur Andersen, deixando mais pessoas competentes desempregadas. Em seguida veio a evidência de declaração falsa de rendimentos e de subdeclaração de custos da WorldCom, cujo objetivo era forçar a alta do preço de suas ações. A falência da WorldCom em julho de 2002 foi ainda mais bombástica do que a da Enron.

Quando esses escândalos vieram à tona, um seguido do outro, ninguém tinha ideia do ponto a que haviam chegado a ganância e a má-fé e todo o mundo presumiu o pior. Tendo em vista o porte das empresas envolvidas — Enron, Arthur Andersen, WorldCom, Adelphi —, o impacto dessas descobertas foi considerável. A **perda de confiança** infiltrou-se no mundo corporativo norte-americano em virtude do comportamento impróprio de algumas empresas. Os investidores demonstraram essa falta de confiança vendendo suas ações a preço de banana. O índice Dow Jones Industrial Average (DJIA) despencou de mais de 11.000 em janeiro de 2001 para menos de 8.000 em 2002.

Há quem consiga enxergar claramente o limite entre o certo e o errado e se mantém bem a distância. Há outros que andam no limite. E há aqueles que o ultrapassam fácil e repetidamente. A possibilidade de superabundância e a pressão por lucros contínuos no mercado financeiro trouxeram à tona o que havia de pior naqueles executivos que comodamente passaram para o "outro lado" e em alguns que foram puxados por estarem extremamente próximos. No final das contas, a maioria das pessoas do mundo empresarial não havia feito nada errado, mas todas foram consideradas farinha do mesmo saco.

As empresas que perpetraram fraude precisavam encarar as consequências. Todavia, políticos, órgãos de aplicação da lei e comissões de valores mobiliários perseguiram ativamente os executivos envolvidos, agindo de forma ostensiva e sensacionalista, a fim de acalmar os mercados o mais rápido possível. As medidas empregadas nem sempre foram bem ponderadas, e a ampliação por parte da mídia reforçou a crescente falta de confiança nas corporações e em seus dirigentes. "Sempre houve uma escora populista aos políticos norte-americanos, e essa uma dúzia ou mais de escândalos soltou as rédeas das tendências até então reprimidas", analisa Fred Smith, da FedEx. "Parecia uma imensa câmara de ressonância", complementa Smith.

Menos de um ano depois do primeiro indício de escândalo corporativo, em julho de 2002, o Congresso aprovou a Sarbanes-Oxley (SOX), um conjunto de regras de 66 páginas, aprovado com poucos votos contrários, que estabeleceu novas normas de conduta para as empresas norte-americanas de capital aberto, os conselhos de administração, a diretoria e as empresas públicas de auditoria e contabilidade. Para a maioria das empresas, a SOX não mudou essencialmente o modo como conduziam os negócios. Entretanto, acrescentou milhões de dólares anuais às despesas legais e de conformidade das empresas, montante que poderia ter sido aplicado à atividade de P&D e à inovação. Inovações como a criação de uma nova geração de centro de dados podiam ser justificadas somente se aumentassem a conformidade. Visto que os diretores executivos de informática estavam preocupados em fazer as adaptações necessárias para atender a todas essas novas regras, as empresas pararam de procurar problemas importantes que precisavam de solução.

A carga administrativa e financeira para agir em conformidade com a SOX foi especialmente vigorosa sobre as empresas de pequeno e médio porte. As empresas perceberam que estavam fazendo cada vez mais coisas por motivos regulamentares, e não porque haviam tornado suas práticas empresariais mais transparentes. Com isso, o caminho da liquidez ficou ainda mais árduo e os capitalistas de risco ainda mais tímidos nos investimentos, destruindo o sonho de vários empreendedores — isto é, de abrir o capital de sua empresa e manter sua independência.

Os acionistas ficaram mais ativos e queixosos, exigindo que se encontrassem os membros do conselho da Enron ou da WorldCom. A cada nova investigação, maior era a pressão sobre os diretores para que se impusessem, erodindo a relação de confiança essencial entre acionistas e conselhos e entre conselhos e diretoria. Esse novo ativismo dos acionistas nem sempre se pautava pela compreensão das implicações comerciais de suas reivindicações. De repente, o país foi absorvido por discussões sobre **processos de governança corporativa** — momento em que era crucial discutir fatores como linha de negócios, produtos, serviços e estratégias.

Além disso, novos regulamentos foram aplicados aos bancos de investimento para tentar resolver os conflitos de interesses reais e latentes surgidos durante a onda de euforia. Um dos efeitos colaterais dessas novas leis foi a transferência de inúmeros talentos dos bancos de investimento para as empresas não sujeitas a regulamentações, como os fundos de capital de risco e os fundos *hedge* ou multimercado. "Algumas das pessoas mais brilhantes em inovação comercial estão hoje trabalhando nos fundos multimercado", afirma Eric Schmidt, diretor executivo da Google.

Os excessos da era ponto.com tiraram o véu das falhas de julgamento, de controle e de regulamentação. Contudo, a reação exagerada da liderança do país não intencionalmente criou uma atmosfera em que os conselhos e os executivos estavam menos dispostos a assumir riscos significativos em relação a estratégias de produtos e negócios. O castigo real recaiu sobre o rendimento de curto prazo dos acionistas em consequência da falta de foco na inovação.

AS SEQUELAS DO 11 DE SETEMBRO

Não obstante o tumulto econômico provocado por esse fiasco, nossa situação no mundo ainda parecia garantida. Daí, em 11 de setembro de 2001, abrimos os olhos para um pesadelo e, com isso, perdemos a confiança em nossa segurança enquanto nação. Embora a atenção do país estivesse voltada para o âmbito interno, fosse na ascensão do mercado financeiro ou em escândalos políticos, não estávamos enxergando a onda crescente de ódio contra os EUA, no mundo inteiro.

Dois meses após os ataques, o presidente Bush assinou a Lei Patriota. Vários projetos de pesquisa financiados pelo governo de uma hora para outra se tornaram secretos, restringindo o poder dos cientistas norte-americanos de colaborar e compartilhar informações com seus pares ao redor do mundo. Alguns pesquisadores até pararam de receber financiamento da Agência de Projetos de Pesquisa Avançada em Defesa

(Darpa), passando a contar mais com a Fundação Nacional da Ciência (NSF). Os cientistas que não eram cidadãos norte-americanos — mesmo alguns que haviam morado nos EUA durante anos — foram proibidos de trabalhar com determinadas substâncias que pudessem estar remotamente associadas a instrumentos de terrorismo. A concessão de vistos para estudantes e pesquisadores visitantes tornou-se mais rigorosa. Desse modo, ficou ainda mais difícil atrair os melhores talentos.

Declaramos guerra ao terrorismo para perseguir Osama bin Laden e al-Qaeda e, em seguida, enviamos nossas tropas ao Iraque. Do mesmo modo que em uma empresa a obstinação em um **único objetivo** gera um **impacto negativo** sobre a inovação, a guerra criou um foco obstinado pelo país, tanto no que tange ao debate político quanto ao que diz respeito ao capital destinado a esse fim. Esse enfoque restringiu os já escassos fundos disponíveis à pesquisa e à educação e desviou o foco da arena política e pública sobre problemas internacionais importantes, como mudanças climáticas, energia sustentável e sistema de saúde.

A menor quantidade de fundos de financiamento, aliada a um novo estilo de liderança na Darpa, gerou um impacto de grandes proporções. A Darpa, que tradicionalmente havia patrocinado uma mistura de pesquisas básicas e aplicadas, confiando em grande medida na visão de seus gerentes de programa, tornou-se mais centralizada.

Com a abertura dos mercados de capitais em 2003, as empresas começaram a falar novamente em inovação e a tentar descobrir uma forma de novamente imbuir sua cultura desse espírito. Várias das empresas de maior porte passaram a se valer das aquisições para entrar em novos mercados ou gerar novas ideia Lei Patriota (Patriot Act) s. Porém, a estrutura de apoio para as *start-ups* havia ruído. Os capitalistas de risco começaram a reinvestir, mas suas relações com os empreendedores eram mais antagônicas. Os princípios fundamentais de paciência, disposição ao risco e confiança tornaram-se raros. As empresas de capital de risco sentiam a intensa pressão de seus poucos parceiros para compensar as perdas e os excedentes da efervescência da Internet, o que em geral produzia comportamentos contraproducentes. De uma hora para outra, tropeços em relação à programação ou a mercados de lento desenvolvimento — um fenômeno comum na gestão de *start-ups* de alto risco — não eram mais tolerados. Em vez disso, esses pequenos "redutores de velocidade" foram usados como desculpa para despedir diretores executivos ou recapitalizar a empresa, com frequência eliminando os primeiros acionistas que haviam assumido os riscos iniciais. "Atravessamos um inverno nuclear que exterminou inúmeras ideias, inclusive aquelas que provavelmente nunca deveriam ter morrido", diz a empreendedora Heidi Roizen. "Algumas das empresas fundadas durante a onda de euforia eram estúpidas, mas havia também empresas inteligentes que estavam bem à frente de seu tempo", relembra Heidi Roizen.

Nunca em minha vida profissional havia ouvido um capitalista de risco pedir referências de clientes a empresas cujos produtos nem sequer haviam sido lançados, a fim de "corroborar o mercado". Toda vez que isso ocorria, minha resposta era sempre a mesma: que no momento em que um mercado é corroborado, as maiores empresas já o estão disputando e, nesse caso, é muito tarde para uma *start-up* prosperar.

REVIGORANDO A INOVAÇÃO

A podridão radicular é uma doença que acomete as árvores. Embora por muito tempo mantenham ramos e folhas verdes e pareçam saudáveis, as árvores infectadas um dia acabam morrendo. A podridão radicular ou o apodrecimento das raízes é uma metáfora apropriada para o que aconteceu ao EI quanto ao declínio do financiamento à pesquisa científica. O tempo entre o financiamento à pesquisa e a aplicação da tecnologia pode levar décadas. Só mesmo quando já é tarde demais é que conseguimos constatar que os ramos e folhas provavelmente nunca mais crescerão porque deixamos de cuidar das raízes. Já faz algum tempo que estamos negligenciando nossas raízes, mas desde 2000, com a mudança radical no ambiente de *start-ups*, estamos também privando os ramos de alimento.

Se agirmos prontamente, ainda será possível revigorar o EI do país. As empresas precisam se opor à miopia que Wall Street lhes tem imposto. Devemos ampliar nossos horizontes e transcender o incrementalismo, a fim de estimular e valorizar transformações mais profundas, tão necessárias ao crescimento futuro. O sistema político precisa funcionar a favor, e não contra a inovação, e devemos atribuir aos nossos líderes políticos a responsabilidade por tornar a ciência uma prioridade. O alicerce da pesquisa precisa ser novamente construído e sua estrutura reinventada à luz das circunstâncias do presente. Para preparar nossos filhos para o ambiente de trabalho do século XXI, precisamos de mudanças educacionais e culturais.

A inovação sustentável exigirá mudanças radicais em todos os níveis da sociedade — das salas de aula e pátios de recreio às salas de diretoria e suítes executivas, aos corredores do Capitólio da nação.

CAPÍTULO 6

DIRETORES DO "DEDO VERDE"

O crescimento econômico dos EUA é impulsionado pelo bem-estar das grandes e pequenas empresas comprometidas com a pesquisa, o desenvolvimento e a aplicação da ciência e da tecnologia. Essas organizações devem reexaminar seu EI, se for seu objetivo concorrer na economia global. A inovação sustentável exigirá uma ampla reforma nos estilos de liderança e na cultura das empresas, bem como apoio de investidores públicos e privados.

Nas últimas décadas, a grande atenção dada à mensuração e análise beneficiou as áreas das empresas que se concentram em processos. Programas como o Seis Sigma são previsíveis e escalonáveis e dispõem de um conjunto de regras e estruturas que podem ser ensinadas. No Seis Sigma, os funcionários "faixa-preta" e "faixa-verde" aprendem a usar acrônimos do tipo DMAIC — **delimitar**, **medir**, **analisar**, **incrementar** e **controlar**. Porém, a obsessão por otimizar a eficiência e ao mesmo tempo remover variações e defeitos opõe-se ao que é indispensável para estimular a inovação em âmbito geral.

Tanto as novas ideias quanto os novos projetos são frágeis. Quando não recebem o devido cuidado e não lhes é dado espaço suficiente para crescer, mesmo as ideias mais incríveis correm o risco de não se consolidarem. Não há um conjunto de regras que nos garantam primazia na inovação. É indispensável ter **intuição**, **imaginação** e **discernimento**. E invariavelmente é necessário tomar decisões com poucas ou nenhuma informação concreta. Os dirigentes precisam incentivar a experimentação e ter uma curiosidade natural e coragem para tentar algo novo. Mas existe a possibilidade de desenvolver técnicas e de aprender determinadas lições com o sucesso e o fracasso de outras organizações. Cultivar a inovação tem mais a ver com jardinagem do que com caratê. Não é preciso ser faixa-preta; é preciso ter mãos boas para plantar. Para que uma organização prospere, deve haver essencialmente um equilíbrio entre ambos os estilos de liderança.

PREPARANDO-SE PARA A INOVAÇÃO

As grandes empresas são máquinas processuais otimizadas para cumprir a principal missão da empresa. Quanto maior a empresa, mais rígidos os processos tendem a ser, porque, ao sintonizá-los, é possível maximizar os resultados de um trimestre para outro, gerando rendimentos de curto prazo para os acionistas. **Gestão** significa, na maioria das vezes, **eliminar surpresas**. Essas organizações são como fazendas industriais, que cultivam com confiança canteiros e canteiros da mesma espécie de flor ou legume, produzindo em escala uma quantidade estabelecida de produtos. A inovação incremental pode ser favorável nesse tipo de ambiente, mas é raro uma inovação significativa ocorrer em circunstâncias de produção em massa.

Para criar raízes, a inovação necessita de processos flexíveis, abertos e menos hierárquicos, em que os dirigentes consigam ver que sua função primordial é **incentivar**, e não **dirigir**. As organizações mais férteis para a inovação em geral são extremamente niveladas. A comunicação é desobstruída e as descrições de cargo são flexíveis. Se alguém precisa de uma informação, basta procurar diretamente a pessoa em questão — concretamente ou virtualmente — e perguntar. Nem todo mundo se sente à vontade em ambientes assim, que tendem a ser mais caóticos do que as tradicionais organizações hierárquicas criadas para a ascensão e nas quais as pessoas sabem exatamente o que devem fazer.

Para o diretor executivo Eric Schmidt, a empresa Google é intencionalmente mal administrada. Gerentes de produto competentes lideram equipes dinâmicas de engenheiros, mas "as equipes são autofocalizadas e o grau de autoridade que temos sobre eles não é grande", afirma ele. Certo dia, Schmidt se surpreendeu ao descobrir que havia na Google um excelente grupo dedicado ao desenvolvimento de um programa de reconhecimento de voz. Um dos gerentes, que havia conhecido os integrantes desse grupo fora da empresa e achado todos muito talentosos, decidiu contratá-los sem ideia alguma sobre que produto especificamente criariam. Por fim, suas ideias foram incorporadas no Google 411, um serviço gratuito que possibilita que os usuários procurem empresas por telefone. "Se alguém tivesse me perguntado se o reconhecimento de voz era importante, eu teria respondido que deveríamos investir nosso dinheiro em outra coisa", reconhece Schmidt, "mas de acordo com nossa cultura os gerentes não precisam me consultar."

O modelo de negócio da Google, aliado à sua posição no mercado e à sua lucratividade, torna esse estilo de gerência viável. A maioria das empresas não pode adotar esse método indiscriminadamente, mas minimizar a hierarquia e, ao mesmo tempo, criar uma cultura que privilegie a flexibilidade e a confiança é essencial à inovação.

Sistematizar a empresa com vistas tanto à inovação quanto o crescimento escalonável pode ser um desafio. Contudo, isso é possível se identificarmos as áreas da empresa que precisam de processos escalonáveis e, simultaneamente, almejarmos um nível geral de flexibilidade e de capacidade de mudança. Para ampliar os horizontes de nossas empresas, executivos, conselhos de administração e investidores precisam compreender que há momentos certos para aplicar regras disciplinares e medidas punitivas e momentos em que é necessário ter confiança e paciência. Os empresários não podem tratar a inovação simplesmente como um condimento que basta ser salpicado aqui e ali. As grandes empresas devem assumir o compromisso de fazer com que algumas áreas da empresa fiquem fora dos processos empresarias normais, ainda que mantenham alguma conexão com esses processos. Tal como uma estufa de inovação, deve haver espaço nessas unidades para a experimentação lúdica e descompromissada e um tipo adequado de ambiente incentivador e criativo para apoiar mudanças disruptivas. As pequenas empresas precisam resistir tanto quanto possível à pressão por inculcar processos rígidos.

O solo da inovação é mais fértil quando os cinco princípios fundamentais estão internalizados na cultura, nas pessoas e nos processos da empresa. É imprescindível que os funcionários abracem a mudança e reconheçam a necessidade de enxergar além de suas obrigações cotidianas. "Acredito que a coisa mais importante que um diretor executivo pode fazer é instruir as pessoas de que tanto o foco operacional quanto a inovação de mais longo prazo são essenciais", afirma Smith, diretor executivo da FedEx. "Lembrá-las do que ocorreu à Sears quando não prestou atenção ao que o Wal-Mart estava fazendo ou de quando a Apple, já agonizante, foi novamente colocada nos trilhos por Steve Jobs. A capacidade de fazermos isso depende das sementes que semeamos antes de a organização precisar de uma mudança de direção", enfatiza Smith.

QUANDO O RISCO VALE A PENA

A disposição da alta direção a estar aberta e **tolerar o insucesso** estimula as pessoas a assumir riscos, a se antecipar aos problemas e a maximizar a aprendizagem com base na experiência.

Escale rápido, fracasse rápido é o mais recente mantra entre os capitalistas de risco e empreendedores. É uma estratégia que surgiu de empresas *on-line* que podem se dar ao luxo de se reformular às carreiras sem sair do ar. Entretanto, a busca por sucesso instantâneo pode fazer com que uma empresa abandone um negócio de crescimento mais lento que provavelmente necessita de tempo para se desenvolver ou adaptar. Um método mais adequado para a maioria das empresas é encontrar um meio de **fracassar prematuramente**, o que pode ser o oposto de subir rápido. "Fabricamos protótipos de veículos a partir do zero, em três meses", afirma Danny Hillis, da Applied Minds. "É nossa pequena estatura que nos permite mudar rapidamente. Experimentamos uma quantidade maior de ideias e estamos propensos a cometer mais erros", explica Hillis.

Dedicar-se primeiramente e de corpo e alma às áreas mais desafiadoras de um novo projeto pode nos oferecer pistas antecipadas sobre se no final o projeto será ou não viável. "Se conseguirmos ultrapassar os dois trechos mais difíceis do projeto, os outros ficam claros e se encaixam", diz Miley Ainsworth, da FedEx. "Encontre a parte difícil e temível — aquela que não achamos que sabemos resolver. Essa é a primeira parte da qual devemos nos ocupar", ressalta Miley Ainsworth.

No final da década de 1990, Carol Bartz, diretora executiva da Autodesk, queria estimular a empresa a se tornar menos dependente de seu produto original, o AutoCAD. Ela deu início a um empreendimento denominado *Fail Fast-Forward* (*Fracasse Rápido e Siga Adiante*). A principal mensagem que ela queria passar a seus funcionários era que experimentassem novas ideias e reconhecessem as falhas o mais rápido que pudessem, mas também percebessem até que ponto mesmo um fracasso pode levar uma empresa adiante se todos aprenderem com isso. À época, o AutoCAD respondia por quase toda a receita da empresa. Hoje, em parte, em virtude da iniciativa de Bartz e dos ciclos de inovação e aquisição subsequentes, o AutoCAD responde por apenas 40% do fluxo de receitas da Audodesk.

A postura de "escalar rápido" pode ser ainda mais perigosa em alguns setores. Quanto mais corremos e nos esforçamos para introduzir um produto ou serviço, mais difícil pode ser o processo de avaliação e adaptação que em geral é **indispensável**. O setor de medicamentos tornou-se mais agressivo em relação ao lançamento e à comercialização de novos produtos, com a expectativa de que todo novo produto seja um grande sucesso. Contudo, isso dificulta a avaliação de dados pós-comercialização e corre-se o risco de efeitos adversos imprevistos serem descobertos depois que milhões de pessoas já estiverem usando o medicamento. Há vantagens em uma ascensão mais lenta, mas isso requer paciência.

Para estimular a disposição ao risco, é essencial proteger continuamente as pessoas que estão envolvidas em projetos que não vão para a frente e evitar dizer que — desta vez — elas não serão despedidas. É bastante comum outros funcionários quererem punir os inovadores que fracassam, porque estavam disputando os mesmos recursos. "No papel de programador de TV, sabíamos que nem tudo o que levássemos ao ar daria certo, e quando fracassava, fracassava sem disfarce", diz Bob Iger, da Disney. "No papel de empresário, precisamos avaliar as pessoas não apenas no sentido de saber se foram bem-sucedidas ou malsucedidas, mas no sentido de saber **de que forma** fracassaram", acrescenta Bob Iger.

A Genomic Health até promoveu uma festa para celebrar um projeto que havia sido cancelado quando a nova tecnologia em questão não ofereceu uma melhoria suficientemente significativa para justificar sua produção. "O projeto fracassou, mas a equipe realizou um ótimo trabalho", diz o diretor executivo Randy Scott. "Deixamos transparecer que estava tudo bem, porque pelo menos havíamos experimentado. Precisamos ter certeza não apenas do que funciona, mas também das delimitações ao redor do que não funciona", ressalta Randy Scott.

A empresa internacional de leilões eBay tornou-se uma potência *on-line* por aprender obstinadamente com seus insucessos. O *site* sofreu inúmeras falhas técnicas em seus primórdios, e isso acabou levando a empresa a mudar sua estrutura organizacional, concedendo maior controle a equipes menores sobre seu próprio destino. Essas equipes desenvolveram um novo *back end* para o eBay.com, capaz de processar maior volume de negociações do que a Bolsa de Valores de Nova York (NYSE) e a Nasdaq. Em seguida, quando a aquisição da PayPal aumentou a demanda sobre o sistema, elas tinham competência para enfrentar o problema rapidamente porque "já havíamos visto esse filme", afirmava a diretora executiva Meg Whitman. Em uma atmosfera em que não é necessário ficar em posição de defesa, os insucessos podem ser analisados com a mente aberta e revelar lições valiosas. "Os erros fazem parte do processo de aperfeiçoamento de uma empresa", observa Whitman. "Aprendemos muito com os produtos que não têm o sucesso que imaginávamos que teriam", completa Meg Whitman.

A lição aprendida com a primeira incursão da Apple na área de tecnologia sem fio foi um fator que contribuiu fundamentalmente para o sucesso incondicional do *iPod*, de acordo com Jon Rubinstein, antigo vice-presidente sênior da Apple. A Apple não inventou a tecnologia Wi-Fi (*wireless fidelity* ou fidelidade sem fio), protocolo usado para navegar sem fio em casa, no trabalho e em movimento. Entretanto, a empresa disponibilizou essa tecnologia ao mercado de consumo de massa vários anos antes que o setor de PCs, integrando cartões sem fio em todos os *notebooks iBook*, já de olho no segmento de estudantes que desejavam mobilidade. Além disso, introduziu no mercado as aerodinâmicas "estações de base" AirPort, necessárias para conectar os usuários à Internet. A Apple poderia ser uma empresa de vanguarda na área multibilionária de ponto de acesso sem fio. Porém, na época, enxergou as estações AirPort somente como uma solução para incrementar as vendas do Mac e recusou-se a fabricar dispositivos compatíveis com PC, excluindo o grandioso mercado de usuários do *Windows*. "Esse foi um erro que eu não cometeria novamente", afirma Rubinstein, que cuidou para que já houvesse no mercado *iPods* compatíveis com PC no prazo de um ano da estreia do dispositivo. "Na segunda vez em que chegamos a esse ponto de decisão, achamos que o *iPod* merecia ser mais do que um produto exclusivo do Mac e que deveria atender a ambas as plataformas", alerta Rubinstein.

As avaliações retrospectivas são valiosas — *se* não forem meramente extravagantes apresentações de *slides PowerPoint* com o propósito de destacar os bons resultados e encobrir os ruins. "Conduzimos uma análise retrospectiva formal independentemente de um determinado projeto ter sido um fracasso ou um sucesso", diz Anand Chandrasekher, vice-presidente sênior da Intel. "Se conduzirmos essas análises retrospectivas apenas para avaliar os insucessos, o processo ficará estigmatizado e a empresa pode acabar não reagindo bem a elas", afirma Chandrasekher. Ao analisar tanto os sucessos quantos os fracassos, as empresas podem aprender a ser mais receptivas e abertas a novas iniciativas, sem precisar disfarçar e tornar algo agradável apenas superficialmente.

As empresas *start-up* e os projetos fracassam por inúmeros motivos. Eles podem vir a público muito cedo ou talvez a tecnologia ainda não esteja pronta para ser introduzida no mercado. A tecnologia de *streaming* (transmissão) de vídeo de uma de nossas empresas, a Precept, estava pronta, mas o mercado não. Hoje, em toda parte há transmissão de vídeo na Internet. A Cisco adquiriu a empresa em 1998 e, recentemente, começou a oferecer produtos que de fato potencializam a tecnologia de vídeo da Precept. Os obstáculos à experimentação ou à aceitação por parte do cliente são tão grandes que mesmo um excelente produto pode não progredir. Os investidores tenderão a ficar impacientes e a desistir muito cedo se os dirigentes da empresa ou os gestores de um projeto não forem firmes o suficiente para manter e transmitir sua visão.

Precisamos de um tipo especial de flexibilidade para levantarmos novamente depois de nocauteados. "Do contrário, há muitos solavancos na estrada, e a maioria das pessoas cai fora antes mesmo de chegar a algum lugar", diz a empreendedora Heidi Roizen. Se o fracasso for encarado como um estigma, os funcionários e dirigentes não terão disposição para assumir os riscos pessoais ou profissionais que são essenciais à inovação.

PERGUNTAS ESTIMULANTES E ABERTURA

Nas grandes e pequenas empresas, as perguntas devem circular por todos os níveis hierárquicos, começando do alto escalão e de reuniões formais na empresa a bate-papos no corredor e fóruns *on-line*. A franqueza das respostas dos executivos estabelece um tom para a organização como um todo. Formular as perguntas certas ao conversar com clientes, fornecedores e sócios ajuda a identificar necessidades e a trazer à tona possíveis problemas. Os ambientes de inovação amistosos ensejam perguntas desafiadoras e, ao mesmo tempo, desencorajam a combatividade e atitudes defensivas que podem bloquear ideias promissoras antes mesmo de elas terem oportunidade de provar seu valor. "É preciso ter uma cultura em que as ideias estapafúrdias sejam explicitamente toleradas, apreciadas e, em seguida, retomadas", diz Eric Schmidt, da Google.

Ter um ambiente aberto não significa adotar a política de manter as portas abertas. Na verdade, tem a ver com estimular as pessoas a compartilhar e a ter objetividade em sua autoavaliação. Novas ferramentas, como comunicadores instantâneos, *wikis*, *blogs*, *software* de redes de relacionamento e mesmo os mundos virtuais podem ajudar empresas e organizações a facilitar esse compartilhamento de informações fundamentais, possibilitando, ao mesmo tempo, que as pessoas revelem recursos internos que viabilizam a colaboração e a sinergia.

Essa abertura precisa igualmente transcender a organização. Um foco extremamente interiorizado pode conduzir as empresas a suposições errôneas no processo de definição de seus produtos. Quando a eBay desenvolveu um novo serviço, o eBay Express, que permitia que os clientes comprassem produtos mais rapidamente sem ter de participar de um leilão *on-line*, ela comparou o desempenho do serviço com outras áreas do próprio eBay, e não com outros *sites* de compra. "Pensei que o eBay Express seria um tremendo gol de placa, mas não foi", diz Meg Whitman. "Se quiser ter uma experiência mais parecida com a do varejo, é ideal não ser apenas melhor do que o que há no eBay, mas melhor do que o que há além do eBay. Essa experiência nos estimulou a orientar o nosso foco mais para o externo. Se outra pessoa tiver uma ideia melhor, não devemos fazer cerimônia — em vez disso, devemos adotá-la imediatamente, como se fosse nossa", indica Meg Whitman.

Incentivar os funcionários a olhar para os problemas com outro olhar é um desafio constante, mesmo em empresas extremamente inovadoras. O foco da empresa pode prejudicar sua capacidade de ver novas oportunidades. Hoje, quando se fala de contribuição do usuário na geração de conteúdo, poucas pessoas pensam na Disney. Todavia, ela foi a primeira a conceber essa ideia em 1989, ao perceber uma tendência no uso de videocâmaras portáteis para gravação de eventos familiares não apenas valiosos enquanto lembrança para a posteridade, mas com frequência engraçados. Daí nasceu o *America's Funniest Home Videos*, lançado há quase duas décadas. "Por que cinco anos atrás não conseguimos ver que poderíamos coletar vídeos na *Web* e criar um *site* que espelhasse o programa, com algumas mudanças repentinas? Mas ninguém pensou nisso", admite Bob Iger. Foi necessário uma *start-up* como o *YouTube* para pensar ortogonalmente e aplicar o conceito de vídeo caseiro na *Web*.

A capacidade de pensar abertamente é fundamental para a inovação. "É comum as pessoas não conseguirem enxergar além de sua área específica", afirma o empreendedor Jeff Hawkins. "As pessoas que estão escrevendo um *software* não pensam o suficiente sobre a possibilidade de uma mudança no *hardware* conseguir solucionar um problema. Os engenheiros de manufatura não ponderam a respeito das implicações que a estética pode ter sobre o projeto", alerta Jeff Hawkins. Uma maneira de ampliar a perspectiva sobre um projeto é estimular a multiplicidade de formação educacional e especialização nas equipes de projeto. Rick Rashid, vice-presidente sênior de pesquisa da Microsoft, enfatiza a importância "não apenas de conhecimentos distintos, mas igualmente de perspectivas diferentes". Ele tenta incluir pontos de vista de antropólogos, psicólogos, sociólogos, médicos, físicos, químicos e cientistas da computação do mundo inteiro quando está enfrentando um problema difícil. Misturar as coisas pode ajudar as pessoas a ganhar perspectiva.

As *start-ups* não raro são aconselhadas a enfocar seus recursos. Porém, de acordo com minha experiência com tecnologias e mercados ainda incipientes, que se encontram em na fase inicial, é indispensável primeiro fazer algumas experiências para identificar em que ponto devemos nos concentrar. Precisamos fixar intensamente a atenção no aspecto técnico para obter a primeira versão do produto para uso imediato, mas em seguida devemos dispersar e conversar com clientes em diferentes segmentos de mercado, identificando os problemas que já estão maduros para serem resolvidos e os mercados que estão preparados. É indispensável que as *start-ups* saibam quando devem estreitar o foco e quando devem alargá-lo.

Quando as grandes empresas estreitam muito o foco, correm o risco de perder oportunidades. Hoje em dia, visto que os investidores esperam retornos rápidos, vários projetos são prematuramente descontinuados, antes mesmo que se tenha uma visão clara de seu possível valor ou capacidade de se adaptar. Quando as empresas forem forçadas a avaliar sua linha de negócios enquanto entidades autônomas, não devem se esquecer da importância latente da interpolinização e da sinergia.

Estar aberto a novas ideias também significa estar disposto a canibalizar seu próprio produto ou modelo de negócio antes que alguém mais o faça. A indústria fonográfica podia ter se beneficiado grandemente se tivesse aberto os olhos e mudado seus modelos de distribuição antes da Napster. O ramo de jornais atualmente está pronto para uma mudança dessa magnitude, afirma Roger McNamee, investidor de participações privadas. "O temor ao autoimpacto está destruindo os jornais. Eles estão tão preocupados em proteger seu atual modelo que não farão o que seu público deseja que eles façam, que em última análise é bem mais valioso do que o que eles estão fazendo no momento. A única maneira de combater o **dilema do inovador** é reconhecer que é melhor obsolescer nossos próprios bens a ver outra pessoa fazê-lo por nós", ensina Roger McNamee.

Em 1961, a IBM deu um passo corajoso para tornar quase todos os produtos de seu catálogo obsoletos criando um novo sistema operacional capaz de funcionar para qualquer pessoa. "Foi um empreendimento arriscado de 10 anos e 2 bilhões de dólares do qual a IBM saiu vencedora, e ela dominou o setor de computadores durante 25 anos por causa disso", afirma o empreendedor Len Shustek, fundador do Museu da História do Computador.

Hoje, a FedEx é o que é porque foi capaz de rever e ampliar continuamente a visão de sua missão fundamental. De uma pequena empresa de serviços de entrega em 24h de cartas comerciais e encomendas leves, transformou-se em uma empresa de serviços de entregas urgentes de encomendas de todas as formas e tamanhos por via aérea ou terrestre.

ALIMENTANDO OS FILHOTES DE TIGRE

As empresas — em particular as bem-sucedidas — são naturalmente resistentes a mudanças e **involuntariamente criam barreiras à inovação**. É responsabilidade dos diretores que têm mãos boas para plantar revelar e eliminar as ameaças às novas ideais e as barreiras institucionalizadas ao seu cultivo.

Os projetos promissores que desafiam a rotina do dia a dia e os hábitos consagrados muitas vezes são interrompidos logo de início ou então são vagarosamente esvaziados até a morte pela má distribuição de verbas, do tempo de gerenciamento, da infraestrutura de TI e de recursos de comercialização. "A alta direção tem de exercitar sua responsabilidade fiscal", afirma Bob Iger, "mas essa supervisão pode muito bem reprimir a inovação, porque, quanto maior a quantidade de sistemas instaurados para gerir os gastos e quanto maior a burocracia que se cria, maior o tempo necessário para concluir o trabalho que se deseja."

A tentativa de encaixar projetos inovadores em formatos tradicionais de reunião e divulgação de informações pode sair pela culatra porque com isso se criam espaços propícios para que os administradores esmaguem as novas ideias. As avaliações operacionais que se preocupam com marcos e resultados práticos devem ser postergadas para um momento posterior do processo, quando da monitoração do desenvolvimento ou implementação do projeto. Quando impomos medidas operacionais muito prematuramente, poucos projetos com **potencial disruptivo** para criar crescimento futuro passam nos testes, quando muito.

Os obstáculos à exploração de novos empreendimentos devem ser tanto quanto possível mitigados. Algumas empresas estabelecem as famosas taxas de retorno mínimo ou taxas mínimas de atratividade como mecanismo para examinar e avaliar as ideias e determinar quais serão financiadas. Porém, medidas financeiras como essas taxas de retorno mínimo e o retorno sobre o investimento (*return on investment* — ROI) precisam estar aliadas ao bom senso e à intuição. "Se estiver começando a criar uma mudança verdadeiramente inédita no mundo e o financeiro lhe pedir uma planilha de previsão de rendimentos futuros", diz Scott Cook, da Intuit, a seus funcionários, "faça isso em cinco minutos e logo em seguida volte para o que estava fazendo para descobrir de que modo solucionará o problema em questão, porque é dessa forma que progredimos."

As novas iniciativas precisam ser amparadas e protegidas constantemente. A FedEx não teria sido capaz de oferecer a seus clientes um serviço de entrega expressa internacional ou a possibilidade de rastrear e identificar remessas se não tivesse havido um esforço conjunto da alta direção da empresa de proteger esses projetos contra críticas prematuras quando eles estavam apenas começando a decolar. "Se não proteger suas pequenas unidades de escoteiros, as tropas regulares as devorarão", diz Fred Smith. Exigir que um projeto ou serviço proposto tenha demanda comprovada também pode aniquilar o crescimento futuro de uma empresa, acrescenta ele. "É o mesmo que dizer que não há muita demanda de pessoas para atravessar o rio Hudson na rua 96 em Nova York. É **necessário primeiro construir a ponte lá** para que haja um mercado."

De acordo com Meg Whitman, o fluxo contínuo de novas ofertas de serviços é essencial para o futuro da eBay. Ela chama os projetos que ainda estão em gestação de **"filhotes de tigre"** e sabe bem que eles devem receber cuidados especiais e alimento da direção, se de fato houver a intenção de que algum dia amadureçam. "Não queremos que a tigresa mãe role e se estire, esmagando seus filhotes, o que ocorre com tremenda facilidade", diz ela. No caso de uma empresa do porte da eBay, sua atividade já estabelecida pode tranquilamente extinguir 5 milhões de dólares extras em *marketing* sem que isso de fato crie um aumento mensurável. Porém, 5 milhões de dólares é uma quantia suficiente para alimentar por algum tempo um "tigrinho".

Um fator que solapa insidiosamente a saúde dos filhotes de tigre é a tendência das pequenas unidades de negócios dentro das grandes empresas de se sentirem subvalorizadas e pouco importantes. Em qualquer empreendimento grande e rentável, existe a tendência de se ficar obcecado pela linha de negócios responsável pelo primeiro sucesso, e isso rouba energia dos empreendimentos arriscados e exploratórios com potencial para se transformarem no sucesso seguinte.

As várias décadas de crescimento que a Intel experimentou foram possibilitadas, primordialmente, por sua predominância no mercado de microprocessadores. Andy Grove notoriamente proclamou que os microprocessadores eram a **"atividade líder"** da Intel. O intenso foco da Intel a ergueu ao patamar de excelência em desenvolvimento e comercialização de microprocessadores, mas a empresa não entrou promissoramente em novos mercados emergentes. "Nós encaramos o sucesso dos projetos pelo prisma do setor de PCs, e isso sufoca as possibilidades", reconhece Anand Chandrasekher, da Intel. Quem por acaso deseja trabalhar em um projeto que não é considerado a principal prioridade pela gerência? Contudo, para alcançar um crescimento sustentável, as empresas devem desenvolver sua capacidade de nutrir o que pode se transformar na "atividade líder" do **amanhã**.

Ignorar uma oportunidade porque hoje ela não é um grande negócio é sem dúvida a mesma coisa que tolher o crescimento futuro. Perguntas como: **"Isso pode provocar uma mudança de paradigma? Por que estamos gastando nosso dinheiro nessa besteira?** — são extremamente comuns nas grandes empresas. Essas perguntas podem sufocar um novo empreendimento capaz de se tornar em algum momento realmente promissor. "A princípio, os nichos de mercado de grande parte das empresas que várias pessoas como eu criaram na década de 1980 eram razoavelmente pequenos, mas com o tempo eles se transformaram em oportunidades de mercado de 200 a 500 milhões de dólares", esclarece Audrey MacLean, empreendedora serial e atual preceptora da próxima geração de empresários do vale do Silício. A Cisco Systems — com uma receita anual acima de 35 bilhões de dólares — começou suas atividades como um desses *niche players*.[1]

Quando o *Lipitor* foi descoberto, medicamento para diminuição da taxa de colesterol, foi descartado porque se acreditava que não houvesse potencial de mercado para ele. Hoje, é um dos remédios mais vendidos no mundo. Pedro Cuatrecasas, que dirigiu a área de P&D da Big Pharma por várias décadas, em um artigo intitulado *Drug Discovery in Jeopardy* (*A Descoberta de Medicamentos Corre Risco*), escrito em 2006 no periódico *Science and Society*, falou sobre produtos promissores que praticamente nunca conseguiram sair do laboratório em virtude de previsões de vendas austeras (ou muito baixas). Durante a fase de desenvolvimento do *Aciclovir*, um medicamento para herpes genital, a equipe de *marketing* da Burroughs Wellcome declarou "que não havia '**nenhum mercado**' para esse medicamento". O pico de vendas estimado em 10 milhões de dólares para o medicamento finalmente vendido como Zovirax em pouco tempo se revelou superior a 90 milhões de dólares.

---

1 *Niche players* (protagonistas de nicho) refere-se às empresas que se concentram em um segmento de mercado especializado e lucrativo. (N. da T.)

Felizmente, o *Lipitor*, *Zovirax*, *Wellbutrin* (um antidepressivo) e *Retrovir* — que prolonga a vida dos pacientes HIV-positivos — foram todos desenvolvidos **não obstante** as péssimas previsões de venda. "A principal lição nos relatos sobre o desenvolvimento desses medicamentos, que é recorrente na história dos medicamentos [descoberta e desenvolvimento]", escreveu Cuatrecasas, "é que o histórico inicial de **imenso desinteresse** e **ceticismo do ponto de vista comercial** de praticamente todos os medicamentos que tiveram grande sucesso (e proporcionaram grandes avanços terapêuticos — ambos em geral andam de mãos dadas) é semelhante e normalmente decorre de interpretações errôneas sobre seu potencial de comercialização e as necessidades médicas."

Entretanto, nem todo novo produto precisa ser o campeão de vendas do momento. "Na engenharia genômica do futuro, haverá uma maior personalização da ciência para mercados menores", afirma David Kessler, ex-comissário da FDA. "Isso não é possível no mundo do sucesso absoluto", completa David Kessler. Para isso, será necessário adaptar a metodologia de teste e desenvolver novos meios para determinar a eficácia de um medicamento mais cedo no processo de testes, como técnicas de mensuração que se apoiam na genética molecular para acompanhar o desenvolvimento de doenças específicas. Em outras áreas, a Internet está sendo usada para descobrir e atingir precisamente mercados menores. Da mídia à medicina, as empresas precisam buscar novas formas para equiparar os investimentos com o desenvolvimento e a comercialização, sem comprometer a qualidade.

PLANEJAMENTO COM VISTAS AO CRESCIMENTO

Desenvolver um portfólio de estratégias de inovação para diferentes horizontes de planejamento e construir estruturas organizacionais para fundamentar esse *mix* é como projetar um jardim capaz de florescer em todas as estações e variações climáticas. A biodiversidade existente em uma comunidade de organismos é um dos sinais mais incontestáveis do bem-estar e da capacidade dessa comunidade de resistir a mudanças e impactos. O mesmo se aplica à diversidade de projetos emergentes em uma empresa que está procurando sobreviver em meio a condições econômicas instáveis.

Toda empresa deve avaliar de onde provêm suas vantagens competitivas fundamentais, se de novas tecnologias, de uma implementação revista, de diferentes canais de distribuição, de modelos de negócio disruptivos ou de alguma combinação desses elementos. O portfólio de inovação será diferenciado com base no tamanho, na maturidade e no posicionamento de mercado da empresa. Ele deve refletir uma variedade de níveis de risco, equilibrando desafios técnicos, organizacionais e de mercado. Algumas empresas podem arcar com investimentos diretos em pesquisa. Toda organização deve assegurar parcerias adequadas com universidades ou *start-ups* para que haja uma contínua provisão de ideias disruptivas. Nunca saberemos de onde a inovação virá. O que é mais importante é ter recursos internos suficientes para criar uma rede de relações ampla o bastante para atingir as três comunidades do EI.

Os empresários precisam avaliar de que modo podem maximizar a inovação em três diferentes horizontes de tempo, simultaneamente:

1. **Geração atual** – Manter melhorias incrementais contínuas por meio de mudanças em produtos ou processos, a fim de atender às necessidades dos clientes existentes.
2. **Próxima geração** – Promover avanços na ciência e tecnologia ou nos processos empresariais, a fim de manter uma posição de liderança no mercado ou se sobrepor aos concorrentes por meio de saltos tecnológicos. Essas inovações podem ser incrementais, ortogonais ou revolucionárias.
3. **Crescimento futuro** – Até mesmo as empresas mais bem-sucedidas precisam enxergar além de seus atuais clientes e mercados para investigar possíveis áreas de crescimento futuro. Precisam igualmente se preparar para tirar proveito de **rupturas radicais** nos mercados nos quais se encontram no momento.

Os horizontes de curto prazo são voltados às necessidades dos clientes atuais e devem estar sob a responsabilidade de todos os funcionários. A FedEx instituiu uma iniciativa que abrange toda a corporação, denominada Purple Promise:[2] **todo funcionário se compromete a tornar excepcional toda e qualquer experiência da FedEx**. Essa missão em

---

2 Hoje, *purple promise* (promessa brilhante) tem a conotação negativa de "falsa promessa" ou promessa ilusória, até mesmo dentro da FedEx, onde a expressão nasceu. (N. da T.)

comum estimula todos na empresa — desde os funcionários que fazem a triagem e a entrega das encomendas àqueles que atendem ao telefone, fazem a manutenção dos aviões e desenvolvem novos sistemas de TI — a realizar ou a propor melhorias cotidianamente.

O desafio para identificar áreas de crescimento futuro é conseguir esvaziar da mente as necessidades do cliente atual e pensar como alguém que está iniciando um novo empreendimento a partir do zero. "Em essência, o que fazemos é oferecer às pessoas aquilo que elas desejam antes mesmo de elas terem consciência de que desejam", afirma Iger, da Disney. "Precisamos ser criativamente inovadores. Se tivéssemos perguntado às pessoas 'Você deseja assistir a um filme de pirata?', é bem possível que 90% delas respondessem 'Meu Deus, não; isso já está ultrapassado'", alerta Iger.

A frase **uma tecnologia à procura de uma aplicação** em geral é estruturada em termos negativos. Contudo, quando estamos procurando oportunidades de crescimento futuro, talvez isso seja exatamente o que queremos. As pessoas que estão se dedicando a empreendimentos direcionados ao crescimento futuro devem ser movidos por aquilo que a empresa acredita que o mercado será, não por pedidos específicos dos clientes.

As empresas *start-up* são como uma tábula rasa e têm oportunidade de começar do zero e concentrar-se no crescimento futuro. São, portanto, a fonte da maioria das inovações significativas. Porém, assim que o primeiro produto é introduzido, mesmo as empresas mais jovens podem estagnar, se não continuarem a alocar recursos com o intuito de enxergar além do ciclo de produto seguinte.

O modo como a organização deve manter esses três horizontes depende do tipo de negócio que ela exerce, do tipo de inovação em questão e de seu nível de maturidade. Desenvolvedores de semicondutores, de produtos farmacêuticos ou de *software*, empresas de mídia e provedores de serviços de saúde, todos têm ciclos operacionais diferentes que influem na maneira pela qual os princípios da inovação se aplicam em sua linha de negócios.

A regra 70/20/10 da Google expressa claramente a estratégia de portfólio da empresa. A empresa Google investe **70%** de seus recursos em duas atividades principais — sistema de busca e propaganda —, **20%** em novos desenvolvimentos, como o Google News, e **10%** no cultivo de ideias verdadeiramente novas. A empresa estimula ativamente todos os seus engenheiros a alocar parte de seu tempo ao aprendizado ou à experimentação de novas coisas, de forma não organizada ou regimentar, com a expectativa de que surja uma nova ideia genial. "Por experiência própria sei que os tecnólogos realmente competentes, pelo menos a maioria, se sentem estimulados quando aprendem coisas novas", afirma Bill Coughran, vice-presidente sênior da empresa. "É saudável para o desenvolvimento profissional deles e para o bem-estar da empresa."

Associar dessa maneira o desenvolvimento de produtos da geração atual e da próxima geração é mais adequado para empresas que podem acrescentar um recurso ou atributo a um produto, obter *feedback* e adaptá-lo por um custo relativamente baixo. Contudo, mesmo no caso das empresas cujos ciclos de produto são longos e de capital intensivo ou que têm de enfrentar complexas barreiras regulamentares, reservar algum tempo na programação de trabalho dos funcionários para que explorem novas ideias, construam relacionamentos produtivos com seus colegas ou participem de conferências pode incrementar o potencial inovador da empresa como um todo.

Uma das formas mais eficazes de **focalizar o futuro** é criar equipes ou grupos estratégicos pequenos e especiais e, além de lhes dar liberdade para que desenvolvam suas próprias regras, estrutura e cultura, possibilitar que alavanquem os recursos da empresa em geral. Esses grupos podem ser mantidos por um longo período ou podem ser temporários e direcionados a uma missão, extinguindo-se ao atingir seu propósito. Para criar o *iPod*, Jon Rubinstein fundou uma *start-up* virtual dentro da Apple. Ele escalou para a sua equipe tanto engenheiros internos quanto novos talentos externos. "Isso me deu oportunidade de criar uma metodologia aprimorada com uma equipe escolhida a dedo desde o princípio, que fosse capaz de abordar o problema de uma forma ligeiramente diferente", explica Rubinstein. "Não queria desviar a atenção das equipes convencionais dedicadas a manter os Macs no mercado", disse Rubinstein.

Outro motivo para estabelecer diferentes grupos prospectivos é a necessidade de um estilo de liderança distinto para cada um deles. "A forma como dirigimos um grupo de produtos extremamente grande, como o *Windows* ou o *Office*, não se encaixa muito bem em uma atividade mais arriscada", afirma Rick Rashid, da Microsoft. "As escolhas que treinamos nossos gerentes a fazer não são aquelas que queremos que as pessoas façam em áreas nas quais esperamos que elas assumam vários riscos e nas quais a importância do que estão realizando não é tanto pelos rendimentos atuais, mas pelas oportunidades que estão tendo de criar algo para o futuro", observa Rashid. Normalmente, os gerentes são treinados para ser **avessos ao risco** e a seguir uma programação, o que não é apropriado para projetos cujo propósito é alargar a missão e as metas da empresa. "Desenvolvimento de produtos e pesquisa são duas coisas distintas e misturá-las deprecia ambas", explica Gary Guthart, da Intuitive Surgical. "Se misturarmos pesquisa com desenvolvimento de produtos, nossos produtos estarão sempre atrasados ou estarão sempre acima do orçamento, e nesse caso a incerteza é imensa, porque estamos basicamente dizendo: 'Por favor, invente de acordo com uma programação'. Todo mundo sabe que não é possível inventar assim."

Em 1997, Peter Hart — um dos poucos ocidentais a ocupar o cargo de diretor executivo de uma corporação japonesa — criou o grupo Ricoh Innovations para introduzir uma perspectiva do vale do Silício em sua empresa controladora, uma fabricante já estabelecida de câmaras digitais, copiadoras, máquinas de *fax* e outros produtos de tratamento e criação de imagens. Na Ricoh, há uma mistura de pesquisas aplicadas, desenvolvimento avançado e investimento, cuja finalidade é criar novas tecnologias e cultivar oportunidades de negócio que impulsionarão o crescimento da empresa. São essenciais a essa missão flexibilidade e liberdade em relação a programações inflexíveis e obstinadas e procedimentos burocráticos desencorajadores.

"As corporações precisam de um espaço em que as pessoas não tenham nenhuma programação com respeito a resultados práticos e possam abandonar alguma coisa se tiverem uma ideia melhor", observa Hart. "Não temos nenhum procedimento formal. Ninguém jamais teve de redigir uma proposta. Qualquer pessoa pode propor um novo projeto ou área de projeto, a qualquer hora. Primeiro, adotamos o *brainstorming*, momento em que ter ideias é o bastante. Depois, assumimos uma postura crítica e avaliamos a ideia em várias dimensões, como relação entre risco-lucro e o espaço de crescimento tecnológico. Se fizermos tal coisa, será que alguém vai se interessar? Quando algo parece estar no ponto ideal e os recursos necessários são razoáveis, simplesmente dizemos 'Tá bom, vá em frente'", ensina Hart.

Nos últimos anos, várias empresas criaram **"diretores de inovação"** e equipes especiais para enfatizar seu compromisso para com o futuro. Se formados de maneira adequada, esses grupos podem ser competentes enquanto defensores de novas iniciativas e facilitadores da colaboração na empresa como um todo. Porém, podem gerar um resultado oposto, se agirem como guardiões, introduzindo novas barreiras, em vez de remover as antigas. O comprometimento com a inovação começa no diretor executivo e é **responsabilidade de todos os funcionários**.

ADQUIRINDO INOVAÇÃO

A **aquisição estratégica** tornou-se uma das técnicas mais poderosas de desenvolver novos negócios. Ao incorporar empresas menores que surgiram com ideias disruptivas e já testaram o mercado, as grandes empresas podem ganhar vantagem competitiva no futuro.

As grandes corporações podem se beneficiar se cultivarem respeito para com as empresas menores, que em geral pressupõem que o único interesse das maiores é explorar e mamar suas novas ideias. Para uma pequena *start-up*, uma grande empresa equivale a um gorila de 400 kg. Até mesmo as discussões preliminares podem dar dicas a possíveis concorrentes sobre o que estão fazendo. As pessoas que não se prestam a explorar, comprar ou reproduzir, mas a ouvir e tornar-se defensores de novas ideias, têm maior probabilidade de convencer as empresas menores a compartilhar informações e de abrir o caminho para relações mutuamente benéficas.

Para a Cisco, as fusões e aquisições são fatores fundamentais da estratégia corporativa de crescimento. Desde julho de 2007, a Cisco já adquiriu 121 empresas. Participei desse processo em ambos os lados. Uma das minhas *start-ups*, a Precept Software, foi a vigésima terceira aquisição da Cisco. Depois, quando me tornei diretora de tecnologia da empresa, suas equipes de fusões e aquisições ficaram subordinadas a mim. Uma das coisas que foram indispensáveis ao sucesso da empresa foi aprender a avaliar e integrar as aquisições.

Tal como a Cisco, a eBay também chegou à conclusão de que, provavelmente, as inovações verdadeiramente evolutivas da empresa serão, em grande parte, adquiridas fora. "É improvável que criemos um sucessor do *Skype* dentro da eBay", afirma Meg Whitman. Ela cita a aquisição da PayPal pela empresa como outro exemplo de sucesso dessa estratégia. "Há algo mágico em alguns poucos empreendedores — motivados pelo potencial de uma compra de controle acionário ou de um lançamento de ações de longo prazo —, os quais na realidade são autênticos idealizadores disruptivos", diz ela.

Entretanto, as empresas que começam a ficar muito dependentes de inovações externas, podem acabar sem nenhum talento interno, até mesmo para tomar decisões corretas sobre o que devem adquirir. Os grandes cientistas e engenheiros querem ter seus pares por perto. Se não houver comprometimento com algum grau de inovação interna, será difícil recrutar e manter os melhores talentos.

LUDIBRIANDO O FUTURO

A intensificada concorrência e as reduzidas margens de lucro do atual ambiente de negócios estão ameaçando os investimentos no crescimento futuro. "Caímos na armadilha de nossos próprios modelos de negócio, pelo menos a maioria de nós", afirma Carol Bartz, da Autodesk. "Supostamente, devemos ganhar muito dinheiro para obter nossos 90% de lucro bruto. Mas é uma vergonha não reservarmos 10 pontos para realizar mais pesquisas. Isso porque nos permitimos ficar aprisionamos a expectativas e nos tornamos vítima do próprio sucesso", enfatiza Carol Bartz.

Quando as coisas estão indo bem, em geral é difícil supor que elas tomarão outro rumo. Visto que no mundo de hoje o tempo está cada vez mais comprimido, algumas empresas estão optando por ignorar o horizonte de crescimento futuro, acreditando que em um clima de rápida mudança é impossível prever o que virá depois. Entretanto, esse é mais um motivo para dedicarmos recursos e antevermos conjunturas e tecnologias futuras. Desse modo, estaremos preparados quando precisarmos reagir. "No caso de uma empresa estabelecida, é essencial ser capaz de considerar tanto o **agora** quanto o **depois**. Do contrário, em algum momento a pressão que sentiremos será extrema, em decorrência de mudanças tecnológicas ou de um novo concorrente que introduziu um processo ou método diferente no mercado", diz Fred Smith, da FedEx.

Em meados da década de 1980, a Intel deu um passo ousado que acabou economizando dinheiro para a empresa — abandonou o negócio de memória então em declínio para se concentrar em microprocessadores. Todavia, esse passo foi possível porque uma pequena equipe na Intel estava preparada para desenvolver microprocessadores. "Por causa de um acidente que nós mesmos havíamos provocado, tínhamos uma opção", afirma Andy Grove. "Usamos as circunstâncias catastróficas que rondavam nosso primeiro negócio para forçar uma mudança", complementa Andy Grove.

Investir no futuro hoje é como comprar um seguro, pois isso nos dá possibilidade de adaptar. Uma maneira de alocar recursos é formar um grupo interno de tecnologia avançada, uma equipe estratégica sempre à caça de novas tecnologias e aquisições ou cientistas-pesquisadores trabalhando colaborativamente com universidades.

A maioria das grandes empresas não consegue empreender os programas de pesquisa aberta antes existentes. Contudo, é possível e é necessário realizar pesquisas aplicadas mais focalizadas, tanto em âmbito interno quanto por meio de parcerias com universidades, em áreas estrategicamente selecionadas, capazes de construir ou mudar de modo repentino o futuro de uma empresa. "Os dirigentes das empresas devem ser um tanto quanto impiedosos com relação às áreas de pesquisa que escolhem", afirma o capitalista de risco Mike Sheridan, "mas também precisam de fato descobrir em que devem se destacar e sobressair para continuar sobrevivendo." As organizações que possuem centro interno de pesquisa podem transformar diretamente suas pesquisas em valor de longo prazo para os acionistas explorando áreas que se demonstrem cruciais para a empresa nos próximos anos. Além disso, os pesquisadores podem oferecer valiosos *insights* e conhecimentos especializados que capacitem a empresa a corrigir os problemas e aprimorar os produtos mais rapidamente, ganhando assim vantagem competitiva.

As atuais organizações de pesquisa corporativa não podem mais se dar ao luxo de funcionar como os laboratórios "torre de marfim" do passado, centralizados e isolados dos negócios predominantes. Em vez disso, devem ser permeáveis e, portanto, possibilitar uma estreita conectividade com o restante da empresa.

Quando Hossein Eslambolchi tornou-se diretor executivo de tecnologia da AT&T, em 2001, tentou mudar a mentalidade dos cientistas de lá lhes propondo que se imaginassem como um terço físicos em sua luta com os problemas teóricos, um terço engenheiros e um terço executivos, pois assim poderiam pensar mais profundamente sobre a experiência do cliente. "Queremos pensar sobre o futuro, mas temos de fazer os laboratórios se envolverem mais na relação com os clientes para que assim possam analisar os dados reais de produção", diz ele.

Dirigir pesquisas exige um conjunto de habilidades bastante distinto daquele necessário a pessoas que gerenciam outras áreas da empresa, inclusive paciência e confiança significativamente maiores. Quando Robert Spinrad assumiu a vice-presidência da Xerox PARC no final de década de 1970, ele sabia melhor do que nunca como lidar com firmeza com o seu grupo. "Eu costumava ouvir coisas que me pareciam extravagantes, mas freava a língua", recorda-se Spinrad. "Sabia que metade das coisas que estávamos fazendo não teria êxito. Mas nunca soube **qual** metade", declara Spinard.

Por sua total predominância no mundo dos PCs, tradicionalmente a Microsoft não foi considerada uma empresa inovadora ou aberta. Hoje, porém, é uma das poucas empresas de TI que tem posicionamento de mercado e perspectiva de longo prazo para manter um laboratório de pesquisa de larga escala. "A própria frase que abre nossa declaração de missão diz que nossa meta é favorecer o estado do conhecimento nas áreas em que realizamos pesquisas. Nessa meta, não há referência à Microsoft", diz Rick Rashid, que dirige o laboratório desde 1991. Seu financiamento provém da própria corporação e não custa nada a um grupo de produtos tirar proveito da experiência do laboratório. Portanto, não há nenhum desincentivo em trabalhar com ele. Os executivos da Microsoft enxergam o laboratório como uma fonte crucial de capacidade de mudança da empresa.

"Um dos motivos que levam uma empresa como a Microsoft a querer realizar pesquisas, em vez de apenas promover o desenvolvimento, é que isso lhe dá uma agilidade que de outra maneira ela não conseguiria a longo prazo", observa Rashid. Isso nos permite mudar rapidamente em circunstâncias de pressão, porque, se enfrentarmos um novo concorrente ou um novo modelo de negócio ou se uma nova tecnologia surgir, haverá uma boa probabilidade de alguém no Microsoft Research já estar trabalhando nessa área pelo menos alguns anos."

Hoje em dia, alguns diretores sentem aversão pela ideia de ter diferentes grupos dedicados à pesquisa básica, considerando tal estrutura organizacional antiquada. "Essa coisa de a pesquisa ficar em um pedestal é o fim", afirma Schmidt, da Google. "Pode até ser um bom modelo para alguma outra organização — embora eu não acredite nisso —, mas é sem dúvida um modelo inadequado para nós." Ainda que os tecnólogos do Research Google publiquem seletivamente seus artigos, seus trabalhos mais avançados não são divulgados à comunidade mais ampla de pesquisa. O Research Google está intimamente integrado à principal atividade da empresa, o que o atrela a necessidades do mundo real. Porém, se não houver uma colaboração aberta com as universidades, o trabalho realizado lá não beneficia o EI como um todo. As empresas que não têm um departamento ou setor de pesquisa interno procuram beneficiar-se do envolvimento ativo com a comunidade mais ampla de pesquisa — uma interação essencial para manter o bem-estar do EI da nação.

IDEIAS EM TODOS OS CANTOS

Sementes viáveis ao crescimento podem ser encontradas em todos os patamares das organizações, dos altos executivos aos estagiários recém-admitidos na equipe de vendas que se relaciona com o cliente. Os diretores devem nutrir constantemente os canais de comunicação que estimulam os funcionários a apresentar ideias e estabelecer mecanismos para captar, examinar com cuidado e priorizar essas ideias. Esses canais podem ser conversas presenciais, sessões casuais de *brainstorming* ou ferramentas *on-line*, em que os funcionários são incitados a dar sugestões sem medo de represália ou avaliações prematuras. Nos organogramas geralmente há muitos degraus de separação entre as pessoas que geram excelentes ideias e aquelas com poder para autorizar a investigação dessas ideias.

Nas *start-ups*, normalmente são os diretores que estabelecem um rumo para a empresa. Todas as empresas que iniciei com Bill Carrico foram inspiradas em pesquisas acadêmicas que nos estimulavam a perguntar de que forma uma determinada tecnologia poderia ser usada em um novo tipo de produto. Na Bridge Communications, otimizamos a pesquisa sobre Ethernet e protocolo realizada na Xerox PARC e na Universidade de Stanford. A Network Computing Devices criou um sistema gráfico em torno do X Windows System desenvolvido no Instituto de Tecnologia de Massachusetts (MIT). O *software* de *streaming* de vídeo da Precept foi estabelecido com a colaboração entre o Laboratório Nacional Lawrence Berkeley e o Instituto de Ciência da Informação na Universidade do Sul da Califórnia. Contudo, na medida em que as empresas crescem e diversificam-se, é raro o diretor que consegue continuar a gerar todas as novas ideias. Na verdade, quando uma quantidade exagerada de ideias flui apenas do alto escalão, os funcionários mais do que depressa subentendem que devem parar de tentar inovar, porque as ideias do chefe triunfarão sobre todas as outras.

No Google, os conceitos sobre novos recursos e produtos são discutidos amplamente por *e-mail* em uma lista de "ideias" e em sessões informais de *brainstorming*. A empresa recebe diariamente especialistas convidados para palestras sobre inúmeros tópicos, com vista a instigar os funcionários a pensar de forma diferente a respeito dos problemas. O dia em que visitei o Googleplex, uma especialista em astrofísica debatia sobre a probabilidade de encontrar vida em outros planetas. "Tudo isso são mecanismos para que as pessoas se sintam à vontade para colocar novas ideias em discussão", explica Bill Coughran, vice-presidente sênior.

Não há nada que possa substituir os diretores que reservam tempo para conversar e ouvir seus funcionários. Demonstrar às pessoas que suas novas ideias estão sendo apreciadas e discutidas é a melhor maneira de estimulá-las a se manifestar. Nem toda ideia é boa e nem todas as boas ideias podem ser implementadas. Porém, quando as pessoas sentem que **não estão sendo ouvidas, elas se calam**.

O processo para escolher **quais** novas ideias serão bancadas precisa ser transparente e claramente enunciado, independentemente de a decisão final ser responsabilidade das equipes de produto ou da alta direção. A adesão é importante, mas exigir consenso desacelera o processo e nem sempre resulta nas decisões mais sábias. Sempre há alguém disposto a servir de advogado do diabo e dizer não. É mais fácil obter consenso a respeito de projetos mais previsíveis e não tão verdadeiramente inovadores.

Na Applied Minds, o primeiro teste que se aplica a uma nova ideia é o da **intuição**: o projeto proposto é algo que as pessoas sentiriam prazer em fazer? O segundo teste é econômico, uma clássica **análise de risco-lucro**. O terceiro é saber se os **funcionários se sentem melhores** do que qualquer outra pessoa para executar o projeto. Esses três testes são aplicáveis a todos os tipos de negócio. Oferecer verbas modestas de financiamento-semente aos funcionários que estão apaixonados por uma ideia é uma boa maneira de impedir que alguns projetos valiosos caiam no limbo antes mesmo de chegarem à fase em que podem ser avaliados.

"Sempre preferimos gerar um número de boas ideias maior do que aquele que conseguimos levar adiante", diz Nathan Estruth, gerente geral da Future-Works, uma divisão da Procter & Gamble (P&G). Se houver várias novas ideias na fila, é possível hesitar caso uma ideia específica se provar extremamente difícil de ser desenvolvida naquele momento. "Podemos até postergá-la, deixando-a de lado com os seguintes dizeres: 'Eis uma ideia que não conseguimos resolver', mas talvez um dia voltemos a ela. Podemos nos dar a esse luxo porque sabemos que há outras ideias tão estimulantes quanto aguardando na fila", diz ele. Gerar mais ideias, ainda que não possamos nos debruçar sobre todas elas, viabiliza a serendipidade. Não é possível saber ao certo quando uma mudança de estratégia tornará inestimável uma dessas ideias temporariamente "estacionadas" — ou quando uma ideia como essa pode nos motivar a repensar nossa estratégia.

Tal como em um jardim real, é fundamental que o diretor semeador identifique que projetos precisam ser podados e desbastados — e isso exige instinto, discernimento e um pouco de sorte. Por necessidade, as organizações que enfrentam dificuldade para eliminar os projetos não promissores impõem enormes barreiras à introdução de novas iniciativas. A flexibilidade das pessoas que contratamos, a forma pela qual escolhemos o que devemos bancar, a maneira como criamos expectativas e o modo como encerramos projetos malsucedidos, tudo isso influi na boa vontade de uma organização de aceitar a "poda e desbastação" indispensáveis a um pleno crescimento.

Os funcionários — particularmente na média gerência — podem desenvolver um protecionismo exacerbado por seus projetos "de estimação", mesmo quando ninguém tem mais dúvida de que é hora de dar o assunto por encerrado. Talvez temam perder sua posição na empresa ou que possam ser vistas como uma pessoa fracassada. Os funcionários devem ser recompensados por tomar a iniciativa de admitir que é hora de seu projeto ser podado.

Quando a HP Labs começou a rever os projetos de pesquisa que haviam sido transformados promissoramente em grupos de produtos, identificou um modelo. O tempo médio que até então os produtos bem-sucedidos haviam levado para sair do laboratório e chegar ao mercado teria sido de cinco anos. Os gerentes concordaram com um compromisso de financiamento com duração de cinco anos para os novos projetos. Se transcorresse todo esse tempo e o projeto ainda não tivesse sido transferido, ou o gerente indicava quanto tempo mais seria necessário ou os pesquisadores tinham de se dedicar a alguma outra coisa. "Esse mecanismo se revelou extremamente favorável", afirma Joel Birnbaum, na época diretor de pesquisa. "As pessoas tinham consciência de que, se não concluíssem o projeto em cinco anos, teriam de explicar o motivo. O projeto não precisava necessariamente ser extinto, mas a pessoa ficava em liberdade condicional; e além disso tinha que ser algo muito especial, pois do contrário a pessoa estaria se enganando."

Fora da comunidade de pesquisa, os diretores nem sempre podem deixar a critério da equipe a decisão sobre quando prosseguir ou quando aguardar. Para tomar a decisão correta, é crucial confirmar se as informações sobre o projeto são precisas — sua verdadeira situação e os obstáculos que está enfrentando. Na maioria das vezes, só é possível colher esses dados em discussões informais com as equipes. Nossa postura ao tomarmos a decisão de aparar ou desbastar um projeto e o método e o tom que utilizamos para notificar uma mudança de rota essencial terão influência sobre as novas ideias, em todos os cantos da empresa.

GERANDO ÍMÃS QUE ATRAEM INOVAÇÕES

A gigante de produtos domésticos e de cuidados com a saúde P&G está firmemente comprometida com a inovação. Seus laboratórios de pesquisa ao redor do mundo empregam mais cientistas doutorados do que todas as grandes universidades norte-americanas tradicionais em conjunto. Uma divisão da empresa, a FutureWorks — fundada por um "conselho de inovação" composto pelos altos executivos da P&G —, coordena as iniciativas internas de desenvolvimento e forma parcerias estratégicas com empresas externas e inventores independentes. A FutureWorks é uma oficina de ideias, uma incubadora de produtos e um veículo para canalizar a energia inventiva das *start-ups*. "Reconhecemos que essa inovação disruptiva é vantajosa para o nosso portfólio de crescimento global", diz Nathan Estruth, gerente geral da divisão.

Ao empregar especialistas em P&D, fabricação, vendas, finanças e pesquisa de mercado, a intenção da FutureWorks é criar novas plataformas com potencial para se transformar em negócios da ordem de bilhões de dólares no período de três a dez anos. "Trabalhando com todos esses grupos funcionais, podemos examinar as novas ideias de negócios segundo o que chamamos de três pernas do tamborete — o **cliente**, a **tecnologia** e o **modelo de negócio**", afirma Estruth. "Identificamos os desafios e as questões destrutivas e os combatemos", alerta Estruth.

A P&G tem uma iniciativa de parceria que abrange toda a empresa, a Connect & Develop (C&D). Quando a empresa enfrenta um desafio comercial ou técnico, consulta os especialistas da C&D para encontrar uma solução, otimizando o trabalho em conjunto com grupos de pesquisa, unidades de negócio e universidades. As teleconferências realizadas mensalmente mantêm a FutureWorks atualizada sobre o que está sendo desenvolvido em todos os cantos do mundo. "Estamos sempre avaliando o que está em destaque ou o que é novo no momento e realçando as descobertas tecnológicas com amplo potencial de aplicação em todos os âmbitos da empresa", explica Estruth. "Parte da mágica que cerca nossas inovações é a nossa capacidade de conexão com essas informações", explica Estruth.

O portfólio da FutureWorks inclui projetos com grande ênfase em P&D e outros focalizados na mudança dos modelos de negócio da empresa. Uma *joint venture* com a Inverness Diagnostics, para fornecer testes diagnósticos rápidos em domicílio, integra atualmente a unidade de cuidados com a saúde da P&G. Um dos projetos em gestação é uma parceria com a MDVIP, empresa de serviços de saúde da Flórida voltada para programas personalizados de bem-estar e prevenção de doenças.

Em um dos projetos ambiciosos da FutureWorks que não vingou, vemos a importância de identificar logo de início possíveis barreiras ao sucesso do empreendimento. A P&G estava entusiasmada com a possibilidade de formar uma parceria com a empresa Songbird, que fabrica aparelhos de surdez digitais baratos e descartáveis. Mudar sensivelmente a vida das pessoas com perda de audição de leve a moderada representava uma imensa oportunidade de mercado para a empresa. "As pessoas que começaram a usar o Songbird não conseguiam mais se imaginar sem ele", afirma Estruth. Porém, a empresa acabou sendo entravada pela FDA e teve de enfrentar um processo multimilionário de cinco a dez anos para obter aprovação. "Ainda somos os detentores na empresa e continuamos apaixonados pela ideia, mas esse foi um daqueles projetos em que antevimos as questões destrutivas erradas", explica Estruth.

A vantagem competitiva de atrair inovações de fora é decisiva para a P&G. Estruth imagina a FutureWorks como um "ímã de inovações", que oferece benefícios mútuos para a P&G e seus vários parceiros: "Se eles conseguirem maximizar o valor deles, nós ganhamos e o cliente também ganha", diz Estruth. Ao estabelecer uma organização interna distinta para aproveitar a criatividade externa, a P&G criou o melhor de dois mundos, combinando os recursos globais de uma corporação multinacional com a máquina e o motor de ideias do mundo das *start-ups*.

OS OTIMISTAS CRÍTICOS

"A inovação depende em grande medida de habilidades individuais", diz Elon Musk, cofundador da PayPal. Todos os estágios do processo de inovação exigem pessoas com um conjunto particular de talentos e habilidades. No núcleo encontram-se aqueles que têm paixão, curiosidade e inclinação pela experimentação. "Podemos dependurar uma plaqueta do lado de fora da porta e dizer que agora conseguimos formar uma 'equipe de inovação', mas se recrutarmos as pessoas erradas para essa equipe, não teremos êxito", observa Rob Carter, diretor executivo de informática da FedEx. "Mas as pessoas capazes de produzir inovações promissoras parecem ter habilidade para fazer isso vezes seguidas", complementa Rob Carter.

Os inovadores precisam ser o que costumo chamar de **otimistas críticos** — sentir entusiasmo por seus projetos, mas também estar aberto para distinguir possíveis problemas e fazer as mudanças de rota necessárias. "É a habilidade de avaliar criticamente e de melhorar otimistamente que nos ajuda a produzir profissionais melhores, empresas melhores e países melhores", diz Mike Volpi, diretor executivo da Joost.

A capacidade de identificar necessidades, formular perguntas e sentir-se à vontade com a ambiguidade são fatores essenciais nos primeiros estágios da inovação. "Uma das coisas que percebi em mim mesmo", observa Danny Hillis, da Applied Minds, "é que gosto muito de trabalhar em uma coisa cujo problema ainda não foi determinado e de chegar à fase em que podemos dizer 'Ufa, conseguimos fazer isso funcionar!'. Daí em em diante meu entusiasmo começa a diminuir. Mas há inúmeras pessoas cujo interesse cresce justamente desse ponto em diante."

Essas são as pessoas que podem nos ajudar a persistir e levar uma excelente ideia adiante. Heidi Roizen fundou a empresa T/Maker em 1983 para desenvolver *softwares* de aplicação para o mercado de computadores pessoais então emergente. A T/Maker lançou uma aplicação de *clip arts* simples, denominada Click Art, que acabou se tornando a marca predominante nesse campo. "Em todas as feiras comerciais, alguém se aproximava de mim e dizia: 'Eu também tive essa ideia!'", recorda-se Roizen. Muitas pessoas tiveram a mesma ideia, **mas fomos nós que a colocamos em prática** — e em apenas nove semanas, do dia em que a imaginamos ao dia em que o produto já estava nas prateleiras."

Hoje, os produtos são tão complexos que o estereótipo do **inovador-inventor de garagem já não se aplica mais**. "Há 20 anos, uma pessoa era capaz de criar um produto por iniciativa própria e totalmente sozinha", afirma Rubinstein, "mas atualmente isso não é mais possível. Por isso, o trabalho em equipe é essencial, não apenas entre pessoas, mas entre empresas." As equipes devem ser pequenas, dinâmicas e flexíveis, e ao mesmo tempo conhecer a missão e a comunidade global da empresa. Uma equipe bem compatibilizada de cinco a oito pessoas consegue superar em desempenho um grupo de centenas de indivíduos. A Best Buy adotou a estratégia de criar redes pequenas e temporárias para enfrentar projetos específicos, trazendo pessoas de áreas diversas da empresa. "Grande parte de nossas redes foi criada por indivíduos", diz Kal Patel, vice-presidente da empresa. "Eles contam com nosso estímulo", completa Patel.

Muitas empresas estão começando a reconhecer o poder dessas redes informais para impulsionar a criatividade. Na verdade, **toda** empresa tem uma organização interna informal que faz com que as coisas de fato aconteçam. Os diretores devem incentivar a proliferação desses canais de comunicação não oficiais, tomando cuidado, ao mesmo tempo, para não os formalizar a ponto de torná-los tão ineficientes e complexos quanto as estruturas formais ao redor das quais eles funcionam.

No EI, as relações exigem um nível de interação mais profundo do que a que ocorre nas tradicionais transações da esfera comercial. A cooperação não está relacionada apenas à obtenção de resultados práticos, mas à definição de oportunidades de benefício mútuo, em uma linguagem que todos os partícipes compreendam. As pessoas que desempenham naturalmente o papel de **agregadores do conhecimento** são fundamentais à formação de relacionamentos entre comunidades, disciplinas ou divisões, pois facilitam a comunicação entre grupos dessemelhantes. Os agregadores mais competentes conseguem sintetizar rapidamente informações provenientes de uma grande variedade de temas, comunicar-se bem e congregar as pessoas certas, sem nenhum objetivo pessoal predominante.

A equipe de transferência de tecnologia do Microsoft Research foi criada para observar atentamente o que os desenvolvedores e pesquisadores estão fazendo e estimular a colaboração entre os grupos. "É uma equipe bem semelhante a um **casamenteiro**", diz Rick Rashid, sorrindo. "É como se ela estivesse dirigindo uma agência de namoro — ajuda as pessoas a encontrarem um parceiro, quando necessário, até oferece terapia de casal", afirma Rashid.

Pelo fato dos êxitos dos agregadores geralmente ocorrerem nos bastidores de projetos específicos, é necessário identificá-los e protegê-los. "Essas pessoas normalmente são as que detêm a maior parte do conhecimento institucional na empresa como um todo", afirma Ellen Levy, diretora geral da Silicon Valley Connect. "Eles fazem um pouco de cada coisa. Porém, pelo fato de não serem obrigados a gerar resultados específicos, imaginamos que não necessariamente sentiríamos falta deles no dia seguinte caso fossem embora. Ledo engano", alerta Ellen Levy.

As oportunidades de aquisição ou parceria capazes de beneficiar várias linhas de negócios dentro de uma empresa na maioria das vezes caem no limbo porque ninguém está disposto a defender ou a pagar por algo que será compartilhado em toda a empresa. Para Ellen Levy, trata-se do **"dilema do integrador"**. Os agregadores podem ajudar a resolver essa questão levando os problemas ao conhecimento da alta direção, intensificando a adesão em diversos grupos ou conscientizando todos sobre os possíveis benefícios do negócio em questão.

Para que a inovação seja sustentável, é preciso fomentar ambientes de trabalho nos quais as pessoas tenham liberdade para pensar e agir como empreendedores — mesmo nas grandes empresas. Os empreendedores mais promissores questionam normas, aprendem a trabalhar com orçamentos pequenos, mantêm a flexibilidade e agilidade, integram rapidamente *feedbacks* externos e concentram-se nas metas do projeto que têm em mãos mais do que nas políticas da empresa ou no *status* organizacional. Os executivos e gestores precisam inspirar e incitar esse espírito em todos os funcionários, independentemente do porte da empresa.

INCENTIVOS AO SUCESSO

Os diretores podem transmitir sua visão e seus valores o dia inteiro, mas se os sistemas de incentivo na organização não estiverem alinhados, não haverá inovação. As estruturas de compensação típicas que visam impulsionar resultados de curto prazo precisam ser reexaminadas à luz do impacto que podem provocar sobre o trabalho colaborativo e a disposição ao risco.

"Quando impomos muitas medidas, sacrificamos a criatividade e o pensamento aberto", afirma Mike Volpi, diretor executivo da Joost. "Temos de estar atentos à intensidade com que compelimos essas medidas, porque elas podem destruir a inovação." As bonificações orientadas por medidas são fáceis de implementar e compreender, e eficazes quando o que está em pauta são melhorias financeiras e incrementais anuais. Porém, elas precisam ser complementadas por programas que compensem comportamentos que não são medidos em planilhas, reconhecendo e recompensando a criação de valor adicionalmente aos rendimentos e lucros do momento.

É difícil criar incentivos precisos que visem a um valor ainda **em perspectiva**. Contudo, é fundamental que os funcionários compreendam os benefícios de investir no futuro, mesmo que isso afete a lucratividade do ano em curso. "Devemos convencer as pessoas de que, se não **agirmos** assim, não teremos oportunidades a longo prazo", afirma Fred Smith, da FedEx. "É mais uma questão de liderança e comunicação do que de sistemas quantitativos e de mensuração", ressalta Fred Smith. As empresas que associam bonificações anuais e incentivos baseados em opções de ações podem aumentar o investimento pessoal de seus funcionários no crescimento da empresa.

A gerência deve sempre se esforçar para ser justa e equitativa em relação às suas estruturas de pagamento, mas não se deve confundir **"justa e equitativa"** com **"uniforme"**. Para atrair e reter os melhores talentos, provavelmente é necessário pagar mais a determinadas pessoas do que a outras por um trabalho semelhante. Ou talvez signifique possibilitar um grau de flexibilidade que acomode estilos individuais, interesses externos ou vida doméstica. "Nas escolas, atribuímos às crianças notas que podem ir de A a F, que é uma variação bastante abrangente", afirma Volpi. "Nas corporações, basicamente a nós são atribuídos conceitos B ou C."

À medida que as empresas crescem, fica mais difícil permitir que se reconheça e recompense um **talento especial**. Esse é um dos desafios que hoje enfrentam os dirigentes sindicais e a alta direção — permitir que os empregadores ofereçam uma remuneração justa a todos e, ao mesmo tempo, liberdade de movimento para estimular a inovação por meio de incentivos extras, se necessário. Vale a pena ser criativo quando se deseja contratar e reter os melhores talentos.

Os aumentos, bonificações e promoções devem incentivar o trabalho em equipe e, simultaneamente, reforçar a responsabilização individual. Os diretores devem reconhecer em que sentido o sistema que estão usando encorajam ou desencorajam a disposição ao risco — em parte distinguindo diferentes tipos de sucesso. "Eu chegaria para uma pessoa cujo projeto tivesse dado certo, do ponto de vista técnico, mas não tivesse produzido nenhum avanço para a empresa", diz Peter Hart, da Ricoh, "e lhe daria uma bonificação, dizendo: **'Foi um empreendimento fantástico'**."

Recompensar os funcionários por dedicar seu tempo para desenvolver ideias que não têm nenhum impacto direto no cargo que ocupam ou lhes dar um crédito por iniciar projetos mesmo que não tenham se envolvido no processo subsequente, nem sempre precisa ocorrer de acordo com a estrutura de remuneração padrão. Dispor de um mecanismo para que os funcionários reconheçam espontaneamente seus pares por conquistas menos tangíveis pode elevar o espírito de equipe da empresa como um todo. Na FedEx, os gestores usam um programa denominado **Bravo Zulu** — em homenagem à tradição marítima de içar as bandeiras A e Z para cumprimentar marinheiros em outro navio — para recompensar e inspirar iniciativas extraordinárias, com prêmios em dinheiro que vão de cinquenta a vários milhares de dólares. É um sistema simples, mas eficaz, de recompensar aqueles que, de outra forma, talvez não obtenham reconhecimento automaticamente.

Os incentivos podem ocorrer de várias maneiras, tanto formal quanto informalmente. A maneira com pagamos, promovemos e elogiamos os funcionários são formas explícitas de reforçar o desempenho. Além disso, os funcionários comparam e avaliam cuidadosamente o comportamento daqueles que são ouvidos com maior frequência e cujos projetos são financiados mais facilmente. Ao cultivar a inovação, os sinais implícitos dos diretores são tão importantes quando os explícitos.

ALÉM-FRONTEIRAS

As empresas estão se valendo cada vez mais da **terceirização** e de **parcerias** para concorrer com maior eficácia. As fronteiras organizacionais e geográficas estão cedendo lugar para uma força de trabalho global e móvel. Engenheiros e cientistas estão formando redes de conhecimentos mutuamente benéficas que transcendem as fronteiras institucionais.

Uma das demonstrações mais verdadeiras do poder da inteligência distribuída é o movimento pelo software de código aberto. Ao permitir que programadores de todos os cantos do mundo participem diretamente no desenvolvimento de um software, a utilização de códigos abertos criou uma classe de produtos de software respeitáveis de baixo custo ou sem custo, como o sistema operacional Linux e o navegador Web Firefox. Contudo, embora a utilização de códigos abertos possa intensificar a inovação incremental, por se inspirar nas ideias de talentos que não seguem a atual tendência corporativa, valer-se unicamente do conhecimento desse círculo raramente abre caminho para uma nova grande ideia capaz de produzir rupturas.

Aproveitar os talentos de outros países subcontratando serviços no exterior pode cortar os custos e agilizar o processo de desenvolvimento. Pode também atrair uma multiplicidade de perspectivas culturais e concretizar novas ideias. Entretanto, a inteligência distribuída precisa ser aplicada com cautela ao processo de inovação. No caso de produtos bem definidos, a atribuição de trabalhos a grupos dispersos pode ser relativamente fácil. Forçar esse exercício muito prematuramente pode impedir a instauração de uma investigação abrangente, que estimula interações diretas e a colaboração frutífera entre engenharia, marketing e direção executiva. No caso de empresas com grupos de tecnologias avançadas, é melhor criar redes de equipes completas, ao contrário de contratar parte do desenvolvimento no exterior. As empresas que empreitam todos os seus trabalhos básicos ou as tarefas de produção que eram tradicionalmente alocadas a funcionários juniores em algum momento podem acabar descobrindo que subcontrataram sua futura equipe de diretores no exterior.

QUANDO, COMO E ONDE TRANSPLANTAR

Um fator fundamental com relação aos benefícios econômicos que se pode obter da inovação é o nosso grau de sucesso ao transplantar ideias, invenções, protótipos e produtos dentro e entre as diferentes comunidades do EI. Mesmo as plantas mais saudáveis podem morrer, se não forem transplantadas com cuidado.

O método de transplante precisa ser adaptado ao tipo e ao estágio da inovação. Transferir tecnologia do meio acadêmico para o setor industrial é bem diferente de introduzir novos produtos no mercado. A integração de aquisições e o escalonamento de projetos de desenvolvimento internos têm seus próprios desafios. Os produtos que são compatíveis com as linhas de negócios e os clientes existentes são mais fáceis de ser escalonados do que aqueles que obrigarão a empresa a entrar em novos mercados.

A inabilidade da Intel para transcender o setor de microprocessadores não se deveu à falta de ideias geniais dentro da empresa ou à sua incapacidade de escalonar. Na verdade, a Intel enfrentou um problema de transplantação — incapacidade de migrar projetos da bancada do laboratório para o mercado. Andy Grove reconhece isso. "Tínhamos a segunda câmara digital do mundo, tínhamos todas essas spin-offs, mas não absorvemos nem cultivamos essas ideias", afirma ele. "Independentemente do que isso exija, não somos muito bons nisso."

A Xerox conseguiu transplantar promissoramente a tecnologia de impressão de seus laboratórios porque ela se adequava a um modelo de negócio já existente. Porém, seu histórico erro de não explorar as surpreendentes inovações desenvolvidas na PARC na área de computação é outra história. Como fazia parte da estratégia inicial da Xerox entrar no setor de computação de objetivo geral, a empresa comprou a Scientific Data Systems por centenas de milhões de dólares. Essa aquisição foi um erro de grandes proporções, e a empresa concluiu que havia cometido uma asneira ao entrar no setor de computação.

Quando John Shoch, pesquisador da PARC, tentou convencer a gerência em transformar a tecnologia disponível no laboratório em produtos comercializáveis, escreveu um memorando visionário descrevendo por que a empresa deveria vender estações de trabalho de alto desempenho programáveis, destinadas a um único usuário — uma primeira versão do que hoje viríamos a chamar de PC. "Recebi um telefonema de algum estúpido da alta direção", recorda-se Shoch. "Ele me disse: 'John, já entendi. Você quer entrar novamente no setor de computadores'. A Xerox tinha a segunda maior equipe de vendas de equipamentos de escritório do país, mas não tinha uma equipe de vendas de computadores. Isso condicionou a opinião das pessoas sobre os produtos que a empresa estava disposta a vender. A falha sistêmica foi que todas essas excelentes pesquisas e ideias haviam sido feitas no contexto de uma empresa de copiadoras, e não no contexto de uma empresa de computadores."

A determinação do momento preciso em que se deve transplantar um projeto é um fator decisivo para o êxito dessa iniciativa. Pôr de lado um projeto por um tempo exageradamente longo pode inviabilizar sua aceitação no final pelo restante da empresa. Entretanto, tentar escalar muito cedo pode eliminar nossa capacidade de nos adaptarmos rapidamente ao feedback.

Sempre que se integra uma pequena empresa a uma organização maior, o instinto natural da organização maior é tentar reforçar os processos que as tornaram bem-sucedidas. Ao absorver a nova organização, a empresa controladora com frequência tenta mudar imediatamente a forma como a empresa adquirida fazia a coisa acontecer. É indispensável observar de perto de que modo a empresa conduz as atividades de desenvolvimento, fabricação, vendas e suporte — e, em seguida, tomar decisões sensatas sobre o que deve ser integrado na empresa controladora e o que deve permanecer como missão da empresa menor. Se o novo projeto não compartilhar nenhuma tecnologia ou mercado com as atuais divisões da organização, talvez seja melhor deixá-lo desenvolver-se independentemente.

"Quando eu estava na Cisco, tentamos identificar qual dos processos comerciais da empresa maior deveria ser instituído como predominante e como a empresa menor precisaria ser protegida", diz Mike Volpi. "Costumávamos analisar caso por caso e dizer: 'Para esta empresa, acho que vendas, suporte ao cliente, fabricação, recursos humanos e TI podem ser fundidos, mas devemos manter separadas as áreas de gestão de produtos, *marketing* e engenharia." Simplesmente pressupor que se deve realizar a transição imediata de tudo nos moldes da grande empresa pode acabar destruindo o que foi adquirido.

Quando o Google adquire uma *start-up*, suas equipes menores são rapidamente integradas à cultura de engenharia como um todo. Contudo, uma modesta aquisição como a empresa de imagens de satélite Keyhole — que desenvolveu uma parcela substancial do que é hoje o Google Earth — foi autorizada a funcionar por conta própria por algum tempo. "Eles estavam no mesmo prédio, o que deu à empresa uma chance para experimentar e descobrir quais partes da Google eram interessantes para eles quando começaram a se integrar aos nossos outros produtos e sistemas", afirma Bill Goughran, vice-presidente sênior. No caso do *YouTube*, permitimos que mantivesse muito mais sua identidade, acrescenta ele. "O *site* tem um crescimento explosivo que de forma alguma queremos romper. Por isso, de fato compete aos fundadores do *YouTube* decidir quando desejam se integrar", explica Bill Goughran.

Na maioria das vezes, transplantar apenas ideias ou tecnologias não funciona — é imprescindível ter habilidade para transplantar algo mais inexprimível mas igualmente importante: "Se não se tem essa paixão essencial, não se tem nada", diz Carol Bartz, da Autodesk. "É por isso que temos essa predileção por adquirir **pessoas** — para apreender a forma como elas pensam. Conseguimos obter alguns tecnólogos excelentes por meio de pequenas aquisições", afirma Carol Bartz.

Eu aprendi isso a duras penas. Criamos três empresas *start-ups* com base nas pesquisas tecnológicas avançadas que conduzimos na Packet Design, LLC, e a empresa mais promissora foi a que herdou a maior parte da equipe original. Algumas vezes, talvez não seja possível transferir alguns dos integrantes da equipe inicial, porque nem sempre eles são capazes de se ajustar adequadamente à nova organização. As pessoas que têm competência para dirigir projetos e empresas que ainda estão em sua etapa inicial nem sempre são eficazes para transplantar e escalonar. Muitos tecnólogos e pesquisadores da área de pesquisa avançada não se sentirão satisfeitos em trabalhar em uma empresa que privilegia apenas o desenvolvimento.

Nesses casos, é melhor planejar uma estrutura temporária que permita que as pessoas colaborem na fase de transição e, em seguida, voltem e trabalhem em algo novo. Na Sun Microsystems, as pessoas permanecem por alguns anos no laboratório até chegarem ao estágio em que seus projetos estão prontos para a prototipação. A partir daí, integram-se em uma das unidades de negócios, onde podem produzir e lançar seu projeto. "Vemos o projeto entrar no mercado e depois voltar para o laboratório e ser recomeçado", afirma Scott McNealy, presidente do conselho da empresa.

Há várias maneiras de transplantar a inovação de uma maneira promissora. É essencial saber quando é o momento certo de um produto sair do laboratório para ser produzido em série e vendido. É igualmente indispensável saber quando é o momento de adquirir uma nova empresa em que há sementes de inovação ou, no caso de uma empresa menor, quando é o momento correto de ela optar por **ser adquirida**, para que as boas ideias possam se beneficiar de uma infraestrutura de produção e comercialização já estabelecida, capaz de distribuí-las amplamente pelo mundo. O segredo para se ter sucesso em uma inovação específica é saber quando e como integrá-la na cultura organizacional predominante. Mas o mais importante de tudo é o comprometimento da liderança.

RESTABELECENDO O ECOSSISTEMA EMPREENDEDOR

O crescimento da economia norte-americana hoje depende daquelas empresas menores e inovadoras que floresceram durante décadas em lugares como o vale Silício. Essas *start-ups* dependem de empreendedores impetuosos, de capitalistas de risco capazes de se projetar no futuro e de clientes receptivos, todos os quais dispostos a assumir riscos e experimentar coisas novas.

Entretanto, um dos efeitos da bolha da Internet foi criar expectativas nos investidores quanto a estratégias de saída. "Em última análise, o modelo de empreendimento de risco é protegido pela magnitude das saídas. Portanto, se usarmos apenas a saída de um bilhão de dólares a cada três anos em toda a comunidade, isso não vai dar certo", afirma Heidi Roizen. "É necessário ter ofertas públicas iniciais de vários bilhões de dólares para fazer esse negócio funcionar, e nosso mercado hoje não está suficientemente saudável para suportá-las", complementa Heidi Roizen.

Em virtude da regulamentação da SOX, hoje as empresas têm de ser maiores para abrir seu capital. Por isso, mais empresas estão optando por ser adquiridas. Isso significa menor geração de empregos e menor lucro para os capitalistas de risco, o que aumenta a tensão no ambiente das *start-ups*. "As pessoas não compreendem o quanto o ecossistema empreendedor é delicado e complexo", afirma Roizen. "Elas não compreendem que algumas das coisas que mudamos demoram vários anos para mostrar seu impacto."

Tendo em vista a injeção de dinheiro nos cofres dos capitalistas de risco na década de 1990, as empresas tiveram de formar muito mais parcerias. Muitas desses novos recrutados eram na verdade banqueiros que pensavam que entendiam de tecnologia. Em essência, isso não quer dizer que essas pessoas não fossem espertas, mas que não eram capitalistas de risco tradicionais", diz o empreendedor Joe Kennedy. Os capitalistas de risco à moda antiga consideram-se competentes avaliadores de caráter, capazes de reconhecer e nutrir potencialidades em pessoas e empresas. Já os investidores menos profissionais tendem a substituir a experiência e o instinto por um manual de regras. Por acreditarem que existe uma receita para o sucesso, tentam impor processos fixos sobre as pequenas empresas, e essa é justamente uma postura errada em relação a investimentos que estão em sua fase inicial. "Hoje, os capitalistas de risco de fato se consideram administradores de investimentos", diz Steve Goldby, presidente executivo da Symyx Technologies. "Eles competem entre si para entrar em uma empresa, mas assim que conseguem entrar já estão pensando em sair", afirma Steve Goldby.

Portanto, quantidades conhecidas e modelos de negócio já estabelecidos são preferíveis ao que é verdadeiramente inovador. Atualmente, há muito dinheiro no sistema financeiro à procura dos mesmos mercados, em que se tenta descobrir de onde virá o próximo Google ou *Facebook*. Pelo fato de o **consenso acrítico** (*groupthinking*)[3] estar hoje na ordem do dia, o panorama do capitalista de risco adquiriu o aspecto de um jogo de futebol norte-americano de liga infantil, em que todos correm para um mesmo lado do campo.

Até mesmo os capitalistas de risco mais experientes estão assumindo menos riscos. No presente, além de identificar uma necessidade, é necessá-

---

3 No consenso acrítico, os membros de um grupo reprimem seu espírito crítico para favorecer o consenso, prejudicando o processo decisório, que passa a se basear então em análises irracionais e irrealistas. (N. da T.)

rio ser capaz de garantir antecipadamente aos investidores que os clientes comprarão seu produto. "Hoje em dia, as pessoas estão procurando muito mais *feedback*, e cada vez mais rapidamente", afirma Wes Raffel, capitalista de risco de longa data. As *start-ups* costumavam **criar** mercados, não apenas para atendê-las, e os capitalistas de risco se contentavam em investir, com a expectativa de ver um novo mercado decolar. Hoje, essa postura hipercautelosa pode ser adequada à obtenção de lucros imediatos pelos capitalistas de risco, mas não é ideal para seu bem-estar a longo prazo — ou para uma **inovação sustentável**.

Antes, nem todo empreendimento de risco precisava ser um gol memorável. No ambiente atual, se a bola não for imediatamente arremessada para fora do campo, os investidores perdem a paciência. "O período de gestação das negociações mudou", observa a empreendedora Audrey MacLean. "Ninguém espera que você tenha uma receita bruta de 70 milhões de dólares em menos de cinco anos. Mas hoje 70 milhões de dólares é um valor considerado insignificante. E cinco anos — quem tem tanto tempo para esperar? É um modelo extremamente intolerante."

Quanto às ideias que exigem períodos mais longos de desenvolvimento ou aparentemente incompatíveis com a corrente predominante, a probabilidade de serem financiadas é menor. "Os tecnólogos que estão dispostos a se comprometer e se empenhar sem hesitação estão sendo marginalizados pelos capitalistas de risco", observa o capitalista de risco Yogen Dalal. "Eles dizem: 'Não queremos agentes de mudança. Queremos apenas ganhar muito dinheiro.'" Um número menor de *start-ups* é capaz de produzir mudanças de paradigma genuínas, e aquelas que sonham em chegar a esse patamar estão batalhando por financiamento.

No momento, a convicção essencial de que "a única maneira de fracassar no vale do Silício é não experimentar" é um risco. "Atualmente, ter participado de uma empresa que fracassou é um estigma bem maior do que no passado", afirma o capitalista de risco David Liddle. "Hoje a culpabilização é bem maior. Em vez de reconhecer que o fracasso ocasional é o preço que se paga por altas ambições, os investidores veem maior glória em desempenhar um papel secundário em uma empresa espetacular do que em ter tentado construir algo significativo. Aprender a superar as dificuldades é no todo e em parte o que as *start-ups* fazem. Se fosse fácil, todo o mundo conseguiria", explica David Liddle.

Os investidores individuais — **"anjos"** — são uma excelente fonte de financiamento para ideias extremamente precoces. Contudo, a comunidade de empreendimentos de risco precisa abraçar esse conceito. Os contratos atuais com frequência contêm cláusulas que aniquilam os anjos que não têm capital para participar das rodadas futuras. As pessoas que estão dispostas a assumir riscos e fornecer capital-semente não deveriam ser desestimuladas.

Infelizmente, o posto de empreendedor também mudou. A paixão e tenacidade que ergueram o vale do Silício foram suplantadas pela sensação de direito adquirido e pela impaciência. Nos primórdios do vale do Silício, os engenheiros alavancavam suas próprias invenções para criar novas empresas. Isso não acontece mais. "Quando a propaganda e o *marketing* passaram a ter prioridade sobre os recursos na comunidade de investimentos, isso de fato mudou o tom das coisas", afirma o empreendedor Martin Eberhard. "Na verdade, acabávamos por promover uma inovação do modelo de negócios, e não uma inovação de produto. Mas no final tínhamos de ter alguma coisa para vender", declarou Martin Eberhard.

A capacidade de estabelecer, conduzir e tornar as pequenas empresas um grande sucesso é uma arte que corre o risco de se extinguir. Há anos ouço dos capitalistas de risco que seu maior desafio é encontrar os empresários certos. "Nossa verdadeira *commodity* são os diretores executivos", afirma o capitalista de risco Bob Metcalfe. Onde estão aqueles jovens empresários que desejam emprestar seu coração e sua alma à construção de algo capaz de **transformar o mundo** — não apenas seu patrimônio líquido? Muitos empreendedores que sonhavam em abrir o capital em eras passadas não têm mais essa opção. E outros não desejam mais a pressão ou responsabilidade de conduzir uma empresa de capital aberto e optam, em vez disso, pela liquidez instantânea propiciada pelas aquisições.

Com uma percepção bem mais otimista, alguns capitalistas de risco experientes que desejam ressarcir a sociedade e reconhecer futuras oportunidades estão hoje financiando empreendimentos na área ambiental e de energia sustentável. Contudo, em vários casos, eles podem acabar financiando pesquisas básicas. "O fluxo de financiamentos no universo ecológico é animador, porque, para conseguirmos um avanço substancial, precisaremos de saltos fundamentais", afirma o empreendedor Len Shustek. "Minha preocupação é que não me parece que estejam abertos para um horizonte de longo prazo. Será que eles estão dispostos a investir em um projeto que pode durar dez anos?", pergunta ele.

Para fazer a diferença, algumas dessas tecnologias exigirão mudanças de infraestrutura que apenas as empresas de grande porte ou o governo podem possibilitar. "Neste exato momento estamos assistindo a acordos na área de energia que na verdade estão ainda muito longe de uma perspectiva de retorno, mas estão obtendo cotações inacreditáveis. Existe a possibilidade de ampliação", afirma Forest Baskett, sócio geral da New Enterprise Associates. Essa área é tão importante para o nosso futuro que precisamos investir sabiamente para não criarmos uma "bolha verde" e, consequentemente, uma inevitável reação adversa. Os capitalistas de risco devem escolher algumas empresas nas comunidades de desenvolvimento e aplicação, como aquelas que oferecem soluções de energia solar ou produtos energeticamente eficazes, que estão mais alinhadas com as janelas de tempo de seu investimento. O governo federal deveria ser chamado a cumprir sua parte na pesquisa, e não pressupor que o setor industrial pode ficar a cargo disso.

De modo geral, não estou segura de que aprendemos o que deveríamos ter aprendido com o colapso repentino e espetacular da década passada. O modismo na cotação de acordos ainda predomina no vale do Silício. Tanto os empreendedores quanto os capitalistas de risco precisam parar e lembrar-se do que ocorreu na última vez em que se sacrificaram os recursos em nome da propaganda.

Os capitalistas de risco devem se olhar ao espelho e se perguntar se seus investimentos estão coerentes com as estratégias de alto risco e de alto retorno intrínsecas a seus financiamentos na edificação de uma empresa. Eles precisam reaprender a nutrir as empresas que integram seu portfólio, sem interferir na administração. Seus sócios limitados também precisam ter paciência e reconhecer que não é possível compensar as perdas de nossos fracassos sem comprometermos seriamente o futuro. E os empreendedores precisam compreender que criar uma empresa é um trabalho árduo e arriscado, e não uma rota fácil para a riqueza. Os fundadores devem alimentar sua paixão por construir empresas que tenham um valor sustentável a longo prazo e, ao mesmo tempo, precisam estar abertos à serendipidade, caso topem com os pretendentes certos.

EM DEFESA DOS INTERESSES DOS ACIONISTAS

O diretor executivo atua de acordo com o que apraz ao conselho de administração. Os interesses de todos os grupos devem estar alinhados para que haja crescimento a longo prazo. Porém, a avidez dos investidores por lucros mais rápidos, a reduzida confiança que paira na sala da diretoria e os mandatos cada vez mais curtos dos diretores executivos formaram um pacto, dificultando ainda mais a definição do que significa **"defender o interesse dos acionistas"**.

Saber de que modo a empresa está usando seu capital é vital para tomar decisões fundamentadas. Entretanto, é essencial relativizar cada trimestre. "Nosso sistema econômico está totalmente fundamentado em comparações trimestrais. A consequência disso é o incrementalismo, e isso está afugentando a inovação", afirma Bill Carrico. "Por que a General Motors e a Ford estão fraquejando? Elas não conseguem apreender o que há de mais novo e extraordinário porque estão tentando criar uma *pickup* Ford incrementalmente melhor, em vez de híbridos como a Toyota."

Os negócios são prejulgados por seu lucro por ação (LPA) ou por seu retorno sobre o investimento (ROI), ambos sendo medidas de resultados imediatos. No ambiente empresarial imprevisível e de ritmo acelerado do mundo de hoje, talvez devamos acrescentar uma nova medida de valor ao nosso rol ao avaliarmos uma empresa ou organização — sua CDM ou **capacidade de mudança**.

Hoje, mais do que nunca, o número de pessoas que compram ações é maior, mas elas as mantêm por um período menor. A mídia de negócios "24 horas por dia e 7 dias por semana" transformou a corrida por ganhos de curto prazo no equivalente financeiro de um esporte. Baixas temporárias e períodos prolongados de desenvolvimento não são tolerados. A valorização dos investimentos em P&D está se tornando uma relíquia pitoresca de um passado em que a esperança era maior. "Houve um tempo em que a GE dizia: 'O progresso é o nosso produto mais importante'. Suas ações teriam subido se tivesse investido mais em pesquisa, porque a junção entre P&D e valor da empresa era muito óbvia naqueles tempos", afirma o capitalista de risco David Liddle. "Mas as pessoas não acreditam nisso mais. Todo o mundo pratica o *flipping*[4]. As pessoas não mantêm as ações; elas compram de manhã e vendem depois do almoço", complementa Liddle.

Nesse mundo de mudanças exponenciais, Wall Street exige retornos anuais com a precisão de centavos. "É por esse motivo que paramos de inovar", afirma o cientista John Seely Brown. "O que está ocorrendo é que a **indeterminação** está sendo vigiada pela **ultradeterminação**."

A aquisição do controle de empresas de capital aberto por parte de fundos de ativos privados alivia a pressão sobre essas empresas para que atendam às expectativas trimestrais de Wall Street. Mas as empresas acabam se envolvendo em uma montanha de dívidas e, inesperadamente, toda reunião do corpo administrativo passa a se concentrar na busca de uma solução para pagar os juros do empréstimo. Se não houver comprometimento da liderança, fechar o capital de uma empresa pode ser um contra-ataque à inovação, e isso impele a gerência a ficar obcecada por resultados financeiros imediatos, e não por explorar novos produtos e estratégias.

Os conselhos de administração não atenderão aos interesses dos acionistas se agirem como gerentes. Mas incentivar a abertura, a curiosidade e o apetite pelo risco na sala da diretoria pode ser um fator decisivo em relação à liberdade de uma empresa para inovar. Há uma lei de Delaware denominada Regras da Decisão Judicial ou dos **"Juízes do Negócio"** (*Business Judgment Rule*) cujo objetivo é permitir que os conselhos tomem as melhores decisões em nome de seus acionistas sem o medo constante de litígio. Os autores do projeto de lei perceberam que a coragem e ousadia em face do risco são a essência dos bons negócios.

Sob o intenso escrutínio dos acionistas e da imprensa, o medo de perder a reputação cria uma tensão na diretoria. Quando a confiança míngua, o questionamento torna-se crítico e intolerante, a direção executiva assume

---

4 *Flipping* ‒ termo usado nos EUA para descrever a prática de compra de um ativo e rapidamente vendê-lo para obter lucro. O termo pode ser usado para qualquer tipo de ativo, mas é mais comumente usado para imóveis e ofertas públicas iniciais de ações. (N. da T.)

uma postura defensiva e a inovação é aos poucos derrotada. "O foco é manter a empresa longe de problemas e colocá-la no esquadro", afirma Norman Augustine, diretor executivo aposentado da Lockheed Martin. "Participei de reuniões do conselho em que tínhamos decisões importantes a tomar, nas quais passávamos horas ouvindo a opinião de especialistas sobre o que poderia dar errado. Não era possível pensar outra coisa, senão: 'Se eu votar contra isso, não haverá nenhum inconveniente. Mas se votar a favor e isso der errado, vamos acabar sendo processados'. O conselho e a direção executiva são motivados a votar contra o que possa implicar riscos, mesmo quando o risco é clara e oficialmente evidenciado", observa Norm Augustine.

Em um mundo de entra e sai de executivos, mudar o diretor executivo parece ser a reação automática de vários conselhos a um preço de ação declinante ou de lento crescimento. Os altos gerentes não podem mais pressupor que permanecerão na direção por muito tempo, o que estimula ainda mais a mentalidade imediatista. Por que eles devem tomar decisões ousadas, pensando no bem-estar a longo prazo da empresa, se em três anos — que é a atual média do período de mandato de um diretor executivo — não serão mais do que história? E por que os conselhos devem permanecer firmes, ao lado de seus diretores executivos, para investir em projetos que talvez demorem anos a fio para gerar algum lucro, pressionados por acionistas *flipper* a exigir lucros imediatos? Por quê? Porque nosso futuro depende disso. Nossa sociedade de modo geral está ficando **avessa ao risco**. Contudo, a cada fracasso que tentamos prever e evitar, acabamos por aniquilar a inovação.

Hoje, basta apontar e clicar para pedir comida, comprar livros, assistir a um vídeo ou pagar contas. Porém, a *Web* não seria uma realidade se não fossem as subvenções federais a universidades e a laboratórios de pesquisa corporativos, os capitalistas de risco e empreendedores e os indivíduos e empresas que acolheram favoravelmente essa nova forma de compartilhar ideias e conduzir negócios. As pessoas consideram magias dessa magnitude algo natural e corriqueiro. "Na conjuntura em que nosso país se encontra hoje, estamos criando cada vez mais barreiras à inovação, todos os dias, bem diante de nossos olhos", adverte Bob Iger. Essas barreiras estão sendo criadas dentro das organizações, na infraestrutura federal e na cultura em geral. Precisamos devolver o equilíbrio ao EI do país.

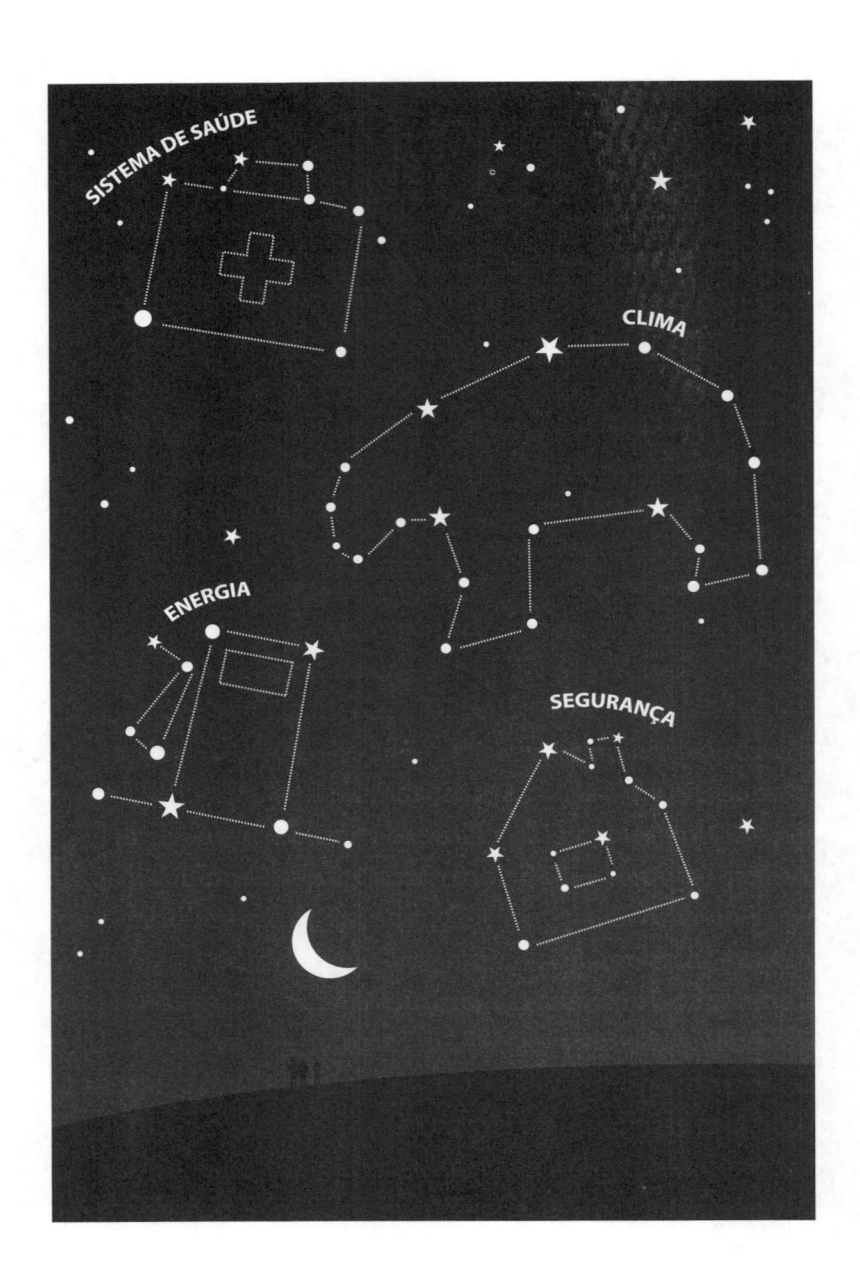

SISTEMA DE SAÚDE

CLIMA

ENERGIA

SEGURANÇA

CAPÍTULO 7

RECUPERANDO O ECOSSISTEMA DO PAÍS

A inovação não é importante apenas para a comunidade empresarial. A qualidade de vida com a qual nos habituamos, tanto do ponto de vista financeiro quanto social, depende do crescimento econômico. Se o lucro de uma pessoa for visto como o prejuízo de outra, em lugar de otimismo, transparência e generosidade, teremos atitudes de autodefesa e medo. No entanto, o crescimento econômico, por si só, não nos garantirá um futuro brilhante. Enfrentamos desafios significativos — na área de energia, no ambiente, no sistema de saúde e na segurança — que impõem sérias ameaças ao nosso estilo de vida, embora ao mesmo tempo ofereçam oportunidades importantes para a inovação.

Enquanto país, estamos consumindo e criando valor em algum outro lugar, mas não estamos investindo em nosso crescimento. Só em 2006 as grandes empresas farmacêuticas duplicaram seus investimentos em P&D na China e na Índia para 2,2 bilhões de dólares. Nossa cultura hoje está voltada para transações financeiras de curto prazo, em detrimento de nosso crescimento e preparação para o futuro. Em 2000, os EUA ocupavam o primeiro lugar no *ranking* mundial de utilização de Internet de banda larga, mas sete anos depois passamos para o décimo sexto lugar. Atualmente, as grandes corporações compram inovação de pequenas *start-ups*. No entanto, esses novos empreendimentos dependem de certo grau de **disposição ao risco que não existe mais**.

Em 2000, a quantidade de estudantes estrangeiros presentes nos cursos de ciências físicas e engenharia, nas escolas de pós-graduação norte-americanas, superou o número de estudantes nascidos nos EUA. As universidades de outros países conduzem aulas de engenharia e negócios em inglês para atrair professores e estudantes, ao passo que os EUA ergueram barreiras à entrada dessas pessoas. Nosso futuro não parece favorável, na medida em que o país, em relação a outras nações, está em 17º lugar, com respeito ao número de crianças que concluem o segundo grau, e 14º lugar, com respeito à porcentagem de estudantes que concluem o terceiro grau.

A ciência e inovação estão intrinsecamente vinculadas, e as pessoas que estão aptas a aprender, compreender e aplicar conhecimentos científicos estarão cada vez mais em vantagem. O finado astrônomo Carl Sagan disse: "Vivemos em uma sociedade intensamente dependente de ciência e tecnologia, em que quase ninguém sabe algo sobre ciência e tecnologia."De modo geral, nosso país não está adequadamente preparado para lidar com a complexidade das questões que tem enfrentado. Saturados de problemas, esperamos que as soluções partam de outras pessoas — em particular dos políticos. "A tecnologia tornou-se tão irresistível, em um ritmo tão atordoante, que as pessoas se sentem ameaçadas por ela, e reagem a isso imaginando que a ciência não está à sua altura ou que é muito difícil e entediante", diz Eric Haseltine, ex-cientista-chefe do diretor de Inteligência Nacional dos EUA e atualmente presidente da Haseltine Partners. Enquanto nação, tornamo-nos avessos à ciência em um momento em que mais precisamos de ciência.

O governo da China pretende destinar, em 15 anos, 60% do crescimento econômico global do país a inovações científicas e tecnológicas. O investimento dos EUA em inovação provém de gastos discricionários, os quais estão diminuindo sensivelmente, visto que uma quantia cada vez maior escoa em apoio à guerra no Iraque. É triste imaginar que a atual geração de norte-americanos, pela primeira vez, provavelmente deixará de herança um padrão de vida inferior ao que usufruíram. "Se isso ocorrer, decorrerá da incapacidade coletiva de reagir aos sinais cada vez mais nítidos que estão no horizonte, e isso indica que devemos inaugurar uma nova era", diz Norman Augustine, ex-diretor executivo da Lockheed Martin.

Todas as oportunidades de inovação estão ao nosso redor, em todos os campos da ciência, da educação e do sistema de saúde e na aplicação da conectividade, presente em todos os aspectos de nossas vidas. "Esse é o melhor momento", diz Curtis Carlson, da SRI. "Não são oportunidades de centenas de milhões de dólares; são oportunidades **multibilionárias**", complementa Curtis Carlson. Ele batizou esse vínculo entre maior oportunidade, concorrência intensificada e marcha acelerada de mudanças tecnológicas de **economia exponencial**. Temos de ser hábeis para mudar rápido, mas esse maior constrangimento não deve enfraquecer nossa paciência para com fatores que tomam tempo.

Entretanto, outros países estão se posicionando agressivamente em relação ao futuro. "A China se encontra hoje na posição em que nos encontrávamos no início da década de 1960, e eles nos enxergam como o alvo do grande *Sputnik*. Eles estão muito ávidos e não preocupados com a recuperação econômica imediata do capital", afirma Eric Haseltine. Para manter o crescimento econômico, precisamos reforçar nossos pontos fortes exclusivos e nos concentrarmos onde temos capacidade de sobressair e agregar maior valor. Nunca seremos um provedor de baixo custo, mas podemos ser pioneiros em inovação. Nossa força se encontra em nossa capacidade de trabalhar em todas as comunidades do EI — descobrindo, desenvolvendo e aplicando novas ideias, produtos, serviços e modelos de negócio. Nenhum outro país pode oferecer o tipo de apoio infraestrutural à inovação que temos capacidade de oferecer — dos capitalistas de risco e das leis de falência que possibilitam que se recomece após um insucesso ao nosso sistema de ensino superior.

Contudo, o recurso mais importante que temos a oferecer é nossa liberdade. "Superamos consideravelmente os demais países do mundo em inovação porque temos liberdade para isso", diz Scott Cook, da Intuit. "As pessoas conseguem alcançar seu potencial criativo e não são reprimidas." Ao procurarmos estabelecer um plano ou melhorar a educação, devemos reconhecer esses pontos fortes exclusivos e não nos precipitarmos a meramente imitar o que outros países estão fazendo. Os sistemas educacionais que funcionam em uma sociedade mais estruturada podem reprimir a criatividade e a liberdade cognitiva que produziram décadas de inovação dentro de nosso país.

Para recuperarmos o EI dos EUA, precisamos pensar além do trimestre ou do ciclo de eleições seguinte. Precisamos nos concentrar mais em extrair novos conhecimentos e informações da comunidade de pesquisa. Precisamos recuperar nosso apetite pelo risco na comunidade de desenvolvimento, a fim de traduzirmos esse novo conhecimento em produtos e serviços úteis. E precisamos de pessoas na comunidade de aplicação — indivíduos, profissionais, médicos e educadores, bem como funcionários do governo e corporativos — que tenham conhecimentos suficientes sobre ciência e tecnologia para conseguir aplicá-las. Isso só será possível se realinharmos os fatores ambientais que apoiam a inovação e exigirá mudanças na liderança da nação, a avaliação de uma série de políticas e um grande reinvestimento em pesquisa. Precisamos estar solidamente comprometidos em elevar a alfabetização científica e tecnológica de todas as crianças do país.

Todos nós precisamos pensar como inovadores — para identificar nossas necessidades reais, formular as perguntas certas, experimentar coisas, avaliar e adaptar. Tal como todos os inovadores, não devemos permitir que o fracasso nos amedronte. Os princípios fundamentais da inovação — questionamento, disposição ao risco, abertura, paciência e confiança — devem nos servir como norteadores.

NÃO SOMOS INALCANÇÁVEIS

A concretização dessa missão exigirá um tipo de postura diferente daquela com a qual estávamos acostumados. Durante décadas, os EUA estiveram à frente do restante do mundo em inovação, mas não somos mais inalcançáveis. "Se somarmos a população da Índia, da China, da Coreia, da antiga União Soviética, da Rússia e dos países bálticos, teremos em torno de 2,5 bilhões de pessoas", afirma Hossein Eslambolchi, ex-diretor executivo de tecnologia da AT&T. "Se admitirmos que 10% dessas pessoas têm formação educacional destacada, isso significa 250 milhões de pessoas — duas vezes a força de trabalho dos EUA, do ponto de vista da inovação." Por muito tempo, nosso país ditou a pauta, e não estávamos acostumados a dividir os holofotes. Esses dias já se foram.

Do mesmo modo que o sucesso de toda organização depende da prosperidade do ecossistema nacional, os EUA fazem parte de um EI global. Excelentes novas ideias trafegam ao redor do mundo à velocidade da luz. O simples fato de uma descoberta ter ocorrido dentro dos EUA não quer dizer que seremos seus únicos beneficiários. Visto que outras nações estão crescendo em potência, a interdição norte-americana a uma determinada área de pesquisa não impedirá que ela avance; apenas garantirá que essa pesquisa ocorra em outro lugar.

A visão de soma zero — que pressupõe que o progresso do restante do mundo significa prejuízo para nós — cria um *fait accompli* (fato consumado), desencadeando mais barreiras e reprimindo as possibilidades. No final, todos nós perdemos. A resposta é desobstruir, criando redes de talentos que transcendam fronteiras internacionais. Diferentemente do poder militar, a solidez econômica não é uma disputa nem uma corrida. "O crescimento nos demais países do mundo é bom para nós também", afirma Paul Romer, um proeminente economista. Não podemos mais nos permitir pensar nos termos **"nós *versus* eles"**, pois isso gera um enfoque na concorrência de curto prazo, e não no progresso de longo prazo. A meta final é crescer e tornar o futuro melhor do que o passado, para que possamos pensar em outros termos — nós **e** eles —, possibilitando que os benefícios da inovação se difundam pelo mundo inteiro.

Como empreendedora, aprendi desde cedo que, para ser pioneiro, não é necessário ser o maior, mas ser mais competente e mais ágil e saber alavancar e potencializar os recursos ao nosso redor. Devemos estar preparados para disputar talentos e investimentos com outros países, compreendendo, ao mesmo tempo, que eles são também nossos aliados. Precisamos aprender a colaborar e a nos relacionarmos bem com os outros. Para isso, será necessário um estilo de liderança mais inclusivo e interativo do que o estilo que tivemos nos últimos anos e deveremos nos sentir mais fortes e mais seguros. Muitas vezes parece mais fácil ser intimidador do que facilitador.

É essencial estarmos abertos à colaboração, não apenas no âmbito da ciência, mas também no estabelecimento de políticas. Empresas, organizações sem fins lucrativos, assembleias legislativas estaduais, partidos políticos e países devem se comunicar e ouvir uns aos outros. Muitos dos problemas fundamentais que hoje enfrentamos estão cada vez mais complexos e globais por natureza. Ao aprendermos a trabalhar juntos novamente enquanto país, poderemos extrair ensinamentos do setor industrial.

A FedEx oferece serviços de entrega expressa por via terrestre e aérea, cada um com exigências organizacionais próprias, mas a empresa não permite que isso obstrua sua capacidade de usar em conjunto os pontos fortes de cada uma de suas linhas de negócios para concorrer como uma única empresa. A estratégia da FedEx de **"concorrer coletivamente, atuar independentemente e gerenciar colaborativamente"** poderia ser aplicada aos EUA como um todo. Em áreas tão fundamentais quanto a educação, os Estados precisarão colaborar entre si, para que possamos inovar e concorrer coletivamente enquanto nação.

Precisamos aprender a dar e receber, compartilhar informações e aproveitar o conhecimento e a experiência dos outros. "Se não começarmos a nos perguntar de que forma podemos construir pontes ou de que modo podemos construir uma estrutura que permita o diálogo", afirma Vint Cerf, da Google, "vamos descobrir que pessoas com modelos de mundo completamente distintos serão incapazes de compreender umas as outras e que as tensões também não serão bem resolvidas, o que pode dar lugar a alguns problemas bem sérios."

Um diretor executivo que esteve em Washington para testemunhar a favor de um sistema "limitar e negociar" foi pessoalmente indagado por um membro do Congresso sobre se acreditava que a decisão do país de seguir o Protocolo de Kyoto para restringir as emissões de dióxido de carbono prejudicaria seus lucros. A resposta desse diretor foi: "Meu senhor, minha empresa opera em 58 países e, em 56 deles, temos de obedecer ao Protocolo de Kyoto." O crescimento das corporações norte-americanas depende progressivamente do restante do mundo, e elas estão começando a analisar de que modo podem atuar melhor como cidadãs globais gerando igualmente benefícios econômicos.

UM VÁCUO NA LIDERANÇA

A prosperidade do EI depende de uma liderança com visão e de um ambiente de transparência e confiança. Em vez disso, o país está sendo conduzido pelo medo, por ideologia religiosa e políticas partidárias. Mesmo aqueles que entram para o serviço público com as melhores das intenções enfrentam dificuldade para produzir algum efeito importante.

Nosso imperativo nacional tornou-se a **guerra ao terrorismo**, uma obstinação que deu lugar à invasão de privacidade, a restrições governamentais à imigração e a gastos bélicos de bilhões de dólares. Quando o medo torna-se a força motriz em uma sociedade, as pessoas param de fazer perguntas, quando na verdade deveriam procurar no mundo ao seu redor percepções e possibilidades colaborativas. Quando paramos de perguntar, encarceramos o pensamento. A inovação prolífica das décadas de 1970 e 1980 partiu de pessoas formadas na década de 1960 — um momento em que se questionava assiduamente a autoridade.

Devemos romper esse ciclo e mobilizar a nação estimulando o **"empoderamento"**, e não a **impotência**. Há uma tendência a reações muito emocionais e exageradas em nome da segurança nacional, mas devemos ter extremo cuidado quanto a decisões a respeito do momento de negar e "confidencializar" uma informação. O poder da informação é ampliado quando é compartilhada e cria um efeito ou externalidade de rede. A inovação é proporcional ao grau de colaboração e compartilhamento.

A Carta de Direitos (*Bill of Rights*) inicia-se com a separação de Igreja e Estado: "O Congresso não legislará no sentido de estabelecer uma religião ou proibir o livre exercício dos cultos." Porém, forças fundamentalistas com demasiada influência sobre a liderança da nação estão ameaçando nossa primeira liberdade. Embora a religião não precise estar em desacordo e conflito com a ciência, a doutrina religiosa com frequência está. Einstein asseverou que "a experiência religiosa cósmica é a motivação mais intensa e grandiosa da pesquisa científica". Ele rejeitou as doutrinas das religiões teístas ao mesmo tempo em que disse que a **ciência sem religião é manca e a religião sem a ciência é cega**.

As decisões com respeito a financiar ou confinar a investigação científica ou o currículo escolar não devem ser governadas por ideologias religiosas. Áreas cruciais da ciência, como a pesquisa de células-tronco, são usadas como disputas partidárias, em vez de edificadas ao patamar em que possam salvar milhares de vidas anualmente. A ciência não pertence à esquerda nem à direita, mas o sequestro do plano de ação em ciência como um mecanismo político produziu um efeito aterrador em todo o EI. "Somos uma sociedade religiosa e, para muitas pessoas de fé, a ciência passou a ser usada como uma congregação, de modo que seu interesse em apoiar grande parte da ciência básica é pequeno", afirma Reed Hastings, da Netflix.

Nossa primeira liberdade abre espaço para uma multiplicidade de crenças que são o tecido de nossa nação. "A separação entre Igreja e Estado nos ajuda a criar uma sociedade aberta com o melhor que o mundo tem a oferecer", afirma Scott Cook, fundador da Intuit.

Nosso país tem-se polarizado cada vez mais. É difícil esperar que o mundo confie em nós quando nós mesmos não parecemos capazes de colaborar dentro dos limites de nossas próprias fronteiras. "Washington é o maior partidário que já vi", diz Norm Augustine, que foi secretário assistente do Exército em P&D, no início da década de 1970. "Vou e volto para lá desde 1965, e tem havido uma percepção crescente de que as ações políticas são um jogo de soma zero. Há rancor, amargor e falta de cordialidade por trás do que se pode enxergar, e isso é trágico." Muitos políticos estão cientes dos problemas que enfrentamos, como a necessidade de modernizar nosso sistema educacional, solucionar os problemas de dependência de energia, melhorar o sistema de saúde e reacender a inovação. Durante anos, o debate partidário sobre a existência de aquecimento global teve precedência sobre as iniciativas que começariam a enfrentar o problema propriamente dito. São problemas difíceis e de longo prazo que não conquistam o apoio imediato do eleitor. "O problema político local sobrepuja o interesse nacional", diz Fred Smith, diretor executivo da FedEx. "Esse é um ambiente extremamente desfavorável para inovar", complementa Smith.

A legislação que afetará as gerações futuras não deve se fundamentar nas últimas pesquisas de opinião. Do mesmo modo que os clientes em geral não sabem quais serão suas necessidades no futuro, as pessoas nem sempre conseguem enxergar além de suas necessidades e desejos atuais para identificar o que é correto a longo prazo para o país ou para o planeta. Muitas pessoas, além de despreparadas para pensar sobre ciência e tecnologia, não se dão conta de sua importância para a vida cotidiana. É por esse motivo que precisamos de empresários dispostos a procurar a assistência de especialistas e a se dar o devido tempo para compreender e pensar a respeito do impacto de suas decisões. Isso talvez pareça irrealizável no ambiente polarizado em que vivemos hoje, mas o Congresso, na qualidade de conselho de administração nacional, precisa se lembrar de que sua responsabilidade primordial é para com as perspectivas de longo prazo do país.

O papel dos dirigentes de uma nação é fomentar um ambiente adequado à inovação, valendo-se para isso de estímulos, financiamentos e planos de ações. Nosso déficit nacional está incontrolável, mas uma quantia descomedida dos recursos financeiros federais é gasta ineficazmente, ao se devotar a áreas de menor importância — ou à guerra. Com avaliações legítimas e coragem, podemos encontrar os recursos a serem investidos em nosso futuro. As mudanças culturais que nos são indispensáveis não podem ser decretadas nem impostas por uma burocracia coercitiva; elas devem ser cultivadas e ter liberdade para florescer. A liderança pode prover a centelha, mas uma mudança dessa magnitude requer a arregimentação de pessoas e empresas de todo o país. "É indispensável que as pessoas aceitem a ideia do quanto a ciência e tecnologia podem melhorar sua qualidade de vida", afirma Richard Zare, professor de química da Universidade de Stanford.

Precisamos diminuir nossa dependência de petróleo, por motivos econômicos e igualmente estratégicos, e encontrar fontes de energia alternativa que sejam limpas, expansíveis e financeiramente acessíveis. Ao lado de nossos parceiros globais, precisamos manter a saúde do ecossistema de nosso planeta, revertendo a maré de mudanças climáticas e protegendo os recursos escassos, sem comprometer o progresso tecnológico e econômico. Custos ascendentes e mudanças demográficas em idade e distribuição de riqueza exigem novos modelos para criar um sistema de saúde acessível e de alta qualidade e torná-lo mais amplamente disponível, sem com isso restringir avanços na medicina. Devemos proteger nosso país contra aqueles que nos desejam mal, trabalhando ao mesmo tempo não apenas para tratar o sintoma, mas a própria doença — uma aversão crescente pelos EUA e por aquilo que defendemos e representamos.

Todos esses desafios devem ser um despertar equivalente ao lançamento do *Sputnik* pela União Soviética em 1957 e cada um deles merece um esforço heroico — uma "missão lunar" exclusiva. Arregimentar o espírito empreendedor da nação em torno desses desafios nos permitirá explorar as melhores mentes na ciência e tecnologia. Cada uma dessas missões lunares exigirá contínuas descobertas da comunidade de pesquisa, novos produtos da comunidade de desenvolvimento e mudança comportamental da comunidade de aplicação. Precisaremos de mudanças incrementais e igualmente de soluções disruptivas de longo prazo.

SERÁ QUE ALGUÉM EM WASHINGTON ESTÁ OUVINDO?

Todas as áreas do plano de ação federal precisam ser reavaliadas à luz de seus impactos sobre a inovação. O financiamento de pesquisa, o sistema de educação K12,[1] os incentivos fiscais, a imigração e as diretrizes da FDA e do Escritório de Patentes e Marcas Comerciais — até mesmo as filosofias de pesquisa e de administração do diretor da Agência de Pro-

---

1 K12 (*kindergarten through twelfth grade*): do jardim de infância à décima segunda série. (N. da T.)

jetos de Pesquisa Avançada em Defesa (Darpa) —, tudo isso faz enorme diferença. As decisões acerca de políticas científicas, ambientais e de saúde devem se fundamentar nos melhores dados em vigor, e não em dados que surgem para apoiar as políticas do governo prevalecente. "É assustador pensar que decisões tão vultosas, de importância nacional e global, estejam sendo tomadas sem uma adequada reflexão sobre a ciência e tecnologia básica", diz Vint Cerf.

Atualmente, oito entre os nove melhores dirigentes chineses são engenheiros e o nono é geólogo. Contraponha isso com o nosso Legislativo: menos de 5% dos membros do Congresso classificam sua profissão em áreas como medicina, ciência ou engenharia, ao passo que 40% estão na área de direito. Não podemos esperar que todas as autoridades eleitas sejam cientistas ou engenheiros, mas é possível exigir que respeitem e valorizem a boa ciência como um sólido alicerce para um plano de ação nacional. Devemos esperar que utilizem o conhecimento mais avançado à sua disposição ao tomarem decisões na qualidade de guardiões de nosso futuro. A ciência não deveria ser barganhada pelas considerações políticas do período eleitoral. "Precisamos trazer de volta para o governo um sistema que sabe que a ciência é capaz de ajudar as pessoas e que a utilize para ajudar a fundamentar as decisões sobre os planos de ação", afirma Susan Wood, ex-diretora do Departamento de Saúde da Mulher, da FDA, "em vez de um sistema que considera os cientistas um grupo de pressão política que pode ou não ser ouvido, dependendo do dia."

Existem diversas organizações para fornecer informações científicas ao Congresso e o poder Executivo; elas foram criadas para apoiar decisões orçamentárias e ajudá-los a compreender as implicações legislativas. O presidente tem um conselheiro científico, à frente do Escritório de Ciência e Tecnologia, que supervisiona os comitês de especialistas externos, incluindo o Comitê de Conselheiros sobre Ciência e Tecnologia do Presidente (President's Council of Advisors on Science and Technology — PCAST). Contudo, o conselheiro precisa de fato um lugar à mesa, e não ficar lá apenas para fazer vitrina. O PCAST deve ser integrado por pessoas com experiências, perspectivas e conhecimentos científicos diversificados, independentemente das agendas políticas. "Nos últimos anos, o conselheiro científico do presidente foi progressivamente distanciado de sua função ministerial e tornou-se um técnico — uma pessoa que se procura para obter uma resposta", afirma Robert Spinrad. Por que o conselheiro científico não deveria ter a função de discutir os negócios da nação, tal como o secretário de Estado ou o secretário do Tesouro?

Os comitês especiais são o principal mecanismo pelos quais os órgãos governamentais obtêm informações da comunidade científica. De acordo com a Lei sobre o Comitê Federal de Aconselhamento (Federal Advisory Committee Act), esses grupos devem representar um equilíbrio de pontos de vista e não podem ser influenciados indevidamente por nenhum interesse especial. Nos últimos oito anos, em áreas que se estendem da política ambiental à saúde reprodutiva, essas regras parecem ter sido esquecidas. A interpretação seletiva de dados para apoiar cargos políticos não é uma novidade, mas Susan Wood observa: "Há um consenso bastante difundido de que houve uma mudança radical na maneira como isso ocorreu. Há diferenças tanto de escala quanto de tipo, ocorre mais do que se imagina e é bem mais descarado."

Quando Richard Carmona demitiu-se do cargo de chefe da Saúde Pública em 2006, testemunhou ante o Congresso que seu trabalho havia sofrido interferências sistemáticas do Poder Executivo e de seus nomeados, dizendo: "Tudo o que não se enquadra no projeto ideológico, teológico ou político dos nomeados políticos é ignorado, marginalizado ou simplesmente sepultado [...]. O problema dessa conduta é que na saúde pública, como o é em uma democracia, não há nada pior do que ignorar a ciência ou marginalizar a voz da ciência por motivos orientados por ventos políticos inconstantes."

As consequências para os órgãos governamentais, da Nasa e Fema à EPA[2] e FDA, foram devastadoras. Esses órgãos existem para que o resto da sociedade possa fazer as coisas normalmente, com a confiança de que haverá segurança e medicamentos eficazes no mercado e assistência do governo federal em momentos de crise. Quando os alicerces de nossa sociedade começam a trincar porque as competências científicas e tecnológicas foram desviadas para agradar um determinado eleitorado político, não podemos mais confiar nas áreas governamentais que asseguram nossa qualidade de vida.

---

2 Fema (Federal Emergency Management Agency): Agência Federal de Gerenciamento de Emergências; EPA (Environmental Protection Agency): Agência de Proteção Ambiental. (N. da T.)

UMA NOVA MENTALIDADE

Esses problemas são tão graves que mudanças incrementais não são mais suficientes. Tendo em vista a formação e o enfoque de nossos líderes políticos e a importância e complexidade crescentes de um plano de ação em ciência, precisamos de um novo olhar. Uma das condutas poderia ser remover totalmente do processo político o principal plano de ação em ciência, como distribuição de financiamentos ou mesmo o plano de ação para a saúde pública.

O complexo processo decisório necessário ao estabelecimento de taxas de juros de curto prazo é delegado a uma instituição independente, denominada Sistema da Reserva Federal (Federal Reserve System). A Casa Branca e o Congresso não estão envolvidos na política monetária, porque absorvem todo o seu tempo respondendo a pressões políticas imediatas. Por isso, lhes sobram poucas oportunidades para pensar sobre o futuro. "Criamos essa instituição elitista e esse processo decisório por delegação, nessa área extremamente crucial, para isso", afirma o economista Paul Romer. "O Fed examina essas questões de uma maneira muito ampla e sistemática, coisa que não ocorre no plano de ciência e tecnologia." Devemos pensar na possibilidade de instituir uma organização, análoga ao Fed (banco central dos EUA), com autoridade para fazer avançar o plano de ação de ciência e tecnologia em benefício da inovação sustentável. Poderíamos concebê-la com base em um órgão que já existe — as Academias Nacionais.

Abraham Lincoln fundou a Academia Nacional de Ciências (National Academy of Sciences — NAS) em 1863 para "investigar, examinar, experimentar e explicar qualquer tema da ciência ou das humanidades" em nome do governo. A NAS e a Academia Nacional de Engenharia, o Instituto de Medicina e o Conselho Nacional de Pesquisa (National Research Council — NRC) são chamados coletivamente de Academias Nacionais. Essa instituição atende ao governo na forma de um prestigioso painel de especialistas independentes com objetividade apartidária e potencializa o conhecimento em todos os cantos do país, contando com cientistas que se oferecem voluntariamente para atuar em seu tempo livre.

Os membros das Academias Nacionais tomam o devido cuidado para não ultrapassar as fronteiras entre ciência e amparo, defesa e suporte. Eles têm um grau de credibilidade difícil de manter em Washington. Porém, essa firmeza significa também uma perda para a nação, porque não estamos aproveitando ao máximo os recursos que essa conceituada organização poderia oferecer. As Academias Nacionais respondem principalmente ao Executivo, ao Congresso ou a órgãos que estão motivados a financiar pesquisas. "É uma instituição independente no sentido de que é privada e pode escolher um assunto para tecer críticas e dizer coisas impopulares", afirma Dave Clark, do MIT. "Entretanto, nossa organização não conta com alocação orçamentária do governo federal. Portanto, ela só pesquisa um determinado tema se alguém pagar por isso", complementa Clark.

Se houver mudanças em seu estatuto social e mecanismos de financiamento, o NRC das Academias Nacionais poderia desempenhar uma função mais abrangente no estabelecimento de planos de ação e alocação de financiamentos. Para isso, os membros do NRC teriam de ser suficientemente diversos, em conhecimento e idade, para cumprir esse grau mais elevado de responsabilidade, e deveria haver um mecanismo para incluir as informações provenientes de todas as três comunidades do EI nas discussões científicas. Além disso, teríamos de firmar um compromisso de longo prazo para disponibilizar um patamar de financiamento ao NRC para que ele possa alocá-lo a áreas como a pesquisa ou a educação. Oferecendo independência genuína, liderança de longo prazo e financiamento sustentável, podemos eliminar pressões políticas imediatas sobre decisões cruciais que influenciam nosso futuro.

No esforço para conseguir soluções disruptivas duradouras para os problemas que enfrentamos, precisamos também de mudanças incrementais imediatas. No mínimo, as Academias Nacionais deveriam receber recursos mais discricionários do governo ou maior apoio industrial e filantrópico, para que possa ser mais agressiva no sentido de recolocar a ciência no topo da agenda nacional. Sendo mais proativa, poderia identificar áreas de interesse e estar preparada para dar assistência oportunamente. Em vez de aguardar pelas ordens do Executivo ou de outros órgãos para seguir adiante, essa instituição poderia investigar assuntos que seus membros consideram importantes — ou que em breve tendam a ser importantes. "Na verdade, precisaríamos funcionar mais como um radar de alerta precoce", afirma Charles Vest, presidente da Academia Nacional de Engenharia. "Não deveríamos ter de ficar esperando alguém nos pedir para pesquisar", diz ele. Até lá, o problema que está sendo examinado talvez já não possa mais ser controlado.

"Nosso sistema funciona melhor do que o de qualquer outro país de que tenho notícia", afirma Robert Spinrad, "mas não é bom o bastante para fazer com que o governo compreenda que a ciência deve ter respaldo como parte do alicerce cultural de uma sociedade. Não é possível remendá-la. Ela precisa ser amplamente redefinida no alto escalão." Nossos **dirigentes** e **legisladores** precisam ter mente aberta e ficar de ouvidos atentos para pedir informações a especialistas e saber de que modo o governo pode acelerar o ritmo da inovação e, ao mesmo tempo, permitir que a inovação o transforme. Cargos fundamentais — como o diretor da Fundação Nacional da Ciência (NSF), o chefe da Darpa e o secretário de Energia — devem ser preenchidos por pessoas que valorizam a ciência, a tecnologia e a visão de longo prazo, independentemente dos programas partidários. Mais importante do que isso, as decisões programáticas devem avaliar se estimulam ou desestimulam os princípios fundamentais da inovação.

POLÍTICAS RELACIONADAS A PESSOAS

É essencial que as comunidades do EI tenham possibilidade de recorrer a um banco diversificado de mentes científicas — pessoas com formação em matemática ou ciências que optem pelo ensino, por criar uma empresa ou pelo direito, bem como cientistas e engenheiros praticantes de todos os tipos. Algumas são brilhantes, outras têm maior aptidão e interesse pela ciência e tecnologia e algumas são mais criativas do que outras. Precisamos ser competentes para atrair e reter os melhores talentos.

A multiplicidade é uma das grandes vantagens de nossa nação. Desde seus primórdios, os EUA se beneficiaram da transferência maciça de propriedade intelectual para o país, graças à imigração. Das empresas de capital aberto financiadas por capital de risco que foram criadas nos últimos 15 anos, uma em cada quatro foi fundada por pessoas que vieram para cá de outra parte do mundo. Hoje, essas empresas empregam em torno de 220 mil pessoas nos EUA. "Somos um país de imigrantes", diz o professor Richard Zare. "Foi fácil entrar em pânico depois do 11 de setembro de 2001 e concluir que permitir a entrada de estrangeiros no país era equivalente a admitir possíveis terroristas; porém, para nosso prejuízo, exageramos consideravelmente na dose", ressalta Zare.

Queremos atrair os mais competentes e talentosos para que venham para cá estudar e, depois, que optem por seguir, nos EUA, carreiras atraentes no mundo acadêmico ou empresarial. "É muito assustador sairmos do país, deixarmos nossa língua e todos aqueles que conhecemos. Não fazemos isso se formos indolentes", afirma Scott Cook, da Intuit. "Só nos dispomos a fazer isso se formos de fato dinâmicos e empreendedores, e na maioria dos casos nos beneficiamos pra dedéu." Independentemente de as pessoas optarem por permanecer no país e construir uma nova vida, o crescente envolvimento global com a ciência e tecnologia, por meio da imigração, tem sido um fator positivo para a nossa economia e nossa reputação no mundo. Todo estudante que vem de outro país e de outra cultura aumenta a concórdia e, com uma concórdia maior, talvez haja maior esperança de paz.

Tendo em vista as crescentes exigências internas, não há norte-americanos talentosos suficientes para atender à demanda. Enquanto em nosso país erguem-se barreiras à entrada, em outros países as oportunidades aumentam. "A necessidade de vir morar nos EUA está em baixa", diz Michael Moritz, da Sequoia Capital. "O estímulo para vir para os EUA está diminuindo porque, no caso de um jovem ambicioso e ousado nascido em Nova Délhi, por exemplo, as oportunidades estão cada vez mais no quintal do país dele", reforça Moritz.

É difícil atrair estudantes porque eles não contam com a certeza de que conseguirão visto para trabalhar aqui. As políticas de imigração impuseram um teto arbitrário com relação ao número anual de trabalhadores do conhecimento com permissão de permanência. O número de vistos H1B[3] é tão restrito que em 2006 a quantidade máxima de 65 mil vistos foi atingida antes mesmo que o ano começasse. "Não é mais possível trazer indivíduos competentes para dentro do país. Portanto, somos obrigados a mantê-los praticamente como refugiados fora do país", afirma Eric Schmidt, diretor executivo da Google. Mais incerteza foi criada pelo departamento de Defesa ao enfatizar projetos de financiamento para os quais os estudantes internacionais são inelegíveis porque não são cidadãos norte-americanos. A negação de vistos temporários para acadêmicos e pesquisadores visitantes em nome da segu-

---

3 Visto de permissão de trabalho requerido para profissionais com bacharelado ou algo equivalente em termos de experiência. (N. da T.)

rança restringiu a colaboração e o fluxo de ideias e fez com que encontros científicos importantes tivessem de ser realizados fora do país. "O país se tornou bem menos hospitaleiro para com as classes intelectuais do mundo inteiro", diz Jeremiah Ostriker, astrofísico da Universidade de Princeton.

Há alguns anos, em uma reunião de diretoria da FedEx em Xangai, na hora do jantar sentei-me ao lado de um cliente que havia nascido na China, estudado nos EUA e, depois, permanecido aqui por dez anos para trabalhar. Ele havia optado pelo vale do Silício porque naquele momento era lá que se encontrava a efervescência, mas hoje mora na China porque acredita que a efervescência esteja lá. "Costumávamos importar talentos; hoje, exportamos trabalhos", diz Hossein Eslambolchi. Quanto mais exportarmos trabalhos, menos atraente ficará o nosso país à imigração de futuros inovadores. Precisamos interromper esse ciclo.

As empresas podem optar por perseguir um talento, mas as universidades, que compõem grande parte da comunidade de pesquisa, não têm a mesma flexibilidade. "Mais de 50% dos meus alunos são habitantes permanentes ou cidadãos dos EUA porque a NSF pressionou muito para que os centros financiassem estudantes norte-americanos, mas não estou vendo o mesmo número de alunos que costumava ver antes", diz minha irmã Deborah Estrin, professora de ciência da computação da Universidade da Califórnia-Los Angeles. É bom que a NSF esteja estimulando o desenvolvimento de talentos norte-americanos, mas levará pelo menos uma geração para restabelecermos nosso banco de talentos, assim que começarmos a lidar com os problemas educacionais e culturais que estão diminuindo a disponibilidade de cientistas.

No caso das universidades e empresas de base científica, a imigração é uma área em que o governo pode ter uma influência positiva imediata. "O problema continua sendo conjecturado como se as empresas quisessem absorver cientistas e engenheiros estrangeiros porque podem pagar um salário menor, e isso é simplesmente ridículo", afirma Steve Goldby, presidente da Symyx. Não se trata de prejudicar os cientistas norte-americanos; trata-se de contratar os mais competentes.

A resposta é estimular assiduamente a imigração concedendo vistos e estabilidade a profissionais extremamente qualificados e, ao mesmo tempo, criar um equilíbrio adequado entre funcionários nativos e estrangeiros. "Devemos melhorar nossa eficiência energética, mas não podemos cortar a importação de petróleo, e estamos do mesmo modo atirando nos próprios pés por não acolher favoravelmente talentos estrangeiros", diz Deborah Estrin. "É uma arrogância inacreditável e simplesmente enganoso pensar que não há outro lugar para onde essas pessoas possam ir", complementa a profa. Estrin. Esse é um problema relativamente fácil de resolver. Precisamos aumentar consideravelmente ou eliminar o teto de trabalhadores do conhecimento que são vetados e pelos quais existe demanda. Porém, por motivos políticos, o problema da concessão de visto H1B foi juntado na reforma da imigração ilegal. São problemas bastante diferentes e devem ser abordados distintamente.

CONSEQUÊNCIAS INTENCIONAIS E NÃO INTENCIONAIS

As leis, regulamentações e concessões de recursos cujo objetivo é influenciar positivamente o comportamento organizacional com frequência produzem consequências não intencionais. O excesso de regulamentação e de litígios está à solta, e isso desestimula as empresas a assumir riscos, ainda que calculados.

"Houve pontos nevrálgicos nos EUA que ocasionaram essa reação instintiva com relação a regulamentar", afirma Laura Ipsen, vice-presidenta executiva de política global e assuntos governamentais da Cisco. "Se perguntarmos hoje a praticamente qualquer formulador de políticas em Washington se nos excedemos em relação à Sarbanes-Oxley e diminuímos o passo da inovação, eles responderão que sim", diz Laura Ipsen. Ao avaliarmos normas como a SOX, precisamos analisá-las à luz de suas consequências sobre a inovação. Precisamos de diretrizes que estimulem o risco e a paciência, não de regras que impõem mensurações em nome da prestação de contas, mas às custas da abertura e do compartilhamento. A formulação de políticas deve também refletir as amplas mudanças em andamento no momento na sociedade, como a crescente importância das empresas de menor porte, da Internet e da medicina personalizada.

O financiamento federal à educação e P&D é que exerce o impacto mais direto sobre o EI. A política fiscal e os subsídios diretos podem influir na inovação ao estimular investimentos que podem ajudar a enraizar novas ideias, mas eles podem de igual modo simplesmente reforçar o *status quo*, se não forem aplicados com o devido cuidado.

Oferecer incentivos ao investimento, como o crédito fiscal à P&D corporativa ou o imposto sobre ganhos de capital, incitam ao risco e à paciência. Contudo, os incentivos temporários não são eficazes para influenciar comportamentos de longo prazo. Os executivos responsáveis por decidir em que lugar devem estabelecer projetos de P&D prolongados precisam saber ponderar sobre o impacto fiscal. Em dezembro de 2006, o presidente Bush assinou uma lei de fortalecimento do crédito fiscal, estendendo-o a 31 de dezembro de 2007 — a trigésima vez em sua história de 25 anos que recebia uma extensão temporária. O crédito fiscal é fundamental para incentivar as empresas a estabelecer centros de P&D nos EUA. Portanto, deveria ser permanente. Contudo, o crédito talvez não seja suficiente para compensar a quantidade de benefícios atualmente oferecidos por governos estrangeiros a corporações e indivíduos. Um relatório de 2004 do PCAST, sobre concorrência, menciona que um importante fabricante de semicondutores norte-americano encontrou um diferencial fiscal efetivo de 1,3 bilhão de dólares oferecido por um país asiático sobre um investimento total de 3 bilhões de dólares em uma nova instalação de grande importância.

Nem todos os incentivos para manter a área de P&D em pé nos EUA ser fiscais. Um dos fatores mais significativos que se deve levar em conta na decisão sobre o local em que se deve estabelecer o centro de P&D é a existência de uma sólida comunidade científica e base de talentos. Visto que as empresas foram pressionadas a gastar menos em pesquisa, a área de P&D tem mais D do que P. Devemos conceder às empresas mais incentivos para que invistam em pesquisas verdadeiras, tanto diretamente quanto por meio de contribuições a universidades. "Podemos assumir que essas empresas não têm recursos para fazer pesquisa — caso em que de fato não têm — ou então tentar estimulá-las a isso", diz o capitalista de risco Michael Sheridan.

O imposto sobre ganhos de capital de longo prazo é de certo modo uma designação incorreta, na medida em que estimula a manutenção de investimentos por apenas um ano. Se tivéssemos um imposto graduado sobre ganhos de capital que oferecesse benefícios incrementais àqueles que mantêm suas ações por um tempo maior, poderíamos encorajar as pessoas a se tornar investidores de longo prazo, no sentido estrito da palavra, que pensam em termos de anos, e não de meses. "Faria o que estivesse ao meu alcance para estimular as pessoas a ter uma perspectiva de seis a dez anos em relação às coisas", diz o investidor Kevin Compton. O imposto sobre ganhos de capital está para ser revisto em 2009 e deveria ser estendido e ampliado para incentivar a assunção estratégica de riscos e a participação acionária de longo prazo.

O sistema de patentes do país foi criado para promover o progresso e proteger a propriedade intelectual dos inventores, mas praticamente todo o mundo hoje concorda que precisa ser reformulado. A partir do final da década de 1990, o dinheiro gasto anualmente em litígios de patentes por empresas de capital aberto superou os lucros que elas obtiveram com as patentes que possuíam. Mudanças significativas no sistema existente deverão ser feitas para aliviar as tensões entre diferentes setores, bem como uma nova estirpe de *patent trolls* (violadores de patentes) que descobriram um filão comprando patentes especulativamente, em vez de usá-las para fomentar a inovação.

Os setores em que os custos iniciais em P&D são altos, como o de biotecnologia, dependem em grande medida do bom funcionamento do sistema de patentes. No setor de TI, o ciclo de vida dos produtos é tão curto que as patentes não oferecem outros benefícios além da proteção à propriedade intelectual. Consequentemente, algumas empresas importantes hoje consideram as patentes desfavoráveis aos negócios e estão procurando mudanças que possam dificultar a emissão de patentes amplas. "É um daqueles azares inacreditáveis que nunca vêm desacompanhados", diz Mark Chandler, consultor jurídico da Cisco. "As pessoas possuem patentes sem valor do ponto de vista comercial e as vendem barato para entidades que na verdade não têm nenhuma atividade inventiva que mereça proteção. Essas patentes são estão usadas em ações judiciais, que tiram proveito de regulamentos que criam indenizações por perdas de danos descomunais", afirma Chandler.

A porcentagem de novos empregos e inovações que provêm de empresas menores é crescente. Não obstante, com frequência não levamos em conta o encargo que depositamos sobre elas quando promulgamos normas e políticas. Na medida em que a reforma está em marcha, devemos garantir que os direitos e incentivos de empresas de pequeno e médio portes que não contam com o mesmo poder lobista das grandes sejam considerados.

PLANO DE MISSÃO LUNAR

O êxito de cada uma das quatro "missões lunares" que descrevi depende de financiamento e de um plano de ação para guiar mudanças de investimento e comportamentais em todas as três comunidades do EI.

Atualmente, o sistema de saúde norte-americano é caro e inacessível a várias pessoas. Os dispêndios médicos nos EUA praticamente triplicaram de 1990 a 2005, atingindo 2 trilhões de dólares, e estima-se que essa cifra dobrará novamente por volta de 2015. Esse gasto representa 16% do PIB da nação, comparado com aproximadamente 10% do PIB da Suíça, da Alemanha e do Canadá. Desde 2001, os prêmios de seguro-saúde pagos pelo empregador aumentaram em torno de 68%. Esses custos em ascensão sobrecarregam tanto os indivíduos quanto as empresas, e provocaram uma elevação alarmante no número de norte-americanos não segurados. Mais de **um** em **dez** cidadãos norte-americanos não tinha seguro-saúde em 2006, incluindo nove milhões de crianças com idade abaixo de 18 anos. Solucionar esses problemas, sem diminuir a marcha de importantes avanços na medicina, é um dos desafios políticos mais complexos que enfrentamos. "Os economistas da saúde dizem que as novas tecnologias são o que mais impulsionam os custos em medicina", diz Paul Yock, da Universidade de Stanford. "Acho que estamos caminhando para um arrefecimento na inovação", alerta Yock.

O setor de TI passou por um período peculiar de rápidos avanços, quando as empresas costumavam comprar tudo o que fosse novo. Algumas dessas tecnologias acabaram se revelando supérfluas e, no devido tempo, as empresas descobriram onde a TI de fato poderia melhorar a produtividade e onde era um desperdício. O ritmo acelerado das mudanças na medicina criou uma conjuntura semelhante. Porém, dado o complexo conjunto de organismos, empresas, organizações sem fins lucrativos e profissionais médicos que compõem o sistema de serviços de saúde do país, as decisões são na maioria das vezes motivadas por lucros e políticas, o que nos leva a reagir atenuadamente ou exageradamente. Precisamos de um sistema em que se deposite confiança nos profissionais médicos que conhecem a ciência e cada um de seus pacientes, e não de um sistema dirigido por administradores e indicadores.

Não foi a inovação em si que gerou essa ascensão nos custos; 7% de cada dólar gasto em saúde nos EUA corresponde a custos administrativos. Deveríamos igualmente examinar os custos indiretos e o excesso de regulamentação e de litígios como áreas em que podemos diminuir o encargo financeiro. A disponibilidade de informações médicas (corretas e incorretas) na Internet e a propaganda direta ao cidadão sobre esses avanços podem aumentar excessivamente a quantidade de testes e prescrições de medicamentos. O registro clínico computadorizado dos pacientes pode melhorar a experiência e a qualidade dos cuidados prestados aos pacientes e diminuir os custos a longo prazo, se forem implementados com segurança e de uma maneira funcional para os pacientes e os médicos autônomos, bem como para as grandes organizações. "O governo federal sem dúvida negligenciou sua responsabilidade e oportunidade de estabelecer qualquer tipo de estrutura para o desenvolvimento de registros médicos eletrônicos", afirma Abby Josephs, gerente de programas do Hospital Stanford. "O que temos é um número de diferentes organizações investindo, sem mentira nenhuma, bilhões de dólares em sistemas de TI incapazes de se comunicar um com o outro", ressalta Josephs.

A Lei de Portabilidade e Responsabilidade de Seguros de Saúde (Health Insurance Portability and Accountability Act — HIPAA) foi decretada em 1996 com o propósito de assegurar aos trabalhadores e respectivas famílias continuidade do seguro-saúde em momentos de mudança de emprego. Porém, as despesas adicionais com papelada e trabalho administrativo criadas para empresas, médicos, hospitais e pacientes eclipsaram os benefícios. "Chegamos a um ponto em que as pessoas estão se escondendo detrás da HIPAA como pretexto para não mudar", afirma Josephs. "Isso fez diminuir o compartilhamento de informações, inclusive com os próprios pacientes", complementa Josephs. Temos de ser mais cuidadosos e aplicar todos os princípios da inovação a esse problema intrincado, começando por reconhecer que há um conjunto diverso de necessidades que precisam ser atendidas. A saúde de nossos filhos e a economia estão em jogo.

A probabilidade de consequências desastrosas, ainda que não intencionadas, nas áreas da política energético-ambiental é enorme em virtude da pressão de determinados grupos de interesses especiais sobre os políticos. Usar a opinião pública a favor do etanol e pressionar para que se aumente o cultivo de milho pode ser uma demonstração de desejo de agir, mas o etanol talvez não seja a resposta certa para as nossas necessidades futuras de energia.

Precisamos incentivar mudanças comportamentais apropriadas na comunidade de aplicação para preservar a energia e usar menos combustível à base de petróleo. Devemos acelerar o desenvolvimento de mais produtos eficientes no consumo de energia, bem como fontes alternativas viáveis, como energia solar e eólica. Contudo, devemos também encontrar novas soluções a longo prazo, o que só é possível por meio de pesquisa e igualmente de paciência e de um comprometimento real com o futuro. Não obstante, hoje os gastos anuais do governo em P&D no setor de energia são significativamente menores do que os de 1979.

Ao reavaliarmos as políticas existentes e desenvolvermos novas, precisamos parar para refletir sobre as compensações e concessões que deveremos fazer se quisermos ter êxito em cada uma de nossas quatro missões lunares.

PESQUISA: FORTALECENDO AS RAÍZES

Nossa comunidade nacional de pesquisa está padecendo de omissão e desprezo. Suas contribuições aos produtos que usamos, os remédios que tomamos e a comida que comemos foram praticamente esquecidas. Os investimentos diminuíram e os horizontes se estreitaram à medida que as necessidades e a concorrência ganharam novas dimensões. Recentemente, os EUA foram classificados pela Organização para Cooperação e Desenvolvimento Econômico (OCDE) em vigésimo segundo lugar em relação à porcentagem do PIB investida em pesquisas não relacionadas à defesa. Pela primeira vez, o maior e mais potente acelerador de partículas do mundo — que permite que os cientistas transcendam as fronteiras da física e da cosmologia — foi construído na Suíça, e não nos EUA. Para reconstruir o alicerce de nosso futuro, precisamos investir mais e adaptarmos a alocação e as fontes de financiamento. Precisamos, de igual modo, de novos modelos de colaboração para aplicar os recursos da nação nas oportunidades que estão por vir.

Na cultura moderna, de recompensa imediata, tudo o que não é visto como estando conectado diretamente aos ganhos imediatos é considerado, na melhor das hipóteses e em grande medida, facultativo, quando não um desperdício inequívoco. Transformar uma descoberta decorrente de pesquisa em uma aplicação comercial pode levar décadas, e o prejuízo provocado pelo subinvestimento com frequência só se torna visível quando já é tarde demais.

Vannevar Bush distinguiu a **pesquisa básica** da **aplicada** para focalizar a atenção na necessidade de financiar a pesquisa pura na busca de conhecimentos. Há mais de 50 anos ele escreveu o seguinte: "A pesquisa básica é um processo de longo prazo — ela deixa de ser básica quando esperamos resultados imediatos." É muito fácil perceber por que a visão consagrada seria exigir pesquisas "úteis" (aplicadas) e não buscar conhecimentos que não consideram sua aplicabilidade prática imediata (básicos). Não podemos mais nos considerar essa opção em termos tão binários. Nosso vocabulário para descrever e financiar a pesquisa deve se ampliado para incluir o trabalho que é motivado pela busca de conhecimentos fundamentais, básicos, mas com possibilidade de aplicação. O falecido Donald Stokes, professor de política e assuntos governamentais na Universidade de Princeton, apelidou esse tipo de pesquisa básica inspirada pelo uso de "quadrante de Pasteur", porque muitas das descobertas dos microbiologistas franceses (incluindo o que hoje chamamos de pasteurização) conformaram-se nessa categoria. Se olharmos para trás, para as primeiras pesquisas financiadas pela Agência de Projetos Avançados de Pesquisa (Arpa) nas décadas de 1960 e 1970 — que deu forma ao nosso estilo de interagir atualmente com os computadores e a Internet —, elas se constituíam de pesquisa básica impulsionada por uma visão de possibilidade de uso. Todas as quatro missões lunares envolvem um conjunto de problemas que devem nortear tanto a pesquisa aplicada quando a pesquisa básica inspirada no uso.

Na pesquisa aplicada, a aplicação almejada visa a controlar e restringir o escopo do projeto. A pesquisa básica inspirada no uso é guiada por uma composição entre prático e teórico. As aplicações latentes que podem estar a cinco, dez ou trinta anos distantes oferecem um contexto global significativamente mais abrangente do que o da pesquisa aplicada. Investigar processamento de informações pelo cérebro, com o propósito de compreender de que modo as crianças aprendem, estudar os genes para descobrir como podemos tratar doenças neurodegenerativas, como o mal de Alzheimer ou o mal de Parkinson, e investigar fontes alternativas são todos exemplos de pesquisas que são conduzidas com uma apreciação sobre sua aplicabilidade. Quando há um contexto para uma provável aplicação, as pessoas percebem a necessidade e apoiam mais facilmente o tipo de pesquisa que se encaixa no quadrante de Pasteur. Porém, há também espaço para pesquisas básicas puramente exploratórias. Quando órgãos de financiamento, tanto governamentais quanto filantrópicos, fazem mais do que apoiar os cientistas para que gerenciem ativamente os projetos seguindo para tanto restrições rígidas ou resultados específicos, a possibilidade de haver pesquisas com finalidade aberta diminui consideravelmente. Nosso país precisa investir em pesquisas de amplo espectro.

A maioria dos financiamentos para pesquisas básicas deve provir do governo, pois esse trabalho é uma parte essencial da infraestrutura da sociedade que não produz benefícios diretos a nenhum grupo em específico. "Quando as pessoas nos dizem que não vale a pena fazer pesquisa, o que elas estão dizendo é que a taxa de retorno particular é muito baixa", diz o economista Paul Romer. "E isso com frequência é uma realidade — particularmente no caso de pesquisas extremamente abstratas, primárias e não dirigidas. Mas existe também a possibilidade de a taxa de retorno social proporcionada por essa pesquisa ser bastante alta", enfatiza Romer.

A compleição da pesquisa científica está evoluindo e tornando-se cada vez mais interdisciplinar, na medida me que problemas de complexidade crescente exigem contribuições de uma multiplicidade de campos. Um gastroenterologista e um pesquisador da tecnologia de satélite podem trabalhar em conjunto para desenvolver uma minúscula cápsula contendo uma câmara guiada por controle remoto, eliminando a necessidade de ferramentas diagnósticas mais difíceis de manusear. Muitas das grandes inovações disruptivas do futuro ocorrerão na interseção entre diversas disciplinas. Elas não estarão limitadas apenas às ciências, à engenharia e à medicina. Na verdade, incluirão também as ciências sociais, as artes e as humanidades.

As duas áreas mais promissoras da ciência estão relacionadas ao que é **ultrapequeno** — onde se encontram a biotecnologia, a TI e a nanotecnologia — e o **ultragrande**, como o estudo de sistemas de energia, o ambiente e a prestação de cuidados de saúde. Uma quantidade ainda maior de oportunidades existe no cruzamento dessas fronteiras. O desenvolvimento de biocombustíveis e produtos de base biológica são excelentes exemplos dos campos nos quais a nova ciência de pequena escala ajuda a solucionar grandes problemas. Visto que nos últimos anos a ciência tem se tornado cada vez mais especializada, o desafio é criar pontes entre as disciplinas. "A inovação ocorre em entrecruzamentos que não é possível nem mesmo prever", diz o capitalista de risco Yogen Dalal. Para que haja inovação sustentável, deve haver incentivo à colaboração entre especialistas em vários campos diferentes.

Iniciado há uma década, o Programa Bio-X Stanford foi o primeiro experimento da universidade em biociência interdisciplinar. Pesquisadores de vários departamentos trabalharam lado a lado em uma nova estrutura especificamente projetada para facilitar a colaboração. A universidade criou novas iniciativas para apoiar esse projeto, como um financiamento que oferece subvenções-sementes a equipes com pelo menos dois membros do corpo docente de departamentos da universidade que ainda não colaboraram. Para um determinado projeto, um físico fez parceria com um especialista em ouvido para obter mais informações sobre surdez. Eles desenvolveram um novo tipo de microscópio que permite que os médicos enxerguem mais nitidamente as células ciliadas do ouvido e, por conseguinte, ajustem implantes cocleares de acordo com as necessidades do paciente. O projeto está se ampliando, com financiamentos adicionais do setor empresarial e subvenção da Fundação Wallace H. Coulter. O financiamento federal para as pesquisas do Bio-X hoje é dez vezes o valor das subvenções iniciais dadas à universidade. A Stanford implementou essa mesma estratégia de financiamento-semente em suas demais iniciativas interdisciplinares.

PARA ONDE ESTÁ INDO TODO O DINHEIRO FEDERAL?

As despesas federais com pesquisa em ciência e engenharia saltaram de 28 bilhões de dólares em 1995 para mais de 54 bilhões em 2004, quase o dobro em uma única década. **Portanto, qual o problema de fato?** A estratégia de investimento foi ostensivamente influenciada por áreas de pesquisa "em alta" naquele momento, à custa da preservação de uma massa crítica em todas as áreas da ciência. É interessante comparar a elevação orçamentária em alguns desses campos individuais durante esse período de nove anos. Nas ciências biológicas, houve uma elevação de 150%, para aproximadamente 30 bilhões. Na matemática e ciência da computação, houve um aumento de 79%, quase 2,8 bilhões. O investimento em todas as áreas da engenharia cresceram 60% ou 9 bilhões. Contudo, nas ciências físicas e ambientais, houve um aumento de apenas 25% e 37%, respectivamente.

Em outras palavras, o investimento em pesquisa na área de ciências biológicas foi mais de quatro vezes mais rápido do que o das ciências ambientais e quase seis vezes mais rápido que o investimento nas ciências físicas. Não há dúvida de que os investimentos no futuro da TI e no sistema de saúde foram fundamentais, mas vários dos problemas que enfrentamos hoje — como as mudanças climáticas e a necessidade de fontes de energia sustentáveis — exigem conhecimentos especializados em engenharia e em ciências físicas e ambientais, e essas áreas foram ludibriadas por duas décadas. As descobertas que se deram nas ciências físicas e em TI também contribuíram para os avanços da medicina e as demais ciências biológicas. "Muitas inovações cirúrgicas em uso no momento, como câmaras miniaturizadas e equipamentos avançados, vieram originalmente da NASA", afirma Martha Marsh, diretora executiva do Hospital Stanford. "Os médicos olhavam para essas coisas e diziam: 'Eu não consigo usar isso'", lembra Marsh.

Na medida em que o impacto da pesquisa é tardio, precisamos financiar todas as áreas essenciais da ciência, não obstante o fato de que é mais difícil justificar politicamente os financiamentos em áreas com as quais a maioria dos eleitores pode correlacionar de maneira direta sua vida diária. "Estamos nos alimentando das sementes de milho plantadas nas últimas décadas de pesquisa. Isso é possível durante algum tempo porque há muitas sementes plantadas, mas daqui a algum tempo elas vão parar de brotar", afirma Jim Plumber, diretor da Faculdade de Engenharia de Stanford. O relatório dos Indicadores de Ciência e Engenharia de 2008 da NSF trouxe mais notícias ruins: uma queda de 5% no investimento federal global em pesquisa em 2007, em comparação a 2004.

A maior solicitação de liberação de fundos (*earmarking*) — financiamentos aprovados pelo Congresso ou pelo presidente que são prefixados para projetos específicos — pressiona ainda mais os orçamentos disponíveis para pesquisas de longo prazo. Em vez de confiar em especialistas, os políticos estão decidindo o que deve ser financiado com base em seus próprios projetos. "Tive de ratificar uma lista de jurisdições em que os dirigentes diziam que precisávamos encontrar projetos e nas quais não há nenhuma universidade. Não há sequer empresas, a não ser as muito pequenas. Eles tinham de encontrar uma maneira de investir dinheiro nesses lugares. E é simplesmente assim que o processo político funciona", afirma Michael Sheridan, que trabalhou com o comitê de financiamento do Programa de Pesquisa Inovativa em Pequenas Empresas da NSF. Deveríamos reforçar nossos centros de excelência, e não enfraquecê-los. Sempre quando houver mais recursos financeiros disponíveis, poderemos começar a criar outros. Dos 143 bilhões de dólares de investimento federal em P&D em 2008, mais de quatro bilhões de dólares foram pré-alocados em mais de quatro mil solicitações de liberação de fundos.

Tomar decisões sobre financiamento com base em interesses partidários acaba tendo um custo mais alto para nós. A NASA está disposta a construir o mais notório dos telescópios terrestres no valor de 5 bilhões de dólares, mas não os de 50 milhões de dólares —, não obstante o fato de que, de acordo com o astrofísico Jeremiah Ostriker, é sempre melhor associar os dados coletados de vários telescópios menores. "Por que a NASA não faz isso?", ele pergunta. "Isso é que é direito à ostentação. Alguns congressistas ficam felizes com o fato de uma equipe estar construindo um grande projeto em sua jurisdição de origem. Isso impele as pessoas para projetos de larga escala mesmo quando não há nenhuma economia de escala. A crescente expansão dos projetos em todos os níveis está desalojando os menores", afirma Ostriker. Isso nos custa não apenas dinheiro, mas inovação. À medida que os projetos se ampliam, fica mais caro experimentar e somos forçados a estreitar o escopo de nossas pesquisas em um estágio mais inicial.

Muitos dos integrantes da comunidade de pesquisa expressaram sua preocupação com o que está ocorrendo com a Darpa, tendo em vista o papel fundamental que essa organização desempenhou para sustentar nosso EI no passado. Em sua atual administração, até mesmo a liberdade dos pesquisadores de investigar individualmente áreas que não necessariamente se encaixam em um programa de P&D específico das Forças Armadas é menor. A Darpa se tornou mais programática, pois financia somente pesquisas que prometem algum resultado imediato, e estrutura seus programas para obter resultados imediatos. "De acordo com Tony Tether, qualquer proposta é obrigada a ter indicadores numéricos e quantificáveis para demonstrar se a pessoa está atingindo sua meta", afirma o pesquisador Dave Clark. Isso desestimula os projetos de maior risco e mais prolongados pelos quais tanto ansiamos.

A quantidade de pesquisas confidenciais é cada vez maior, às vezes por motivos obtusos, o que pode até **funcionar** contra a segurança nacional. "Essa confidencialização provoca uma desconexão com a comunidade acadêmica", explica David Tennenhouse, diretor da Darpa no final da década de 1990. "Se precisássemos urgentemente trabalhar com pesquisadores acadêmicos, sabíamos quem eram e tínhamos capacidade para agir rapidamente em relação aos problemas, mobilizando os melhores intelectos do país. Além disso, a confidencialização também prejudica a qualidade. Na última vez em que tive oportunidade de examinar o que a Darpa estava financiando, vi que parte não era de fato inovação, e havia coisas um tanto quanto extravagantes. Não parecia ciência", declara Tennenhouse. A superconfidencialização desgastou a relação da organização com inovadores de primeira linha, para prejuízo da comunidade de pesquisa e do nosso país. Em vez de cultivar o EI nacional, os projetos financiados pela Darpa adquiriram uma compleição que está mais para uma divisão de pesquisa corporativa do Pentágono do que para qualquer outra coisa.

A NSF tem uma missão bastante abrangente porque é o único órgão preocupado em favorecer a ciência e a engenharia em praticamente todas as disciplinas. Porém, seu orçamento não é suficiente para compensar as mudanças na Darpa. Desse modo, com a escassez de recursos financeiros, as subvenções da NSF em geral são muito pequenas para comportar pesquisas de ponta, de alto risco e de alto retorno. "Há uma tendência na distribuição de riqueza e na concessão de subvenções que nos possibilita obter outra subvenção, em vez de concretizar o que a princípio propusemos", diz o químico Richard Zare. Os pesquisadores são obrigados a despender um tempo enorme arrecadando recursos e preocupando-se com dinheiro, e isso interfere em seu trabalho.

A NSF usa um processo de avaliação por pares que tende a reforçar o *status quo*, eliminando as propostas que não são predominantes, como aqueles projetos precursores da era moderna da computação. "É bem difícil um painel de avaliação do estilo da NSF selecionar ideias de fato de vanguarda, porque é quase certo que ofenderiam alguém do painel", afirma Tennenhouse. No caso de um pesquisador que esteja se dedicando em uma área de inovação extremamente disruptiva talvez não haja na realidade nenhum "par". As comunidades científicas, do mesmo modo que várias outras comunidades, são atraídas e influenciadas pela escola de pensamento predominante, e os atípicos padecem. "A avaliação por pares tem uma função clara, mas em um estágio bem à frente do processo", afirma Robert Spinrad, que cumpriu papel consultivo tanto na Darpa quanto na NSF. "O processo de subvenção também tem de incluir mecanismos para financiar digressões extremamente imaginativas", ressalta Spinard.

A disputa por contratos tornou-se acirrada. As universidades qualificadas costumavam ser centenas; hoje, há milhares. "Mais pessoas estavam tentando abocanhar uma fatia do mesmo bolo, e esse bolo não estava crescendo", explica Charles Vest, presidente da Academia Nacional de Engenharia. "Se tiver tentando entender como é possível administrar sabiamente as subvenções da NSF ou do NIH, você tem de pensar em uma maneira de continuar criando oportunidades para as novas pessoas quando na verdade mal tem dinheiro para permitir que as pessoas de primeira linha avancem", conclui Vest.

O atual índice de financiamento governamental a pesquisas não é apenas muito baixo, mas extremamente imprevisível. Os projetos de grande duração dependem de uma base de financiamento coerente. A duplicação do orçamento dos Institutos Nacionais de Saúde no período de cinco anos após 1998 representava um bom investimento. Contudo, de 2003 em diante, o valor total na verdade despencou proporcionalmente à inflação. "Quando houve essa duplicação, todos os reitores do país começaram a construir laboratórios, fazer planos e a dizer aos pesquisadores seniores que deveriam ter duas ou três subvenções, e não uma ou duas", diz Daniel Goroff, professor de matemática e economia na Faculdade de Harvey Mudd. "Hoje, como está estancado, todos ficam olhando um para a cara do outro e imaginando o que devem fazer", lamenta Goroff.

Quando criança, sentia a tensão do processo de financiamento mesmo sem saber o que significava uma concessão de crédito. Quando um de meus pais preparava-se para solicitar um financiamento, sabíamos nos comportar e deixá-los à vontade. Como lembra meu pai: "Era um momento de grande tensão. Nossa capacidade de continuar trabalhando estava nas mãos de um processo demorado e de certo modo arbitrário, e eu sabia que meus pesquisadores dependiam do financiamento para sobreviver". A comunidade de pesquisa sempre se sentiu pressionada pela escassez, mas meus pais tiveram de enfrentar esse processo somente por alguns anos — nada parecido com o que ocorre hoje.

No momento em que aumentarmos o financiamento geral à pesquisa, precisaremos estimular principalmente os pesquisadores jovens, promovendo programas interdisciplinares e trazendo de volta nosso apetite pelo risco. Tão importantes quanto as descobertas que provêm da comunidade de pesquisa são os alunos que introduzem essas novas ideias no EI. "Um dos motivos que nos levam a querer manter em nossa economia uma infraestrutura vigorosa para atividades de pesquisa é o fato de ela instruir e formar pessoas que se tornam ativos valiosos para uma nação", diz o economista Paul Romer. "Formar pessoas verdadeiramente talentosas é como espalhar uma grande quantidade de combustível. Nunca sabemos em que momento esse combustível humano vai inflamar e despertar algo", alerta Paul Romer.

Quando o financiamento de uma área é inferior a um nível mínimo, isso desestimula os novos estudantes. Portanto, perdemos não apenas uma oportunidade de pesquisa, mas também uma geração de talentos. Deveríamos ter mais bolsas de pós-graduação que pudessem ser concedidas diretamente aos melhores alunos, o que lhes possibilitaria escolher o lugar com potencial para lhes oferecer a melhor experiência educacional. As melhores universidades públicas e privadas farão o que estiver ao seu alcance para atrair esses jovens inteligentes, fomentando a concorrência. Nas décadas de 1960 e 1970, as bolsas da Lei Nacional de Defesa Nacional (National Defense Education Act — NDEA) e do departamento de Defesa estabeleceram um alicerce de pesquisa para todo o país. Porém, devemos continuar investindo nos docentes e pesquisadores experientes que orientam esses alunos e essa equipe jovem, amoldando suas ideias originais com a compreensão da arte da ciência.

Ao formarmos a nova geração de pesquisadores, precisamos viabilizar novos modelos de colaboração — sem nos esquecermos de que a solidez da pesquisa interdisciplinar depende da resistência do alicerce de pesquisa dos campos individuais. O programa multidisciplinar dirigido por minha irmã, o Centro de Sensoriamento em Rede Incorporado (Center for Embedded Networked Sensing — Cens), integra pessoas com um conjunto de habilidades em engenharia ambiental, sismologia e ecossistemas marinhos com pessoas da área de processamento de imagens, processamento de sinais e estatística. O Cens é financiado pelo Programa do Centro de Tecnologia Científica da NSF. "Não se trata apenas de uma subvenção genérica para algumas instituições", explica Deborah Estrin. "A ideia é financiar um conjunto de pesquisas que não poderiam ser realizadas independentemente por meio de inúmeras pequenas concessões", ressalta Estrin. Ao Cens foi garantido um financiamento de 40 milhões de dólares por um período de dez anos, o que possibilitará um amplo espectro de pesquisas. Essas subvenções maiores e mais prolongadas da NSF são fundamentais para preencher a lacuna deixada pela Darpa, e precisamos de mais subvenções desse tipo. O NIH também introduziu subvenções a programas de pesquisa que exigem vínculos interdisciplinares.

Nosso país tem de intensificar seu comprometimento em âmbito geral para com a ciência. O montante adicional necessário para fazer grande diferença na pesquisa é minúsculo se comparado com o orçamento federal global. "A NSF gastou 181 milhões de dólares em 2006, no total, na área de química e cerca de 200 milhões em astronomia terrestre. E o custo operacional da guerra no Iraque é algo em torno de 300 milhões de dólares anuais", afirma o cientista Richard Zare.

Com nosso atual índice de investimento, vamos acabar tendo de alavancar pesquisas em outros países e, ao mesmo tempo, estreitar o horizonte de inovação nos EUA. Essa não é uma estratégia que viabiliza o sucesso. Em nossas universidades, há um firme vínculo entre pesquisa e educação. Independentemente de os alunos que forem formados e treinados por grandes pesquisadores optarem por permanecer no meio acadêmico ou trabalhar no setor empresarial, eles terão aprendido a pensar e a inovar. Do ponto de vista estratégico, não devemos depender de outros países de uma forma que nos enfraqueça. Apenas se solidamente posicionados estaremos abertos à colaboração necessária para enfrentar os desafios e as oportunidades à nossa frente. Não podemos pressupor que o fluxo de informações entre China e EUA será tão aberto quanto o fluxo entre Los Angeles e Boston. Mudanças em assuntos mundiais podem pôr fim à nossa capacidade de importar inovações sem que haja advertências.

Somente por meio de nossas próprias iniciativas de pesquisa é que teremos conhecimento para avaliar, importar e aproveitar descobertas realizadas em outras partes do mundo. "Os japoneses e coreanos conseguiram tirar proveito da tecnologia do mundo inteiro porque tinham estrutura educacional para isso", afirma o cientista Jeremiah Ostriker. Se os EUA não tiverem laboratórios de pesquisa que possam tirar proveito de ideias desenvolvidas em outros lugares, não conseguirão realizar o mesmo intento. Vamos nos tornar **Terceiro Mundo**."

GENEROSIDADE VISIONÁRIA

Fundações e indivíduos filantrópicos sempre desempenharam um papel importante na comunidade de pesquisa por meio de doações a instituições acadêmicas e de subvenções específicas à pesquisa. Especialmente algumas organizações conseguiram notabilizar-se por seu sólido comprometimento para com a pesquisa básica e horizontes de tempo de longo prazo. O Instituto Médico Howard Hughes (Howard Hughes Medical Institute — HHMI) foi fundado em 1953 com a missão de investigar "a gênese da vida", segundo as palavras de seu recluso fundador. Hoje, o instituto lidera na área de pesquisas biomédicas. "Recentemente, o HHMI foi de fato solícito no sentido de identificar cientistas excepcionais e efetivamente lhes conceder um financiamento renovável a cada cinco anos", diz Peter Schultz, diretor do Instituto de Genômica da Fundação de Pesquisa Novartis (GNF). "Eles fazem uma retrospectiva e perguntam o que foi concretizado. Se os beneficiados tiverem conseguido realizar coisas boas, eles lhes concedem mais cinco anos de financiamento."

A Fundação MacArthur — também com 30 anos de existência, com mais de 6 bilhões de dólares em ativos — encontra-se entre as maiores instituições filantrópicas privadas do país. Sua missão é fomentar melhorias permanentes na condição humana por meio de subvenções e bolsas. Além disso, essa fundação apoia um conjunto de redes interdisciplinares, por ela denominada "instituições de pesquisa sem barreiras", que reúne indivíduos extremamente qualificados de uma variedade de disciplinas, perspectivas e métodos de pesquisa. Esther Sternberg, um dos membros da Rede Mente-Corpo da Fundação MacArthur, é internacionalmente reconhecida por suas descobertas sobre interações imunocerebrais e os efeitos do estresse sobre a saúde e por suas pesquisas atualmente em curso no Instituto de Saúde Mental Americano. "Essa rede começou como um pequeno grupo de cientistas extremamente avançados e dispostos a correr riscos que estavam se sentindo marginalizados pelos dogmas prevalecentes nas instituições e nos campos a que pertenciam", diz ela. "Mas costumávamos nos reunir três vezes ao ano, e agíamos como um camelo no deserto. Bebíamos num só golpe toda aquela água de sustento, que nos dava coragem para voltar e prosseguir, sabendo que o que estávamos fazendo era arriscado, mas também rigoroso e genuíno", salienta Sternberg.

Embora a bolha da Internet tenha produzido vários efeitos negativos sobre o EI, talvez haja um raio de esperança. Ao longo da última década, o dinheiro proveniente do que o capitalista de risco John Doerr chamou de "a maior criação legal de riqueza na história" escoará para a filantropia, dando espaço para a criação de fundações iniciadas por tecnólogos e empreendedores acostumados a fazer com que as coisas aconteçam. Essa nova geração de organizações de financiamento tem potencial para instituir um novo nível de enfoque e pensamento estratégico na filantropia. "Uma quantidade inacreditável de fundações com imensas somas de dinheiro foi criada por pessoas inovadoras", diz o investidor Robert MacNamee.

Embora essas fundações realizem muitas ações benéficas, suas iniciativas tendem a se concentrar primordialmente na comunidade de aplicação. São vários os empreendedores da Internet que não têm paciência para financiar pesquisas de longo prazo. "As pessoas carregam para o humanitarismo a mesma mentalidade que costumam aplicar nas atividades comerciais, e ela tende a ser de curto prazo", afirma Len Shustek, fundador do Museu da História do Computador. Em se considerando que a prosperidade desses empreendedores foi erguida sobre pesquisas que haviam sido financiadas 30 anos atrás, eles deveriam consignar parte de seus esforços para investimentos em projetos de longo prazo. Apenas 10% da riqueza dessas fundações já seria suficiente para alavancar o financiamento governamental à pesquisa.

As fundações menores que estão dispostas a colaborar ampliam seus recursos. O ator Michael J. Fox e o ex-diretor executivo da Intel, Andy Grove — ambos acometidos pelo mal de Parkinson —, criaram fundações em 2000 com a meta de acelerar o passo das pesquisas científicas sobre essa doença e melhorar os respectivos métodos terapêuticos. A Fundação Michael J. Fox é uma instituição beneficente pública que utiliza uma abordagem de portfólio, enfatizando um amplo programa de pesquisa. A Fundação Cinética, de Andy Grove, que é privada, reflete a mente aguçada e precisa de seu fundador e sua personalidade vigorosa. Por seu estilo focalizado e resoluto, a fundação de Grove está mais direcionada a pesquisas aplicadas e identifica áreas importantes não financiáveis por mecanismos tradicionais. As duas fundações mantêm estreito relacionamento e, embora cada uma se dedique a seu próprio programa, trabalham em conjunto em áreas específicas para patrocinar seminários e definir problemas que precisam ser resolvidos. Entre 2001 e 2006, quando o financiamento de pesquisas de células-tronco atravessava seu pior momento, essas fundações trabalharam juntas para preencher a lacuna.

O Programa de Saúde Global da Fundação Bill & Melinda Gates está comprometido com a cura de doenças infecciosas entre a população mais pobre do mundo em desenvolvimento. Seu foco tem sido primordialmente a prestação de cuidados de saúde. Contudo, a fundação reconhece que, para concretizar sua missão, não há recursos suficientes destinados à pesquisa e descoberta de medicamentos. Por isso, contratou recentemente Carol Dahl, para ser diretora do programa Descoberta para a Saúde Global.

A fundação emprega uma variedade de métodos para decidir o que deve financiar, mas tem se mostrado cada vez mais proativa, definindo um conjunto de questões investigativas fundamentais e convocando a comunidade para que os melhores participantes possam se autoidentificar. Ela usa um processo de financiamento escalonado, que principia com pequenas subvenções-sementes. "Ao buscar inovações radicais e visões que provoquem mudanças de paradigma, não estamos necessariamente procurando alguém que já tenha feito um trabalho preliminar. Na verdade, **estamos** procurando alguém que já tenha feito uma reflexão preliminar", afirma Dahl. "Nesse caso, as pessoas se debruçam sobre problemas díspares com uma meta em comum e são capazes de produzir um impacto catalisador que faz com que os pesquisadores se comprometam ainda mais com o problema, porque com essa colaboração surgem novas ideias e novas habilidades para criar", explica Dahl.

Num momento em que o governo é compelido pelo partidarismo e as empresas lutam para enxergar além do trimestre seguinte, as organizações sem fins lucrativos talvez estejam mais bem posicionadas para pensar a longo prazo. Isso exige uma liderança adequada e um nível apropriado de dotação para assegurar a continuidade dos financiamentos. As grandes fundações ou as parcerias entre as menores são mais eficazes quando têm uma visão clara e recursos para se tornarem semelhantes à antiga Arpa — financiar pessoas, e não projetos, e formar uma comunidade.

ELOGIO À INOVAÇÃO

Criar desafios audaciosos pode agilizar a inovação. Em 1700, o Parlamento britânico ofereceu uma recompensa, o **"prêmio da longitude"**, para qualquer pessoa que descobrisse uma maneira de localizar com precisão uma posição em mar aberto. Hoje, os prêmios e os grandes desafios científicos estão novamente se popularizando e desempenhando um importante papel na pesquisa aplicada.

Um dos prêmios mais conhecidos é o X Prize, criado em 1996 para o primeiro voo espacial tripulado privado. Em 2004, foram concedidos 10 milhões de dólares pelo voo da *SpaceshipOne* a uma equipe financiada por Paul Allen, cofundador da Microsoft. A Fundação X Prize enuncia os problemas e estabelece os desafios, recompensando os resultados, em vez de a pesquisa. Disputas pelo X Prize estão atualmente em andamento na área genômica e de automóveis com baixo consumo de combustível. Além disso, a fundação oferece um prêmio em parceria com a empresa Google para apoiar uma competição robótica à Lua. A Darpa utiliza uma mistura de financiamento direto e dinheiro ganho em prêmios em seu Grand Challenges, cujo objetivo é acelerar o desenvolvimento de veículos terrestres autônomos.

Até mesmo as empresas estão começando a oferecer prêmios para ajudar a otimizar seu processo interno de inovação. A Netflix anunciou recentemente um prêmio de 1 milhão de dólares à equipe que criar o melhor algoritmo para prever a que filme um determinado cliente teria interesse de assistir com base em seu histórico de locações. Para ganhar, o sistema deve ser pelo menos 10% melhor do que o método atualmente empregado pela empresa. Pessoas de talento mais do que depressa começaram a baixar o banco de dados que a Netflix disponibilizou. Esse concurso terá cinco anos de duração. Além disso, a Netflix divulga atualizações em seu *site* para acrescentar ao incentivo o reconhecimento entre pares.

A vantagem dos prêmios é que o pagamento destina-se unicamente ao desempenho e qualquer pessoa pode participar. O ganhador do prêmio da longitude não foi um astrônomo, mas um relojoeiro. Os prêmios promissores formulam as perguntas certas e enunciam problemas importantes e estimulantes. No entanto, o próprio aspecto positivo de recompensas desse tipo — de evidenciar e estreitar o foco da pesquisa — pode de igual modo se revelar um aspecto negativo. Os pesquisadores correm o risco de perder a oportunidade de aprender coisas que não contribuem diretamente para a meta. Os prêmios não deveriam tomar o lugar das bolsas subsidio; eles deveriam aumentá-las e ajudar a incitar o entusiasmo popular pela ciência e tecnologia.

MORADA DA COMUNIDADE DE PESQUISA

A comunidade de pesquisa costumava se dividir entre o setor empresarial, os laboratórios governamentais e as universidades. Hoje, está principalmente consolidada no meio acadêmico. Além de as universidades serem o melhor lugar para conduzir pesquisas de longo prazo, participar de pesquisas é uma parte fundamental do treinamento da nova geração de inovadores. E trabalhar com os alunos mantém o espírito jovem do corpo docente.

Na medida em que as instituições e comunidades acadêmicas estão assumindo uma responsabilidade cada vez maior pelo fomento à pesquisa, é mais crucial do que nunca que abracem os princípios fundamentais da inovação. A disputa por financiamentos e estabilidade enrijece as barreiras entre os departamentos e as faculdades dentro das universidades e incentiva a pesquisa incremental mais de curto prazo, em vez de recompensar a colaboração e o risco. A paciência e abertura estão extenuadas, na medida em que um maior financiamento empresarial e a ascensão dos escritórios de licenciamento incitaram o corpo docente e os alunos a comercializar prematuramente os resultados de pesquisa, com frequência em detrimento do fomento ao conhecimento. Precisamos mudar o modo como os pesquisadores jovens são orientados e avaliados para revelar mais eficazmente todo o seu potencial.

Quando Esther Sternberg começou sua carreira na década de 1970, seus professores a estimularam a assumir riscos. Ela se lembra de ter submetido um artigo ao *New England Journal of Medicine* que foi aceito imediatamente. O chefe do departamento de reumatologia da universidade em que estudava ficou estupefato e disse que não havia imaginado que seria aceito. Mas ele nunca a dissuadiu a não tentar e até a encorajou, não obstante suas dúvidas. "'É lamentável que hoje em dia os jovens tenham de ficar tão fixados em publicar artigos desde o princípio. Eles acabam raramente fazendo algo que tenha probabilidade de dar errado", diz ela. Os alunos e os professores jovens ficam tentados a escolher aqueles projetos que têm maior probabilidade de ser publicado rapidamente, em vez de aqueles que servem para aprender a pensar. "Acho que neste exato momento o meio acadêmico está preso a um modelo em que a maneira mais simples de proteger a própria carreira é endireitar-se, andar direito, agir como manda o figurino e não assumir riscos", diz Dave Clark, do MIT.

Por centenas de anos, as universidades foram sistematizadas em torno da ideia de estimular os acadêmicos a se aprofundar ao máximo em uma área especializada do conhecimento. As universidades do futuro terão divisórias mais permeáveis entre seus departamentos e programas interdisciplinares vigorosos. Contudo, para conseguir isso, serão necessárias mudanças significativas no universo acadêmico tradicional e consagrado.

Os membros do corpo docente normalmente ficam apreensivos em relação a subir na carreira e com a continuidade do financiamento de seus projetos de pesquisa. As colaborações interdisciplinares e os projetos de pesquisa arriscados podem parecer um caminho menos seguro para assegurar ambas as coisas. As avaliações acadêmicas quase sempre se baseiam em contribuições individuais. Portanto, um membro do corpo docente ainda inexperiente tem de provar que sua pesquisa é inédita. O trabalho colaborativo e interdisciplinar pode tornar essas fronteiras indistintas. Se estiver trabalhando com outros departamentos, lecionando em outros programas e realizando trabalhos administrativos para outras unidades, esse é um tempo que você não está utilizando para trabalhar ou lecionar em seu departamento. "Muitas universidades estão se dedicando à resolução do que já se tem certeza de que seja um problema, mas não reconhecer as pessoas por suas colaborações interdisciplinares é algo que ainda está muito, muito, mas muito enraizado em nossa cultura", afirma Paul Yock, professor de bioengenharia. Os professores tendem a se sentir mais seguros quando têm estabilidade, mas nos primeiros sete ou oito anos a obrigação de "publicar ou perecer" desestimula o trabalho interdisciplinar. Mudanças nos critérios de promoção, compartilhamento de espaço físico, financiamentos-sementes, orientadores incentivadores e ferramentas que auxiliem os alunos a encontrar outros com os quais possam compartilhar ou complementar seus interesses, tudo isso pode ajudar a neutralizar essa tendência.

RELAÇÕES DE IMPORTÂNCIA

À medida que as universidades assumirem a responsabilidade por mais pesquisas, suas relações com as empresas precisarão se tornar mais colaborativas. "Temos de reconhecer que hoje em dia é mais do que provável que o novo, **realmente** novo — aquilo que é capaz de criar um novo segmento comercial — provém das universidades", diz John Hennessy, presidente da Universidade de Stanford. A fim de assegurar que essa pesquisa em algum momento difunda-se no setor industrial, é essencial fortalecermos as relações de trabalho entre o meio acadêmico e as empresas.

No decorrer da história, as relações empresa-universidade foram em grande medida transacionais. As empresas oferecem financiamento ou equipamento; as universidades formam futuros funcionários e geram novas ideias. Na Stanford, Ellen Levy tentou incitar essas relações, mas em um nível mais colaborativo. Ao tentar fazer com que os participantes desenvolvessem outras relações, além de operações simples como doações em dinheiro ou licenciamento de ideias, ela gerou o que ela chama de "modelo ROI", que é uma maneira engenhosa de pensar sobre o lugar para onde precisamos ir. Ela percebeu que as parcerias empresariais estavam sempre tomando decisões com base no **retorno sobre o investimento** — um fator que geralmente as universidades e os órgãos governamentais não privilegiam. "Acabei compreendendo que o ROI (*return of investment*), assim como todas as outras coisas, precisa ser traduzido", explica Levy. "No setor empresarial, 'ROI' significa retorno sobre o investimento. Porém, para a universidade poderia significar *research of interest* (pesquisa de interesse) e, para o governo, *results of importance* (resultados importantes). Cada um dos partícipes é compelido pelo ROI — não apenas o ROI que outras pessoas pensam que esteja em pauta", explica Ellen Levy.

O truque para forjar essas relações mais profundas entre instituições e empresas é encontrar uma área de pesquisa ou um conjunto de problemas que corresponda ao ROI de cada um. Encontrar essa correspondência é uma função dos facilitadores e agregadores que se comunicam com todos os envolvidos. Na primeira vez em que ouvi Levy descrever esse modelo, percebi que esse acrônimo poderia ser igualmente empregado para significar *relationship of interaction* (relação de interação), transformando as relações transacionais puras e simples em colaboração genuína. Quando todas as interações se alinham, obtemos inovações como os *chips* CCD (*charge-coupled device* ou dispositivo de carga acoplada), que são a essência das atuais câmaras digitais de alta resolução. "Isso resultou de uma colaboração extremamente estreita entre as forças armadas, que estavam usando esses *chips* em satélites para olhar para baixo; os astrônomos, que os estavam usando para olhar para cima; e as empresas, que estavam trabalhando com ambos os grupos para desenvolver os *chips*", afirma o astrônomo Jeremiah Ostriker. "Portanto, essa parceria tripartite foi altamente eficaz", completa o astrônomo.

Na medida em que os financiamentos do governo à pesquisa estão cada vez mais difíceis, muitas universidades estão procurando as empresas para obter recursos. "Se examinarmos nosso portfólio aqui, na escola de engenharia, veremos que não depende tanto da Darpa quanto costumava depender", diz Jim Plummer, diretor da Escola de Engenharia da Universidade de Stanford. "Membros do corpo docente das melhores universidades têm sido forçados a ser verdadeiramente inovadores para encontrar uma forma de fazer o que desejam fazer", ressalta Plummer.

Importantes institutos de pesquisa patrocinados por empresas foram criados recentemente na área de energia. As empresas que recorrem a pesquisas acadêmicas devem pagar a maior parte da conta. Porém, precisamos ter muito cuidado para que esses investimentos não se acompanhem de restrições que possam comprometer o horizonte de tempo ou a integridade da pesquisa.

"Os presidentes, reitores e chefes de departamento caem nessa armadilha porque é um bom dinheiro", diz Robert Spinrad, que passou a maior parte de sua carreira conduzindo pesquisas corporativas. "Mas por esse motivo eles também estão ficando extremamente fascinados pelo pragmático", ressalta Spinrad. Especialmente na área de pesquisa básica, as universidades precisam estar atentas para não restringirem o compartilhamento de resultados por meio de patentes iniciais ou restrições sobre o que pode ou não ser publicado. Essas medidas podem até ter o propósito de defender os interesses dos patrocinadores empresariais a curto prazo. Contudo, não são adequadas para manter o EI e, consequentemente, acabam prejudicando todo o mundo a longo prazo.

DISPARIDADE LABORATORIAL

Quando as grandes empresas fecharam seus laboratórios de P&D ou os redirecionaram para pesquisas de curto prazo, o EI perdeu uma atividade crucial: sua capacidade de prototipar ideias em larga escala sem as pressões empresariais dos grupos de desenvolvimento corporativos. Os grandes laboratórios corporativos reuniram um amplo espectro de pessoas e lhes deram tempo e liberdade de ação para se dedicar a problemas difíceis e de longo prazo em uma escala mais ampla do que aquela que as universidades conseguem manejar. O declínio dessas instituições provocou uma **disparidade laboratorial**.

A missão das universidades é a **descoberta** e a **educação**. Elas não têm os recursos ou o conhecimento necessário para conduzir a prototipação rápida, uma etapa essencial entre a pesquisa inicial e o desenvolvimento, e as *start-ups* não têm o dinheiro nem a paciência indispensáveis para intervir e assumir o controle do trabalho. Esse problema foi até certo ponto disfarçado na TI pelo fato de grande parte da atenção recente estar sobre *softwares*, *sites* direcionados ao consumidor, segurança e aplicações móveis — campos em que a prototipação em larga escala é mais fácil, mesmo em uma universidade. A empresa Google está trabalhando com a IBM e a NSF para estabelecer um centro de pesquisas sobre computação em larga escala. "Quando tínhamos aqui pessoas da Berkeley, Stanford e de outros lugares", afirma Bill Coughran, da Google, "eles diziam: 'Uau, vocês estão usando uma escala de computação que não sei como reproduzir nem mesmo ensinar aos meus alunos na universidade'. Precisamos descobrir uma forma de financiar isso e, de nossa parte, estamos tentando fazer o que está ao nosso alcance."

Em outros campos importantes, da medicina à energia, em que o desenvolvimento e a experimentação pré-comerciais em larga escala são complexos e caros, só é possível chegar a um ponto específico quando o laboratório é pequeno. "Na área ambiental e de energia, bem como em ciências biológicas, esse problema é enorme", diz Jim Plummer, diretor na Stanford. "Precisamos de laboratórios com pessoas e recursos físicos para experimentar as ideias em uma escala mais ampla", afirma Plummer.

Não devemos tentar recriar o passado. A disparidade laboratorial deve ser preenchida com uma variedade de colaborações entre organizações de pesquisa existentes e universidades e igualmente com novos modelos de redes de pesquisa virtuais que possibilitem que os cientistas trabalhem em conjunto remotamente.

Em 1998, a Associação da Indústria de Semicondutores (Semiconductor Industry Association — SIA) reconheceu que estávamos enfrentando uma disparidade laboratorial e estabeleceu uma rede de centros de focalização (Focus Centers) em algumas universidades especiais. "Precisávamos criar uma Bell Labs virtual", afirma George Scalise, diretor executivo da SIA. Cada centro tem um campo específico de pesquisa para manejar, desde a melhoria das condições do projeto de semicondutores e teste à investigação de nanomateriais. Os Focus Centers atuam como pontos de junção, facilitando o trabalho conjunto com pesquisadores em universidades em todo o país.

A necessidade da Google de energia limpa e acessível para alimentar seus centros de dados levou a empresa a criar uma nova iniciativa denominada **RE < C**, que significa *renewable energy is cheaper than coal* (a energia renovável é mais barata do que o carvão). Os planos da Google é investir centenas de milhões de dólares em pesquisa, desenvolvimento e aplicação de energia alternativa. Se isso for feito de uma maneira aberta, talvez se torne equivalente à invenção do transistor pela Bell Labs para substituir as válvulas eletrônicas e pode beneficiar todo o EI, bem como o planeta Terra.

REDES DE REDES

Com o tempo, a ideia de pesquisa interdisciplinar provavelmente transcenderá as fronteiras da instituição e abrangerá redes globais de pesquisadores reunidos em torno de um formidável desafio. As redes interdisciplinares da Fundação MacArthur são um modelo que poderia ser reproduzido e ampliado, a fim de construirmos redes de redes, algo análogo à forma como a própria Internet foi criada. "É o capital social, e não exclusivamente o capital humano dos indivíduos, que faz grande diferença", afirma Daniel Goroff, professor da Faculdade de Harvey Mudd. O financiamento não seria concedido a um indivíduo ou a uma instituição, mas à própria missão central, caso em que uma organização especial atuaria como aglutinador oferecendo foco, infraestrutura e coordenação aos pesquisadores. Essa atividade de coordenação poderia ser desempenhada por um órgão governamental ou alguma organização sem fins lucrativos.

Por meio de ferramentas modernas de colaboração fora da sede, essas redes globais de pesquisa poderiam ser estendidas por meio de laboratórios virtuais para a atividade de prototipação e teste em larga escala. Os caros equipamentos necessários à experimentação poderiam ser estabelecidos em centros adjacentes às universidades, de modo semelhante aos centros de supercomputação da NSF ou aos Focus Centers da SIA. A *expertise* industrial seria indispensável ao funcionamento desses centros e ofereceria uma perspectiva comercial.

A Internet foi criada para compartilhar recursos de computação. Hoje, também podemos usá-la para compartilhar outros tipos de ferramenta científica. Os pesquisadores agora podem usar caros microscópios eletrônicos que são compartilhados *on-line* controlando-se o equipamento remotamente; portanto, eles têm acesso a milhões de dólares em equipamentos, alugados por uma hora seguida. "Já se começa a testemunhar o surgimento de *start-ups* que estão tentando imaginar um modo de atuar nessa nova mistura de intenso conhecimento e intensa computação", afirma o cientista John Seely Brown, "com um número bastante pequeno de pessoas infinitamente talentosas e profundamente ligadas às universidades. Então a pergunta nesses tempos exponenciais passa a ser: **será que existe uma nova forma de fazer ciência?**"

AMERICA COMPETES: O PROBLEMA NÃO ESTÁ RESOLVIDO?

Um relatório das Academias Nacionais de 2005, intitulado *Rising above the Gathering Storm: Energizing and Employing America for a Brighter Economic Future* (*Superando a tormenta que se aproxima: como agir energicamente e devotar os EUA para um futuro econômico mais brilhante*), traçou o perfil dos problemas que enfrentamos enquanto nação. Um comitê formado por dirigentes do setor empresarial e do meio acadêmico, presidido por Norm Augustine, foi encarregado de delinear as "dez principais medidas, em ordem de prioridade, que os formuladores de políticas federais poderiam tomar para fomentar as iniciativas em ciência e tecnologia, para que, desse modo, os EUA possam concorrer promissoramente, prosperar e firmar-se na comunidade global do século XXI". Esse relatório incluía as seguintes recomendações: melhorar o sistema educacional norte-americano de ciências e matemática K12; fortalecer nosso compromisso para com a pesquisa básica de longo prazo; tornar os EUA o lugar mais atraente para estudar e conduzir pesquisas, tanto para cientistas norte-americanos quanto estrangeiros; e assegurar que os EUA sejam o principal lócus de inovação modernizando o sistema de patentes, realinhando as políticas fiscais e garantindo um sistema de banda larga acessível. O comitê acreditava que **no mínimo** todos esses fatores teriam de estar em vigor para que o país se mantivesse inovador.

Em julho de 2007, o Congresso aprovou uma lei denominada America COMPETES[4] Act, produto de uma iniciativa bipartidária para responder às recomendações do relatório das Academias Nacionais. Essa lei, que incluía propostas de maior financiamento à NSF e ao Instituto Nacional de Padronização e Tecnologia e maior orçamento para o Escritório de Ciência do Departamento de Energia, estabeleceu um órgão equivalente à Darpa para o problema de energia, com o objetivo de alocar recursos financeiros para universidades e empresas, autorizou novos programas de subvenção para melhorar a educação e propôs diversos outras pesquisas.

Esse projeto de lei de fato autorizou financiamentos — mas, infelizmente, na realidade não alocou os recursos financeiros em si. "Há algum tempo, o Congresso aprovou uma lei estabelecendo que o orçamento da NSF duplicaria no prazo de dez anos, mas depois mudou de opinião e o cortou do processo orçamentário anual", diz Tom Kalil, da Berkeley, que foi diretor adjunto do Conselho Econômico Nacional da Casa Branca na administração Clinton. Mudanças no processo de dotação anual foram o que de fato fizeram diferen-

---

4 Creating Opportunities to Meaningfully Promote Excellence in Technology, Education, and Science Act (Criando Oportunidades para Promover a Excelência em Tecnologia, Educação e Ciência de Forma Significativa). (N. da T.)

ça, porque a autorização não é nem necessária nem suficiente para aumentar o financiamento à pesquisa. Na verdade, o orçamento de 2008 do presidente Bush não contemplava os aumentos autorizados no projeto de lei. Em vez disso, importantes órgãos científicos foram efetivamente mantidos como estavam ou então cortados. Precisamos continuar pressionando os políticos, para que saibam que o problema ainda não foi resolvido.

O departamento do Comércio também está procurando soluções para mensurar a inovação. Porém, enfatizar indicadores, patentes, artigos ou notas de prova só servirá para nos fazer prestar atenção nas coisas erradas ou nos dará uma falsa sensação de conforto. O que precisamos mensurar é o nosso nível de comprometimento. Nosso sucesso será demonstrado pelo crescimento econômico e pelos avanços que fizermos no sentido de reverter as mudanças climáticas mundiais, encontrar fontes de energia sustentáveis, restabelecer o prestígio dos EUA em âmbito mundial e tornar o sistema de saúde acessível a todos. Para concretizar essas metas ambiciosas, precisamos de um **ecossistema** bem equilibrado, abastecido por cientistas, tecnólogos e inovadores talentosos, muitos dos quais ainda por nascer. Sem um sistema educacional e uma cultura que desenvolvam e inspirem a geração futura, há pouca esperança de sucesso.

Inovação

CAPÍTULO 8

A NOVA GERAÇÃO DE INOVADORES

Não há inovação mais importante para o mundo do que desenvolver mentes jovens. O futuro de nossa economia, nosso tecido social e a capacidade de concretizar nossas metas nas quatro "missões lunares" dependerão da qualidade com que prepararmos as futuras gerações para o ambiente de trabalho do século XXI.

Quando nosso país passou da economia agrícola para a industrial, no início do século XX, tecnologias emergentes como pesticidas, motores de combustão interna e novas variedades de cultura agrícola estavam prontas para exterminar a mão de obra rural. "A história deveria nos servir de guia neste momento. Enfrentávamos uma séria ameaça: uma força de trabalho agrícola com uma grande porcentagem de funções prestes à extinção. E de que forma reagimos? Reduzimos a oferta de trabalhadores menos qualificados oferecendo-lhes formação educacional", afirma o economista Paul Romer. Aliás, o governo federal tornou a educação secundária obrigatória a todos e em seguida ofereceu apoio financeiro. Garantimos que a geração seguinte tivesse as qualidades essenciais à produtividade em um novo tipo de economia. "Não há nada equiparável a investir em educação", explica Romer. "É um plano de ação que faz o bolo crescer, porque uma força de trabalho mais instruída e esclarecida aumenta o volume de produção e permite que todos continuem compartilhando, de uma forma relativamente equitativa, da divisão desse bolo", complementa Romer. Além disso, oferecer educação à força de trabalho provê os trabalhadores de mais opções e, ao mesmo tempo, torna a oferta de trabalhadores menos instruídos mais rara e, desse modo, eleva os salários.

Hoje, os avanços tecnológicos, as mudanças nos padrões comerciais mundiais e as mudanças demográficas representam um desafio semelhante, e essas forças ainda estão alargando a disparidade de renda nos EUA.

Os diplomados do ensino superior ganham pelo menos 130% mais do que as pessoas com segundo grau completo. Porém, um terço de nossos alunos de oitava série chega a tirar o diploma de segundo grau e, dentre aqueles que tiram, 40% não prosseguem os estudos no ensino superior. E metade daqueles que se matriculam em uma faculdade nunca tira o bacharelado. Ao mesmo tempo, é cada vez menor a demanda interna por serviços rotineiros, que podem ser automatizados ou encomendados no exterior. Precisamos remodelar novamente nosso sistema educacional, desta vez mudando o que e como ensinamos.

Nos últimos anos, muita atenção foi dada à situação do sistema educacional K12 do país, mas quando vistos com as lentes da inovação, nossas decisões políticas, nossa estrutura de liderança e nosso sistema de financiamento não foram alinhados de forma que obtivessem sucesso. Estamos tão preocupados em administrar testes padronizados que nos esquecemos de que a nota de uma prova nem sempre se correlaciona com a avaliação e aprendizagem real. Não estamos fazendo os investimentos certos para desenvolvermos novos currículos e refinarmos os estilos de ensino. Precisamos compreender melhor como as crianças aprendem e de ferramentas mais precisas para diagnosticar problemas e avaliar nosso progresso de fato. Estamos sendo afogados por rios de estatísticas que comparam as notas com desempenhos passados ou com notas de outros países, mas ainda não identificamos com clareza nossas necessidades nem formulamos as perguntas que deveríamos levantar a respeito da educação. Estamos igualmente tão aprisionados a números que perdemos nosso foco no ensino. É difícil contestar a meta de que todos os jovens norte-americanos cursem uma faculdade até o fim — a menos que tentar concretizá-la prejudique aqueles que talvez se adaptem melhor a um caminho diferente para o sucesso.

Efetivar mudanças não é fácil em um sistema que se distribui por 15 mil jurisdições administradas localmente com métodos de trabalho extremamente entrincheirados e diversificados de trabalhar. "Algumas de nossas escolas são as melhores do mundo, sem exceção, mas algumas são também as piores em desempenho", afirma o professor Daniel Goroff. "Nos EUA, o modo como o sistema se expandiu provocou iniquidades significativas." Os recursos financeiros e os planos de ação são elaborados pelos governos municipais, estaduais e federais e dependem sobremaneira do apoio da comunidade local. A estrutura do sistema dificulta consideravelmente a propagação de boas ideias de uma região para outra.

Essa multiplicidade pode ser aproveitada em nosso favor se encararmos o problema como um inovador encararia. Assim que identificarmos as necessidades imediatas e longínquas da nação, podemos experimentar diversos métodos em uma escala menor — em uma ou mais escolas ou jurisdições — e posteriormente trocar ideias e tecer avaliações para determinar os métodos que devem ser então implementados em um âmbito maior. Precisamos atuar independentemente, mas orquestrar colaborativamente para que nos seja possível competir coletivamente.

DO QUE PRECISAMOS?

O sistema educacional do país deve inspirar os alunos, para que se preparem para seguir carreiras gratificantes e financeiramente recompensadoras. Precisamos fazer mais do que ensinar princípios e igualmente ajudar as crianças a serem mais criativas e mais competentes para se comunicar, socializar e solucionar problemas, para que assim tenham habilidades exclusivas a oferecer no ambiente de trabalho do amanhã. Precisamos também ajudá-las a se transformar em indivíduos sociais produtivos, preparados para criar e educar seus próprios filhos com a habilidade de pensar criticamente e tomar boas decisões.

Não devemos continuar esquecendo ou não se impondo com determinados fatos, como o nível e o número de empregos que foram transferidos para outros países ou substituídos pela tecnologia. Esses empregos já se foram. Contudo, ainda há oportunidades para aqueles que têm as habilidades adequadas. Não é mais suficiente nos concentrarmos apenas em formar **"trabalhadores do conhecimento"**, termo cunhado por Peter Drucker em 1959 em referência a pessoas que trabalham primordialmente com informações ou que desenvolvem e usam o conhecimento no ambiente de trabalho. Em um mundo em que a informação e a tecnologia permeiam todos os aspectos de nossas vidas, todos os trabalhadores são, em essência, trabalhadores do conhecimento, e não é mais possível impedir que seus empregos sejam exportados para outros países. Precisamos formar uma **força de trabalho composta de inovadores**, os quais serão empregados na criação de novos mercados, produtos e serviços, bem como em funções que requeiram um toque humano. Tudo isso exigirá um nível básico de conhecimento de tecnologia no ambiente de trabalho e no ambiente doméstico.

Grande parte da atual discussão sobre reforma educacional está centrada especificamente no ensino de matemática e ciências, cuja melhoria é mais do que essencial. Por coincidência, essas matérias também parecem facilmente testáveis, com perguntas de múltipla escolha que produzem referências quantificáveis. No entanto, além disso, precisamos ensinar nossos filhos a pensar de forma **imaginativa** e **não convencional** — ou a pensar além da bolinha do gabarito de prova de múltipla escolha. Certamente precisaremos de cientistas, matemáticos e engenheiros mais bem capacitados para abastecer e incentivar o EI, mas o âmbito de ação do ecossistema transcende a matemática, as ciências e a engenharia. Ele engloba também as artes e humanidades, bem como outras vocações.

Precisaremos de pessoas qualificadas na área de negócios, de projetos, operacional e administrativa, para introduzirmos novos produtos no mercado. Precisaremos de empresas e indivíduos que saibam como aplicar a tecnologia de forma criativa, assim como de pequenos empresários, advogados, economistas, líderes políticos e jornalistas astutos. Todas essas funções exigirão, mais do que nunca, um ensino de melhor qualidade e um grau maior de colaboração e adaptabilidade.

A infraestrutura de nosso país — das pontes às rodovias e às nossas cidades —, tanto quanto nosso EI, sofreram um declínio nos últimos anos. Para restabelecê-los, será necessário recorrer a iniciativas e à paixão de engenheiros, arquitetos e trabalhadores da construção visionários e com conhecimento abrangente sobre projetos de **"construção verde"** ou sustentável, e igualmente a técnicos bem preparados e equipes de manutenção para manter tudo funcionando.

A Internet criou oportunidades imprevistas para as pessoas aprenderem a instalar e utilizar novas redes de dados. Avanços na radiologia diagnóstica criaram empregos para novos tipos de técnicos. A adoção de fontes de energia alternativa criará oportunidades semelhantes para aqueles que aprenderem a avaliar, instalar e ajustar e corrigir novos produtos, desde painéis solares a carros elétricos.

Os artistas, escritores e músicos de talento nunca terão oportunidade de ver seu emprego ser de repente exportado para outros países. Essas profissões foram transformadas pela revolução digital e pelo advento dos conteúdos criados pelos próprios usuários, e as gerações futuras de inovadores nesses campos devem estar aptos a entender e aproveitar novas tecnologias e adaptar-se a modelos de negócios cambiantes.

Mais do que tudo, precisaremos de professores de primeira qualidade para inspirar e informar a próxima geração, orientando nossos filhos a reconhecer seus dotes naturais e exclusivos e, ao mesmo tempo, a aprender as habilidades essenciais para se sobressaírem. Precisamos garantir que nosso sistema educacional apoie esses professores, mantendo-se flexível o bastante para atender a demandas de mercado variáveis na força de trabalho em transformação.

Enquanto cidadãos, precisamos nos informar melhor sobre os problemas que afetam nossas vidas. Muitos norte-americanos são incapazes de avaliar criticamente problemas políticos e fazer as opções corretas para si mesmos e para o país. Em um levantamento conduzido pela Fundação Nacional da Ciência (NSF), mais de um terço da população adulta não sabia que a Terra gira em torno do Sol e mais da metade não sabia que os antibióticos destroem bactérias, e não vírus. Para viver e trabalhar eficazmente no mundo moderno é necessário ter um nível básico de conhecimento científico e tecnológico, que transcenda o que era exigido nas gerações passadas. "Os cidadãos precisam ser versados em informação", afirma o capitalista de risco John Doerr. "Precisamos ter habilidade para ler e escrever, mas precisamos também da capacidade de manipular símbolos em seu sentido mais amplo", complementa John. Não é possível ensinar explicitamente as pessoas a tomar boas decisões, mas podemos melhorar sua habilidade de formular as perguntas certas, ouvir e avaliar.

A necessidade predominante na educação atualmente é não aumentar as notas das provas da terceira série, mas preparar nossos filhos para trabalhar viver no futuro. Essa não é uma responsabilidade apenas do sistema educacional, mas também dos pais, dos dirigentes do país, dos meios de comunicação e de todo e qualquer indivíduo que influencie a cultura em que vivemos.

QUATRO PERGUNTAS SOBRE O FUTURO DA EDUCAÇÃO

Essas necessidades não serão atendidas solucionando-se apenas o problema predominante. Se quisermos que o nosso País tenha competência para uma inovação sustentável, há várias questões cuja abordagem é indispensável.

Como podemos assegurar um sistema educacional sólido e abrangente a todos os norte-americanos, para que eles se preparem para integrar a força de trabalho enquanto membros contributivos da sociedade?

Se não encararmos nossa necessidade de transformar a educação, os EUA terão uma quantidade maciça de pessoas despreparadas para o desempenho de funções significativas na economia do século XXI. Nas grandes áreas urbanas, é cada vez menor o número de opções para uma quantidade considerável de jovens que nem sequer concluíram o segundo grau. O ônus para nossa sociedade de uma subclasse continuamente subempregada será enorme. "Há uma disparidade racial e étnica no desempenho acadêmico, de dimensão descomunal, que está sendo exacerbada por disparidades no desempenho global", afirma Joel Klein, secretário municipal de Educação de Nova York. Os americanos estão acostumados a ver outras regiões do mundo em que a falta de oportunidade de trabalho provocou desestabilização, mas eles raras vezes imaginam que a mesma coisa pode ocorrer em nosso país.

Há várias escolas assumindo maiores responsabilidades, sem que haja um aumento orçamentário suficiente para apoiá-las. As crianças não conseguem apresentar um bom aprendizado se não tiverem o que comer, de modo que as escolas oferecem café da manhã e almoço quentinho. Além disso, as escolas têm de lidar com problemas disciplinares que, infelizmente, não estão sendo corrigidos em casa. Mudanças demográficas em determinados Estados geraram a necessidade de se ensinar em vários idiomas. Como as deficiências de aprendizado estão em alta, as escolas precisam investir em programas educacionais especiais. Embora nosso gasto por aluno seja superior ao da maioria dos outros países do mundo, ainda assim estamos aquém das expectativas, eliminando as aulas de educação artística e as excursões escolares com propósitos educacionais ou qualquer outra coisa que não seja obrigatória. Entretanto, tudo isso é indispensável para inspirar e desenvolver futuros inovadores.

Que mudanças podemos promover para aumentar o grau de alfabetização científica?

Hoje em dia, na vida profissional e na vida pessoal, é imprescindível ter habilidade para usar um computador, a Internet e um telefone celular. No âmbito individual, tomar decisões sensatas, economizar energia e reduzir as emissões de dióxido de carbono exige conhecimentos básicos de matemática e ciência. Em nível corporativo, precisa-se de pessoas que saibam aproveitar e potencializar a TI, mas também de pessoas com outras habilidades científicas, como conhecimento para avaliar os impactos ambientais de sua empresa. No caso da nação, para que a democracia se mantenha saudável, é essencial que os eleitores estejam bem informados a respeito de questões importantes e tenham conhecimentos básicos de ciência e tecnologia.

Como podemos identificar, inspirar e formar alunos com predisposição para se sobressair em ciências, matemática ou engenharia?

Tendo em vista tudo o que devemos fazer para fornecer a educação básica, é fácil perder de vista os grandes empreendedores. Necessitamos de um sistema que eduque todas as crianças seguindo um padrão básico, mas que também invista naqueles que se tornarão os cientistas, engenheiros, tecnólogos e empresários do amanhã. São essas as pessoas que, direta ou indiretamente, criam grande parte dos empregos para o restante da população. Devemos incitá-los e habilitá-los a demonstrar seu potencial.

Uma formação em matemática ou ciências oferece um alicerce para vários profissionais não pertencentes ao campo de ciências e engenharia. Precisamos de empreendedores, executivos, professores, advogados e políticos com profundo conhecimento nesses campos. Como disse Carl Sagan, "Ciência é muito mais uma maneira de pensar do que um corpo de conhecimentos."

As crianças a princípio demonstram entusiasmo pela ciência porque são naturalmente curiosas. Porém, quanto mais tempo permanecem na escola, menos interessadas se tornam. "Se examinarmos os jovens de 15 anos, por exemplo, seu interesse permanente na vida é biologia, ainda que essa disciplina seja ensinada de um modo que não desperta o menor interesse em ninguém", diz Steve Goldby, da Symyx. Hoje, em comparação com épocas passadas, o número de alunos do ensino médio e superior ativamente envolvidos com ciência ou engenharia é bem menor.

Como podemos aumentar o grau de interesse por ciências e engenharia entre meninas e mulheres, para que assim seja possível otimizar o banco de talentos global do país?

Jamais questionei se as mulheres pertenciam ou não ao mundo da tecnologia em parte porque minha mãe era engenheira. Depois de passar pela faculdade e começar a trabalhar, me acostumei com o fato de ser a única mulher em salas repletas de homens. No entanto, nessa época, houve uma mudança no motivo que leva as mulheres a ser minoria nessas áreas — de um problema de demanda passou a um problema de oferta.

Muitas meninas optaram por não frequentar as aulas indispensáveis em um momento anterior de sua formação e, portanto, não têm opção de cursar uma faculdade em ciências ou engenharia. "Constatamos que a partir da quinta ou da sexta série as meninas começam a se afastar da ciência. Tanto no sistema escolar quanto culturalmente, começamos a eliminar a ciência de sua realidade", diz a ex-astronauta Sally Ride. Embora as mulheres enfrentem hoje menos obstáculos profissionais no ambiente de trabalho do que no passado, a influência que as pressões societais ainda exercem sobre o interesse das meninas pela ciência ainda é assustadora. "A toda menina de 11 anos de idade diz-se que ela pode se tornar o que desejar, mas a sociedade está lhe dizendo algo bem diferente", observa Ride. Mesmo as alunas que se saem bem em matemática e ciências ao longo do ensino médio com frequência escolhem outras carreiras. Elas desejam interagir com as pessoas; querem fazer alguma diferença no mundo — mas não entendem com precisão o que é possível conquistar em uma carreira em ciências ou engenharia porque não lhes mostramos isso com todas as letras.

Se quisermos encontrar as melhores respostas a essas perguntas, precisaremos experimentar uma série de abordagens, para coletar devidamente os dados corretos para avaliar e adaptar, porém sem sufocar a aprendizagem por meio de critérios de avaliação de valor questionável.

As respostas dependerão da liderança dos pais, legisladores, diretores de colégio, superintendentes e conselhos escolares locais. Porém, mais do que tudo, exigirão excelentes professores.

UMA PROFISSÃO RESPEITADA

A liderança é o **catalisador da inovação** de um canto a outro do EI, e isso é especialmente verdade na sala de aula. Contudo, é difícil persuadir grandes empreendedores a lecionar, quando não se devota o respeito ou a remuneração que essa profissão merece.

As raízes desse problema remontam aos dias em que o magistério era uma das poucas profissões que as mulheres podiam seguir. Professoras inteligentes e ambiciosas inspiraram gerações de alunos na sala de aula. Ao mesmo tempo, entretanto, abriram-se precedentes permanentes para que se pagasse um valor inferior ao que os professores mereciam e merecem porque as mulheres não eram vistas como o principal chefe de família. "Não havia nenhuma outra oportunidade e, portanto, foi isso que as mulheres fizeram por um salário relativamente baixo. Era uma dádiva lecionar", diz Meg Whitman, da eBay. Hoje, muitas dessas pessoas que poderiam ser tornar excelentes professores escolhem, em vez disso, tornar-se banqueiro, advogado e diretor executivo. Visto que se abriram oportunidades para as mulheres em outros campos, não modernizamos nossa forma de remunerar os professores, o que dificulta a luta por talentos.

Em 2004, a média anual do salário inicial de um professor nos EUA foi inferior a 32 mil dólares — 10 mil dólares abaixo da média salarial de diplomados universitários especializados em qualquer outra matéria, menos em educação. E esses números não são mais otimistas para professores experientes. O departamento de Estatísticas do Trabalho dos EUA (Bureau of Labor Statistics — BLS) indica o salário médio anual dos professores da escola elementar como sendo de 48 mil dólares e dos professores da escola secundária como sendo de 51 mil dólares, aproximadamente a mesma escala salarial dos condutores de metrô. De acordo com a NSF, o salário médio de professores de matemática e ciências do ensino médio em 2003 foi 43 mil dólares — um aumento inferior a 8% se comparado à década anterior, não obstante um aumento bem maior no custo de vida. (Em contraposição, os salários dos analistas de sistema, contadores e engenheiros ficaram entre 60 mil e 75 mil dólares, indicando um aumento de 20% durante o mesmo período.) Não estamos oferecendo incentivos financeiros e profissionais para atrair e reter os professores altamente qualificados.

Com escalas salariais como essa, transformamos o ensino de nossos filhos no equivalente a um cargo de nível básico no qual as pessoas permanecem por alguns poucos anos. Para solucionar esse problema será necessário incrementar os salários iniciais e fazer de tudo para que haja uma solução para que os professores verdadeiramente competentes sejam pagos competitivamente ao longo de sua carreira. Além disso, eles deveriam ser reconhecidos por suas realizações na comunidade — por entrar em contato e comunicar-se com os pais ou orientar outros professores —, bem como na sala de aula.

A ideia de pagar os professores com base no desempenho tem seus desafios. Fixar escalas salariais às notas dos alunos em provas padronizadas seria um erro terrível. Os professores não deveriam ser penalizados por trabalhar com alunos menos favorecidos, que normalmente não demonstram um aproveitamento anual adequado ou são implicitamente motivados a disputar com os alunos que se sobressaem nos estudos. Nossos filhos não precisam se sentir mais oprimidos do que já são em relação a provas padronizadas.

Precisamos também ter habilidade para identificar mais eficazmente professores inadequados ou apenas medianos. A estrutura de remuneração precisa ser transformada para que o sistema torne-se mais flexível e criterioso. Isso exigirá intensa liderança dos administradores escolares. "Os sindicatos precisam ser parceiros nessa transformação. Ver a remuneração dos trabalhadores como uma linha de montagem não funciona, e devemos ser francos quanto a isso", afirma o secretário municipal de Educação Joel Klein. "A pergunta é: como podemos transformar sindicatos de professores em organizações profissionais que acreditam que o trabalho deve se basear na meritocracia? Nas palavras de um jovem de 24 anos que conheço: 'Que tipo de sistema é esse, em que, independentemente de dar duro ou não, de se sair bem ou não, você recebe o mesmo salário, a não ser que permaneça por mais um ano, caso em que recebe um pouco mais?'. Precisamos começar a mudar esse paradigma."

É fácil estipular os planos de pensão e um sistema superado de estabilidade no emprego como possíveis áreas de mudança, mas eles precisam ser vistos no contexto de um sistema de remuneração que equilibra salário, benefícios e estabilidade no emprego. Assim que escolhermos a abordagem de longo prazo correta, precisaremos de uma estratégia de transição que ampare aqueles que se colocaram a serviço de nossos filhos.

Os programas de pós-graduação na área de educação concentram-se predominantemente em pedagogia. Os professores precisam formar parcerias com especialistas em outras disciplinas para que, à medida que aprendem a ensinar, possam se aprofundar mais nos temas sobre os quais lecionarão, transcendendo o nível básico. Por exemplo, a Escola de Extensão de Harvard oferece mestrado em **Ensino de Matemática** que permite que os professores jovens aprendam matemática avançada com professores da universidade e, além disso, aprendam a lidar com os desafios diários da sala de aula.

Dada a velocidade com que tudo muda no mundo moderno, além dos cursos ocasionais de um único dia durante o trabalho, o desenvolvimento profissional continuado deve fazer parte das atividades do professor. Pesquisas recentes demonstram que é provável que pelo menos 60 a 80 horas de participação ativa em programas de desenvolvimento sejam necessárias para introduzir mudanças significativas na prática de ensino. Contudo, em 2003, menos de um terço dos professores de matemática e ciências nas escolas secundárias frequentou programas de desenvolvimento profissional de 33 horas ou mais no decorrer do ano.

CIENTISTAS EXTREMAMENTE EMPENHADOS

No ensino de matemática e ciências, há outros desafios decorrentes da educação suplementar necessária ao ensino adequado dessas disciplinas e das escalas salariais de alternativas concorrentes no setor. "Se tivesse acabado de sair da Universidade da Califórnia-Berkeley, você poderia ser professor e ganhar 27 mil dólares por ano ou ser engenheiro júnior na empresa XYZ e ganhar 90 mil dólares. Qual *você* escolheria?", pergunta Meg Whitman. Tendo em vista a atual estrutura salarial, as pessoas com bacharelado ou mestrado em ciências precisam estar **muito** empenhadas para que possam efetivamente ensinar.

É provável que alguns professores da escola elementar tenham feito apenas um curso introdutório em matemática e ciências durante a licenciatura. "Muitos professores ficam apavorados com ciências e matemática", afirma Sally Ride, "por isso ensinam de uma forma que desestimula as crianças a fazer perguntas." Contudo, aprender a fazer perguntas e a testar hipóteses torna essas disciplinas interessantes e é fundamental para aprender a pensar como um cientista. Na escola intermediária e secundária, a porcentagem de professores de matemática com pós-graduação em física, química e biologia é mais baixa do que deveria. Da quinta à oitava série, a maioria dos professores de matemática ou ciências não tem formação superior ou licenciatura nessas disciplinas. Entretanto, em dez professores de educação física, oito têm curso de especialização!

Em 2004, o matemático e gestor de fundos de *hedge* Jim Simons criou o programa denominado *Math for America* (MfA) para recrutar, treinar e contratar professores proeminentes para as escolas secundárias oferecendo bolsa de estudos a diplomados ou profissionais experientes que desejam se aperfeiçoar. Esse programa — que oferece bolsas de estudo integrais e estipêndios anuais — inclui um ano de pós-graduação em educação e, depois, quatro anos de ensino em escolas públicas. Além disso, o MfA oferece bolsas de mestrado que recompensam professores excepcionais com estipêndios e oportunidades de desenvolvimento profissional e colaboração com outros professores. A expectativa de Simons ao criar esse programa foi inspirar o governo federal a reproduzi-lo em nível nacional. A America COMPETES inclui bolsas modeladas segundo a abordagem MfA. Esperamos que o governo respalde financeiramente essa iniciativa para fazer a coisa acontecer.

Vai demorar para atingirmos o nível de competência necessário em matemática e ciências em nossas escolas. Trabalhos em conjunto mutuamente benéficos entre o meio acadêmico e o setor empresarial poderiam estimular cientistas, matemáticos e engenheiros a lecionar por meio período, dar consultoria sobre o desenvolvimento de programas de estudos ou tutorar voluntariamente os professores. Engenheiros e cientistas que se aposentaram ou perderam o emprego em virtude das subcontratações no exterior podem também ser empregados como uma possível fonte de conhecimento para as escolas oferecendo-lhes treinamento complementar a fim de inseri-los na sala de aula.

O ensino de habilidades em matemática e ciências apresenta um desafio especial porque os alunos precisam compreender cada um dos níveis para passar para o seguinte. Nessa sociedade cada vez mais móvel, em que não há padrões educacionais homogêneos, é muito fácil os alunos tropeçarem ao longo do caminho. Os alunos correm o risco de pular e ignorar completamente disciplinas importantes ou acabar recapitulando um conteúdo repetidamente. Isso pode ser evitado por meio de um consenso nacional com respeito ao estabelecimento de diretrizes amplas para algumas medidas: quando se deve ensinar frações e números decimais, é ou não necessário aprender física primeiro como base para a química e biologia e que nível mínimo de ensino de matemática e ciências é indispensável para a graduação. Essas diretrizes podem ser elaboradas por meio de uma frutífera colaboração entre o departamento de Educação dos EUA, autoridades estatais e órgãos como a NSF e as Academias Nacionais. "Pode acontecer de uma família mudar de um Estado para outro, por exemplo, e seus filhos nunca aprenderem números decimais. Isso é um absurdo", afirma Sally Ride. O consenso quanto a um conjunto comum de medidas federais não interferiria no poder do Estado de escolher um currículo — apenas garantiria o mesmo nível básico de educação a todas as crianças do país.

A única maneira de efetivar uma mudança duradoura na educação é ter uma liderança inovadora nos conselhos escolares e na diretoria. É indispensável que esses cargos sejam ocupados por pessoas alfabetizadas em ciências e que conheçam as exigências globais da educação do século XXI e as necessidades particulares daqueles que estão cultivando a próxima geração de inovadores. Uma organização sem fins lucrativos, a Scientists and Engineers for America (SEA), foi formada em 2007 para "renovar o apreço pelo debate baseado em evidências e pela tomada de decisões políticas e em todos os níveis do governo." Uma de suas metas é estimular cientistas e engenheiros a se candidatar a cargos em conselhos escolares locais. "Os criacionistas até certo ponto conseguiram influenciar o rumo da educação", diz Daniel Goroff. "Não há nenhum motivo que impeça que os profissionais com certo conhecimento de matemática e ciências sejam envolvidos de uma forma verdadeiramente sincera. Nosso futuro depende disso", complementa Goroff.

REPERCUTINDO OS PRINCÍPIOS FUNDAMENTAIS DA INOVAÇÃO

É um desafio até mesmo para os professores mais competentes conseguir prender a atenção das crianças de hoje por mais de cinco minutos. Nossos currículos e estilos de ensino precisam ser modernizados, e podemos obter orientação nos valendo dos princípios fundamentais da inovação.

O processo de aprendizagem deve ser iniciado já em tenra idade estimulando-se o questionamento e a abertura. Os fundamentos de leitura, matemática e história podem se transformar, muito facilmente, em fragmentos de informação que são memorizados e em breve esquecidos. A ênfase sobre a necessidade de formular perguntas e enunciar problemas exige classes menores e estilos de ensino mais individualizados. Para cultivar o potencial inventivo em nossos alunos, precisamos encontrar outras maneiras de recompensar a imaginação, a flexibilidade e o bom senso, em lugar de simplesmente dar notas pelo cumprimento de um conjunto de regras.

Quando Steve Scharf, professor e administrador em Michigan por 30 anos, tornou-se diretor de uma escola pública do ensino médio em 1986, menos de um dentre quatro alunos matriculados entrava para a faculdade. Com o apoio de um superintendente de espírito aberto, Scharf resolveu implementar algumas mudanças. Primeiro, diminuiu o tamanho média da classe e o tradicional modelo de seis períodos para quatro períodos. Os professores aproveitaram os períodos de aula mais longos empregando uma série de métodos — palestras, trabalho em grupo, apresentações multimídia, discussões em grupo — para manter o interesse. "As crianças aprendem de maneiras diferentes, em tempos diferentes. Se variarmos as formas de ensinar, a probabilidade de conseguirmos ajudar cada um dos alunos a superar suas dificuldades será bem maior", observa Scharf. Depois que Scharf conseguiu efetivar essas mudanças, o número de alunos que prosseguiram os estudos após o secundário subiu de 24% para 64%.

Conduzir as crianças a diferentes trajetórias logo no início de seu processo educacional pode prejudicar alguns alunos, mas devemos ser também realistas e reconhecer que a faculdade não será a opção correta para todas elas. Instigar algumas crianças a atingir metas improváveis cria um descontentamento ainda maior com a educação. Precisamos lhes dar alternativas viáveis a viver na rua. Para isso, precisamos lhes oferecer as habilidades vocacionais essenciais para que se sobressaiam na força de trabalho do século XXI. Tive aula de artes industriais no secundário por insistência do meu pai, e me lembro das brincadeiras do professor porque eu era a única mulher da classe; hoje, talvez eu nem tivesse essa opção, porque vários programas vocacionais foram cortados.

As melhorias no ensino de matemática e ciências não devem ser feitas sacrificando-se outras disciplinas. Aprender literatura, história e artes estimula a curiosidade, a criatividade, a colaboração e a comunicação, habilidades fundamentais aos inovadores em potencial. "Se eu tivesse de dar um curso sobre resolução criativa de problemas, você acha que escolheria a matemática, a física ou a engenharia? Não", diz o cientista John Seely Brown. "Escolheria história e arte para dar aula sobre desenvolvimento moral. Esses são os domínios que desenvolvem a estética e as sensibilidades para o tipo de pensamento que precisamos."

Para cultivar os inovadores da próxima geração, a habilidade mais importante que devemos ensinar a nossos filhos é **aprender**. "Visto que os estudantes estão preocupados em entrar na escola intermediária correta, porque têm de entrar na escola secundária correta, porque precisam entrar na faculdade correta", afirma o empreendedor Marc Andreessen, "é um milagre que a educação pública não tenha extinguido a curiosidade de nossas crianças."

Um dos países que têm feito de tudo para se tornar uma nação de inovadores é Cingapura. Depois de um período de obsessão nacional por se sobressair nas provas padronizadas, os alunos conseguiram notas excelentes em ciências, tecnologia, engenharia e matemática — mas faltava alguma coisa. Eles não estavam pensando criativamente. "Se você for a Cingapura hoje, verá que o jogo é totalmente outro. Agora o mantra é '**ensinar menos, aprender mais**'", diz Seely Brown, que preside um comitê do ministro da Educação de lá. No momento o país está implementando o que chamou de **"método de total indagação"**, em que os professores enfatizam o **questionamento** entre pequenos grupos de alunos. "Eu vi grupos de alunos da sétima série tomando aulas de mecânica newtoniana e tentando compreender intuitivamente o que as leis de Newton na verdade significam. Em seguida eles tinham de explicar às demais crianças o que haviam compreendido. É espantoso", afirma Seely Brown.

UM TOQUE DIVERTIDO EM CIÊNCIAS E MATEMÁTICA

Em 2001, Sally Ride criou a empresa Sally Ride Science (SRS) para explorar a curiosidade natural de crianças e jovens oferecendo conteúdos e programas educacionais estimulantes, capazes de manter seu interesse ao longo da escola intermediária, e transmitindo a mensagem de que aprender ciências é divertido. "Não é nossa pretensão tornar nosso material de sala de aula um verdadeiro tratado sobre um determinado tema. Procuramos na verdade coisas divertidas e bacanas que ao mesmo tempo capturem o interesse da meninada", explica ela. As crianças saem dos acampamentos de verão da SRS revigoradas, entusiasmadas e determinadas a se matricular em aulas de ciências na escola. Seus pais também acabam aprendendo algo essencial: **que seus filhos podem ter algum futuro na ciência**.

Uma das melhores maneiras de estimular os alunos a tomar gosto pela ciência é levá-los a um laboratório de pesquisa. George Cachianes, ex-pesquisador da Genentech, hoje leciona biotecnologia na Lincoln High School em San Francisco. Cada aula comporta uma equipe de cinco alunos, os quais purificam proteínas e criam sua própria sequência de DNA. Isso possibilita que um tema genético abstrato torne-se concreto. Uma das equipes de Cachianes da escola secundária inscreveu-se em um torneio no MIT para concorrer contra 57 outras equipes de universidades do mundo inteiro, e ficou entre os seis finalistas. "Nossas crianças conseguem romper fronteiras quando nós nos arriscamos e lhes damos oportunidade de tentar", disse ele ao *The New York Times*.

Transformar ciências e matemática em algo equivalente a uma equipe esportiva é outra maneira de despertar o interesse das crianças. Em 1989, um dos inventores norte-americanos mais prolíficos, Dean Kamen (pai do Segway Human Transporter, de um sistema de diálise móvel e de uma cadeira de rodas adequada para todas as superfícies), fundou a FIRST, organização que patrocina campeonatos de robótica para alunos secundaristas e voluntários. O número de equipes dos campeonatos cresceu de 30 para 1,3 mil no decorrer dos anos, e o grupo de Kamen acrescentou a *Lego League* para envolver crianças pequenas. "Esse campeonato de robótica conseguiu alcançar jovens de áreas pobres dos centros urbanos e mostrar a eles que a chance de algum dia conseguirem comprar uma casa para a mãe é maior se eles se tornarem engenheiros do que entrando para a liga NBA (National Basketball Association)", afirma a empreendedora Audrey MacLean.

Precisamos de mais programas como esse, que atiçam a curiosidade inata da criança e demonstram as vantagens de se sair bem em matemática, ciências e engenharia. Numa época em que as atividades científicas estão cada vez mais remotas, mesmo as crianças que moram em lugares distantes podem compartilhar desse entusiasmo — e dos equipamentos. "Provavelmente de 5% a 10% do tempo dos supercomputadores do Centro Nacional de Pesquisa Atmosférica é usado por alunos secundaristas para examinar modelos climáticos", diz John Seely Brown.

A palavra **engenharia** só aparece no currículo do ensino secundário. Colocar as crianças em contato com problemas de engenharia do mundo real é uma forma de motivá-las a aprender matemática ou ciências de uma maneira menos teórica. Precisamos levar a engenharia para dentro das salas de aula e das áreas de recreação oferecendo às crianças a possibilidade de sentirem a emoção de criar coisas.

Gerações e gerações de inovadores desenvolveram-se reformulando e consertando motores e aparelhos eletrônicos. "Conheço muitas pessoas que montavam computadores com *kits* e todos se tornaram empreendedores no Vale do Silício", afirma o empreendedor Martin Eberhard. Porém, pelo fato de hoje a complexidade de nossas tecnologias ser maior, tem ficado cada vez mais difícil enxergar "o que está oculto". "Não é possível desmontar os computadores atuais. Se tentar, verá que há um único *chip* lá dentro, e não é possível examinar o que há dentro dele", observa Danny Hillis, da Applied Mind. Os jovens que gostam de ficar montando e desmontando aparelhos e de tecnologias **"faça-você-mesmo"** podem encontrar todos os tipos de produto, informações úteis e comunidades *on-line* de colegas que adoram fazer a mesma coisa — mas eles precisam saber onde procurar. A Internet introduziu um novo estilo virtual de desmontar e remontar aparelhos na forma de código-fonte aberto, remixando músicas e fazendo misturas e combinações de mídias. No entanto, essas coisas não substituem a experimentação prática capaz de inspirar o futuro cientista ou engenheiro.

Nossos jovens perderam grande parte de sua capacidade de explorar e experimentar a realidade. "É surpreendente o quanto as crianças de hoje estão sendo superprotegidas. Todos os pais que conheço estão tão fixados na segurança dos filhos que não os deixam nem bisbilhotar no jardim", afirma John Seely Brown. As atividades das crianças e a vida das famílias estão de tal forma programadas que não há espaço para possibilidades.

Ainda há uma solução para que as crianças experimentem e ponham a mão na massa em programas como os campeonatos de robótica da FIRST. Entretanto, experimentos químicos domésticos e a construção amadora de foguetes hoje estão sendo ameaçados por leis como a Federal Hazardous Substances Act (Lei Federal sobre Substâncias Perigosas) e a Homeland Security Act (Lei de Segurança Interna). A maior parte das substâncias químicas que compunham os *kits* de química domésticos hoje não pode ser vendida a crianças. Mesmo nas aulas de ciências, receios quanto à segurança e responsabilidade estão restringindo a experimentação prática. Não devemos substituir as aulas ministradas nos laboratórios de química por vídeos assistidos passivamente, pois isso transforma a aula de ciências em um esporte de espectador.

P&D EDUCACIONAL

Hoje existem leis em quase 40 Estados que autorizam o estabelecimento das assim chamadas escolas independentes (*charter*) — instituições financiadas publicamente que são isentas de algumas das normas e dos regulamentos que se aplicam ao sistema escolar público predominante. O compromisso das escolas-*charter* é introduzir a possibilidade de escolha e concorrência no processo de seleção da melhor escola para os nossos filhos. Essas escolas devem igualmente testar fundamentos para inovações educacionais que possam fluir para as demais escolas públicas assim que se provam eficazes. Na prática, entretanto, isso não tem ocorrido. "Grande parte dos defensores das escolas-*charter* achava que elas seriam um competente laboratório de novas ideias", afirma Brian Gill, cientista social sênior na Mathematica Policy Research, Inc. "Porém, até o momento poucas são as evidências de que alguma nova ideia nas escolas-*charter* tenha se disseminado eficazmente para as escolas públicas, se é que isso ocorreu", complementa Gill. Precisamos de mecanismos mais adequados para compartilharmos informações e aprendermos com os sucessos e fracassos de todas as nossas escolas.

Além disso, deveríamos experimentar mais o papel que a educação suplementar pode desempenhar na criação da próxima geração de inovadores. Existe hoje um setor florescente, preocupado em posicionar os alunos em escolas secundárias e faculdades de primeira linha oferecendo, para tanto, aconselhamento e monitoria para exames padronizados. E se ampliássemos nossa ideia de educação suplementar para incluir programas que incentivassem a imaginação dos jovens e sua segurança para investigar novos temas?

O positivo é que a tecnologia finalmente está tendo um efeito importante na sala de aula. O *e-mail* e os *sites* intensificaram a comunicação entre alunos, professores, pais e administradores escolares. A Internet tornou-se uma ferramenta de pesquisa de grande eficácia para os estudantes. O passo seguinte é verificar de que modo os computadores podem ser empregados para melhorar a aprendizagem por meio de planos de ensino individualizados, acesso *on-line* a especialistas e outros alunos e ambientes educacionais imersivos. Com apenas alguns milhares de dólares, podemos criar atualmente mundos virtuais que há alguns anos custariam milhões. "Há alguns meses, fiquei absorto ao ver uma proteína em um jogo em 3D", diz John Seely Brown. "Hoje eu sei por que o enovelamento de proteínas é tão complicado. Antes disso, não tinha nenhuma percepção instintiva do que poderia ser uma proteína", observa Brown. A computação e a visualização podem tornar as aulas de ciências menos áridas e insípidas e até mesmo nos devolver a sensação de estupefação perante os mecanismos de funcionamento do universo.

NENHUMA CRIANÇA SERÁ DEIXADA PARA TRÁS?

A meta da lei Nenhuma Criança Será Deixada para Trás (No Child Left Behind — NCLB), aprovada em 2001, era melhorar a responsabilização e o desempenho das escolas primárias e secundárias em todo o país. A NCLB está fundamentada na ideia de que é necessário que todas as crianças obtenham proficiência em leitura e matemática, segundo a avaliação realizada por exames padronizados. Entretanto, as evidências de que esses exames oferecem um indicador de aprendizagem preciso são extremamente ambíguas. E talvez nem sejam uma forma eficaz de avaliar o desempenho escolar, porque as crianças chegam ao sistema escolar com níveis em grande medida distintos de rendimento acadêmico, preparação e apoio familiar. Afora isso, eles não avaliam até que ponto as escolas conseguem diminuir a evasão escolar.

A lei federal exige que cada Estado estabeleça seus próprios padrões de proficiência, e as escolas são classificadas com respeito à porcentagem de crianças que atingiram o nível estabelecido. Contudo, pelo fato de não haver padrões nacionais, as expectativas quanto ao desempenho das crianças varia de Estado para Estado. Se uma escola não atingir a meta de "progresso anual adequado", receberá uma advertência. Se não atingir a meta uma segunda vez, será identificada como uma escola que precisa de melhorias e terá de oferecer aos alunos oportunidade de se transferirem para outra escola. Na realidade, entretanto, poucos alunos têm possibilidade ou estão dispostos a se transferir. "Essa possibilidade de escolher uma escola pública não está tendo praticamente nenhuma adesão", diz Brian Gill. "Em âmbito nacional, a melhor evidência é de que 1% das crianças que estão nessas escolas está tirando proveito dessa opção."

Se uma escola não atingir seus marcos de desempenho no terceiro ano consecutivo, será obrigada a oferecer a seus alunos de baixa renda "serviços educacionais suplementares". Uma parcela das verbas federais que seriam destinadas à escola é redirecionada a serviços de monitoria oferecidos por uma série de prestadores públicos e privados. "Os índices de participação também não são extremamente altos nesse particular — em torno de 15% a 20%", diz Gill. Ainda assim, essas porcentagens representam uma grande quantidade de alunos; portanto, a NCLB criou um enorme mercado privado de monitoria extracurricular ao remover os já escassos recursos financeiros federais das escolas públicas.

Após o terceiro ano, são introduzidas intervenções mais contundentes que podem incluir a substituição da equipe administrativa e de funcionários da escola, caso em que é transformada em uma escola-*charter* ou integrada na administração privada. E os Estados têm de ampliar seus padrões a cada ano, até 2014, quando 100% das crianças devem **provar proficiência**. É cada vez maior o número de escolas que não estão atingindo a meta e tornando-se alvo dessas intervenções. Falando francamente, muitos Estados talvez não tenham recursos para instituir planos de recuperação e mudança de posição para um grande número de escolas.

O que não está nem um pouco claro é se a NCLB está de fato ajudando a preparar nossos alunos para o futuro. Há um número crescente de evidências de que outras matérias e atividades de aperfeiçoamento estão sendo sacrificadas para focalizar as matérias pelas quais as escolas são responsáveis, de acordo com as avaliações dos exames padronizados. "Ensinar o que vai cair na prova pode afetar não apenas a matéria que está sendo avaliada, mas aquelas que não estão sob avaliação", observa Sally Ride. "O relevo que se dá às áreas avaliadas é tamanho que não sobra tempo no dia letivo para outras matérias essenciais." A oportunidade de desenvolver na criançada habilidades artísticas, musicais, teatrais e vocacionais e até mesmo científicas está sendo comprometida, visto que os professores estão compelidos a maximizar os resultados dos exames. Uma pesquisa recente com professores da escola elementar da área da baía de San Francisco constatou que 80% deles lecionam ciências menos de uma hora por semana — e que 16% não lecionam ciências de modo algum.

Ao menos a educação atualmente é considerada uma prioridade nacional básica. "Em virtude de todas as suas falhas, a No Child Left Behind (NCLB) é a intervenção federal mais ambiciosa no sistema educacional K12 da história norte-americana. Para mim, não há dúvida quanto a isso", afirma Gill, reconhecendo que essa lei é um "instrumento embotado". Contudo, a NCLB não é apenas um instrumento embotado — é também o instrumento errado. Em vez de estabelecer diretrizes nacionais e encorajar as escolas a usar os dados dos exames como um valioso guia para uma honesta autoavaliação, a NCLB acaba estimulando comportamentos que na verdade prejudicam o desenvolvimento de mentes inventivas. A tentativa de preparar os alunos para quatro anos de educação superior forçou as escolas a eliminar programas vocacionais e outros tipos de programa. Não estamos mais oferecendo às crianças as opções que seriam particularmente importantes para aquelas crianças que a NCLB tinha a intenção de ajudar.

Numa época em que se fala tanto de personalização de *sites* na *Web*, não estamos dando às crianças oportunidade para que se desenvolvam enquanto indivíduos. Precisamos de alunos firmemente arraigados aos princípios, mas também de gerações de inovadores que descubram sua paixão ao serem expostos a um amplo espectro da criatividade humana e de conhecimentos na escola. Não seremos pioneiros no futuro produzindo uma nação de robôs.

MENTES PREPARADAS

Os requisitos para a mudança do ensino superior não são tão diferentes daqueles do sistema K12. Em 2006, o departamento de Educação dos EUA publicou uma avaliação do ensino pós-secundário intitulada *A Test of True Leadership* (*Uma Avaliação da Verdadeira Liderança*). Esse relatório ressalta a importância do ensino de ciência e tecnologia, identifica a necessidade de ampliar o acesso a uma maior quantidade de alunos e enfatiza a necessidade de ensinar aos alunos habilidades que lhes serão essenciais para entrar no ambiente de trabalho. Além disso, esse relatório evidencia a necessidade de "prestação de contas" e "rendimento" no ensino superior. Na prática, entretanto, essas palavras com frequência são empregadas para realizar mudanças na sala de aula que não dão margem à inovação.

O neurocientista Jamshed Bharucha examinou a fundo os métodos pedagógicos centrados em testes e avaliações no periódico *Chronicle of Higher Education* e concluiu que a ênfase sobre exercícios de repetição mecânica e memorização não fornecerão as respostas que precisamos. "Quanto mais variado o contexto de aprendizagem, maior a probabilidade de a aprendizagem se manifestar no raciocínio de uma pessoa no futuro — e é esse objetivo da educação", escreveu ele em 2008. "Aprendemos mais quando geramos a matéria a ser aprendida do que quando a recebemos passivamente." Na melhor das hipóteses, nosso sistema favorece a aprendizagem dando aos alunos mais opções em um conjunto diverso de estilos de ensino e avaliação. Não devemos renunciar à capacidade de treinarmos nossos alunos a pensar largamente, a formular perguntas e a colaborar, visando tão somente à proposição de modelos fáceis para a avaliação comparativa de seu rendimento.

Precisamos fazer de tudo para que nossos programas educacionais atendam rapidamente às variáveis demandas do mercado de trabalho. A maioria dos programas interdisciplinares que se iniciam no nível de pós-graduação nas universidades deveria se estender igualmente aos alunos de graduação. O ambiente de trabalho do século XXI requer mais pessoas capazes de traduzir o conhecimento entre as disciplinas. "Precisamos de engenheiros com conhecimento de nanomateriais e biologia e que conheçam o comportamento dessas substâncias no ambiente e, além disso, tenham habilidades básicas em química e tecnologia da informação", diz o capitalista de risco John Doerr. É cada vez maior a necessidade de profissionais em outros campos que entendam não apenas de programação, mas também de resolução de problemas que se baseie no raciocínio ou pensamento computacional.

Aprender a resolver problemas eficazmente é o cerne da educação científica tradicional, mas os alunos precisam de igual modo aprender a formular perguntas, e não apenas respondê-las. "O processo educacional se preocupa em demasia com a solução dos problemas existentes e não se preocupa o bastante em oferecer aos alunos ferramentas para que eles próprios definam os problemas", diz o cientista Peter Schultz. Esse tipo de aprendizagem é mais adequado para pequenos grupos, em que haja inúmeras discussões, e exige que os professores atuem como facilitadores e também como palestrantes.

Para fomentar a inovação, precisamos complementar os cursos tradicionais de ciência e engenharia com treinamento em liderança. Na área de tecnologia médica, a Universidade de Stanford oferece um programa denominado Biodesign, que acrescenta ao currículo tradicional o que a universidade chama de "educação para a inovação", preocupada em identificar e triar necessidades e com invenções e implementações multidisciplinares. Decorridos seis anos, esse programa deu à luz oito empresas financiadas por capital de risco e quatro tecnologias aprovadas pela Agência de Controle de Alimentos e Medicamentos dos EUA (FDA).

Um dos pontos altos de nosso sistema educacional é a multiplicidade de instituições pós-secundárias, que vão desde grandes universidades de pesquisa a faculdades comunitárias. No entanto, visto que as dotações das faculdades privadas aumentaram, há uma disparidade cada vez maior entre a educação privada e pública. Devemos fazer de tudo para que as instituições públicas sejam adequadamente financiadas e continuem a incentivar as contribuições filantrópicas a todas as instituições educacionais. Com o intuito de beneficiar o EI, várias das universidades privadas estão começando a alavancar as grandes doações que recebem. Para isso, estão aumentando seus programas de apoio. "Fomos muito bem-sucedidos ao fazer com que qualquer aluno abaixo da renda média nos EUA pudesse estudar de graça na Princeton", afirma Jeremiah Ostriker, reitor da Universidade de Princeton de 1995 a 2001.

As subvenções acadêmicas baseadas no mérito perderam a popularidade na década de 1960, quando era antiquado sustentar que alguns alunos são inerentemente mais talentosos do que outros. "Estou chocado com o fato de haver cada vez menos bolsas de estudo por mérito nos EUA", diz Ostriker. "Eu instituiria bolsas de estudo federais por mérito nas universidades, de modo que 1% dos alunos em todos os distritos congressionais tivesse qualificação para tanto", observa Ostriker. Restabelecer as bolsas por mérito não apenas ofereceria mais oportunidades a todos os alunos mais qualificados, mas transmitira um recado importante para as crianças desprivilegiadas e destituídas de que vale a pena ter melhor desempenho acadêmico.

O fortalecimento de nossas faculdades comunitárias alivia as faculdades de quatro anos de duração do encargo de se prestar tanto a um ensino remediador. Além disso, abre oportunidades para o treinamento vocacional e para que alunos mais velhos aprendam novas habilidades. Nem todos os secundaristas formados podem de fato sonhar em se matricular em um programa intensivo de quatro anos. "Acho que nossas faculdades comunitárias estão carentes de recursos", disse o John Hennessy, presidente da Stanford. "Embora o sistema da Universidade da Califórnia seja a menina-dos-olhos do sistema público de educação superior da Califórnia, ele é apenas um componente, e grande parte do fardo terá de ser carregado pelas universidades estaduais e faculdades comunitárias." Afora isso, essas escolas precisaram se esforçar para obter recursos e treinar pessoas para empregos gratificantes na economia da informação, e não apenas para cargos iniciais que hoje estão sendo progressivamente subcontratados no exterior.

Precisamos cultivar ambientes educacionais que incitem os princípios fundamentais da inovação, possibilitando que os estudantes universitários aprendam a aprender e, ao mesmo tempo, descubram o que aspiram para sua vida. Os estudantes universitários talvez precisem de assistência complementar, especialmente em ciência e engenharia, nas matérias em que o ensino secundário em geral tem sido extremamente inadequado. "Assim que os calouros botarem a cara na universidade, comece a nutri-los nesse exato instante", diz Carol Bartz, presidente executiva da Audodesk. "Em especial as mulheres jovens. Não as force a desistir. Incentive-as", alerta Carol Bartz.

Uma das maneiras que podemos estimular os alunos a optar por ciência, tecnologia, engenharia e matemática é não deixar de conscientizá-los das excelentes oportunidades de trabalho nessas áreas. Segundo previsões do Departamento de Estatísticas do Trabalho dos EUA, até 2014 o índice de crescimento da força de trabalho em ciência e engenharia será praticamente o dobro em comparação ao de outras ocupações. Mesmo aqueles que chegam à conclusão de que não desejam seguir carreira em tecnologia ou pesquisa, uma sólida formação em ciência e matemática assenta a base para várias outras oportunidades, inclusive empresariais. "Os melhores empreendedores são aqueles que têm formação em ciência, engenharia ou medicina, não aqueles com formação empresarial", afirma Curtis Carlson, da SRI. "Nesse caso, queremos que a empresa controle a ciência e a engenharia, e não o contrário", diz Curtis Carlson.

Não obstante a percepção predominante de que o mercado de trabalho para cientistas da computação diminuiu após o colapso da bolha pontocom, hoje nos EUA há mais empregos na área de *software* do que no apogeu desse *boom*. Porém, o número anual de diplomados com habilidades necessárias está caindo. "Se examinarmos a força de trabalho do século XXI, veremos que estamos à beira de uma crise", diz Telle Whitney, presidenta do Instituto Anita Borg, fundado em 1997 para "intensificar a influência das mulheres sobre todos os aspectos da tecnologia e aumentar o impacto positivo da tecnologia sobre as mulheres do mundo inteiro". Em 1987, as mulheres representavam 40% dos formandos em ciência da computação, mas esse número despencou para 28%. Um dos motivos desse sólido apoio do setor empresarial ao Instituto Anita Borg — de organizações como a Microsoft e Sun — é que as empresas de tecnologia reconhecem que oferecer formação educacional e contratar mais mulheres é uma das formas mais promissoras de protelar uma crise.

A IMPORTÂNCIA DO CONTEXTO CULTURAL

O ensino não começa nem termina na sala de aula. As atitudes dos jovens são profundamente influenciadas pela cultura em geral. E na cultura, de igual modo, estão em jogo forças contrárias ao desenvolvimento de novas gerações de inovadores.

A Internet gerou vários impactos positivos sobre nossas vidas, mas a facilidade de ter à mão informações superatualizadas foi um fator que colaborou para essa ênfase na satisfação instantânea — não apenas no âmbito empresarial, mas em todas as áreas da vida. Em vez de as crianças serem instruídas a refletir profundamente sobre os problemas, hoje utilizam o Google em busca de uma resposta fácil. Os jovens que cresceram na era da Internet habituaram-se a ter tudo na hora, e não é assim que o mundo funciona. "Vários dos meus colegas na escola de negócios foram trabalhar em grandes empresas, mas só faz um ano que isso ocorreu e praticamente todos estão procurando um novo emprego", diz Abby Josephs, que acabou de tirar um mestrado conjunto em negócios e saúde pública na Universidade da Califórnia-Berkeley. "Eles achavam que o mundo seria sempre estimulante. Daí, foram encaixados em uma função em gerenciamento de projetos e hoje acham que na verdade esse mundo parece extremamente maçante e desalentador", explica Abby Josephs. A geração pós-bolha não quer batalhar para chegar ao topo — querem simplesmente **estar** lá. A virtude da paciência praticamente foi esquecida.

A profusão de opções na vida pessoal também contribuiu para a falta de foco entre os jovens. "Nossos pais cresceram em um mundo em que tinham de tomar três decisões aos 25 anos de idade — com quem se casariam, onde morariam e o que fariam profissionalmente", observa o investidor Rober McNamee. "Eles não tinham muitas opções. Hoje, temos milhões de opções, mas não estamos totalmente à mercê de nossa capacidade de julgar e de nossas próprias habilidades", complementa Rober McNamee. Instilar nas crianças a autoconfiança e o discernimento para saber em quem mais devem confiar é fundamental. Com tantas opções, é essencial que elas persistam e não desistam tão facilmente e, ao mesmo tempo, sejam capazes de lidar com o insucesso usando-o para aprender a se adaptar. Elas precisam saber que são capazes de fazer diferença enquanto indivíduos.

Uma das principais mensagens culturais que os jovens perderam nos últimos anos é que os cientistas e engenheiros enfrentam problemas cruciais para a nossa vida. Em vez de aclamados como heróis, tal como o foram na era pós-*Sputnik*, os cientistas são com frequência retratados socialmente como *geeks* desajeitados. "Para os meus colegas de modo geral, ciências e matemática são matérias para pessoas ultrainteligentes e *nerds*, ao passo que se sobressair em humanidades é normal", diz meu filho David. "O *marketing* que propaga essa atitude contra ciências e matemática é como um vírus, e não é um daqueles fácil de destruir", completa David.

Vivemos em uma cultura de reverência à celebridade, em que a aparência, o dinheiro e os escândalos triunfam. "Como hoje há uma onipresença e difusão da mídia, as crianças estão muito mais expostas a isso do que no passado", diz Bob Iger, da Disney. Não é preciso pisar na Lua para ser um herói da ciência; quando os transplantes de coração eram uma novidade, enfatiza Iger, o primeiro cirurgião a realizar um, dr. Christiaan Barnard, saiu na capa da revista *Time*. "Nossa sociedade precisa redescobrir uma maneira de retratar a ciência como uma vocação nobre", afirma o professor de química Richard Zare.

As próximas fronteiras da ciência não estão no espaço, mas aqui mesmo, na Terra. Combater as mudanças climáticas, lutar contra o câncer e outras doenças e descobrir novas formas de energia para substituir o petróleo são missões nobres. Para motivar a próxima geração de inovadores, precisamos de uma nova estirpe de heróis culturais.

ESTENDENDO A MÃO

Os professores e empresários não deveriam subestimar a influência que o aconselhamento pode ter para inspirar e estimular crianças e jovens adultos. Várias carreiras foram iniciadas porque alguém teve paciência para estender a mão e reconhecer o talento de um aluno ou de um jovem funcionário. "Eu descobri a ciência da computação na faculdade", afirma Telle Whitney, do Instituto Anita Borg. "Um professor me percebeu e me apresentou a alguém que estava iniciando um programa na Cal Tech. É esse envolvimento que faz diferença", enfatiza Telle Whitney.

Hoje, Esther Sternberg é muito reconhecida por suas descobertas a respeito dos efeitos sobre a saúde da resposta cerebral ao estresse. Contudo, quando começou sua pesquisa, na década de 1980, seu trabalho não era bem aceito. "Por inúmeras vezes minha pesquisa chegou muito perto de ser cancelada. Tive a felicidade de ser procurada ou de por acaso conhecer pessoas que me incentivaram", diz ela. "Não foram muitas, mas foram suficientes. Uma ou duas bastam", lembra Esther Sternberg. Para cada pessoa como Sternberg, deve haver centenas de jovens cientistas que se depararam com obstáculos semelhantes e não conseguiram a ajuda que precisavam para fazer com que fossem aceitos. A comunidade científica precisa se envolver mais no sentido de orientar ativamente as mentes jovens. Uma oportunidade de visitar um laboratório de pesquisa ou um estágio nas férias de verão em uma empresa inovadora pode fazer grande diferença na vida de um aluno da escola secundária.

Obviamente, os preceptores mais importantes que uma criança pode ter são os próprios pais. Devemos instigar nossos filhos a fazer perguntas, mas para isso é necessário não ter pressa e sentar para ouvi-los. Precisamos lhes dar tempo e espaço para explorar o mundo, tanto o virtual quanto o real. Precisamos demonstrar nosso amor e confiança para que se sintam seguros para experimentar coisas novas, mesmo que ocasionalmente fracassem e tenham de se reerguer. Precisamos lhes mostrar a alegria de criar, não apenas de consumir, e ensinar-lhes que o prazer de aprender é mais importante do que a ansiedade de obter uma boa nota. As organizações comunitárias e sem fins lucrativos que intervêm onde os pais não conseguem, oferecendo apoio, educação e inspiração complementar a crianças menos favorecidas, merecem nosso amparo.

Os pais passam mensagens aos filhos sem ao menos terem consciência disso. Uma mãe apresentou sua filha de 11 anos a Sally Ride em uma feira de ciências, afirmando-lhe que se sentia muito orgulhosa pelo fato de a filha ser a primeira da classe de matemática, mas acabou por dizer: "Não sei por quem ela puxou, porque nunca fui boa em matemática e não conheço nenhuma mulher que o seja." Ride pôde ver a garotinha se retrair no momento em que absorveu a mensagem subliminar de que seu interesse por matemática não era algo normal. Nessa idade, não há nada mais importante do que se sentir normal.

E no que diz respeito a passar a mensagem de que a ciência e a inovação são cruciais para o nosso futuro, nossa cultura está mais arruinada do que nossas escolas. Precisamos reconhecer que não seremos capazes de permanecer nessa miopia e vencer. Estamos vivendo a vida como operadores do mercado intradiário, quando na verdade precisamos fazer investimentos duradouros no futuro da nação. **Nossos filhos e netos merecem isso!**

EPÍLOGO

UM CHAMADO À AÇÃO

Jamais fui alarmista, mas ao avançar na redação deste livro minha preocupação com o nosso futuro foi tomando novas dimensões. Minha motivação inicial foi impelida pela miopia que havia se apoderado do mundo em que eu vivia, no Vale do Silício e em Wall Street. Porém, à proporção que pesquisava e conversava com outros empresários e cientistas-chefes, percebi que nosso EI estava mais desgastado e instável do que havia imaginado.

A curiosidade e a abertura que caracterizaram a personalidade norte-americana desde a fundação de nosso país deram lugar ao medo e à apatia. A paciência para cultivar coisas potencialmente importantes para o futuro foi varrida por uma obsessão pela satisfação imediata. A confiança nacional necessária para estabelecermos alianças com o resto do mundo já se foi, tanto quanto nossa disposição para assumir os riscos indispensáveis à concretização de avanços de fato significativos. A complexa teia de inter-relações entre ciência, tecnologia, inovação e crescimento econômico é dada como fato consumado por nossos dirigentes ou, de outra forma, cai por completo no esquecimento. Nossos horizontes de planejamento estão focalizados em melhorias para o presente, o trimestre seguinte ou ano em curso, sem praticamente nenhuma reflexão a respeito do destino das gerações futuras. A geração de inovadores que se desenvolve em nosso país no momento será forçada a buscar o sucesso **não obstante** nosso sistema educacional e uma cultura que avilta e despreza a ciência como uma preocupação antiquada ou um conjunto de meras "teorias" de interesses ocultos.

As ameaças ao nosso futuro estão cada dia mais aparentes. Desde o momento em que comecei a escrever este livro, nossa economia tem experimentado um declínio significativo, o preço do petróleo cru duplicou e nossa dependência de fontes de energia estrangeiras simplesmente aumentou. A guerra no Iraque continua, e a um custo enorme — em vidas ou dinheiro, à união nacional e à nossa reputação mundial. A crise do mercado de crédito hipotecário (uma consequência não intencional de medidas tomadas para estabilizar nossa economia já em 2001) foi desencadeada pelo mesmo pensamento imediatista e de ganância e pelo pouco caso que se fez das consequências que estimularam a explosão da bolha da Internet. Será que não aprendemos nada com o colapso da bolha ponto.com?

No entanto, ainda dá tempo de tomar as medidas necessárias para salvar nosso futuro e ainda há um vislumbre de esperança no horizonte. A globalização — que a princípio foi saudada com medo e desconfiança — abriu novos e imensos mercados para as empresas norte-americanas. Isso não ajudou os trabalhadores cujos empregos foram subcontratados no exterior, mas é melhor do que a outra opção, que é não haver crescimento algum. A consciência acerca de alguns dos problemas que enfrentamos enquanto nação é maior, mas no momento precisamos nos comprometer a enfrentá-los. No presente ano, teremos uma mudança bem-vinda na liderança de nossa nação. Comparativamente ao passado, hoje mais pessoas estão interessadas no processo eleitoral e mais pessoas estão votando. Com um pouco de sorte, esses votos serão dados com a compreensão dos desafios que estamos enfrentando. Não precisamos apenas de uma nova administração na Casa Branca, mas de um novo tipo de liderança nacional.

O mundo está pronto para um enorme salto no índice de inovação, em virtude do maior compartilhamento de informações e das possibilidades de colaboração propiciadas pela Internet. Precisamos ser protagonistas nessa imensa transformação global, e não meros espectadores.

Os desafios com os quais nos defrontamos são abrangentes e estão profundamente entranhados em nossa cultura. Levará tempo para nos reposicionarmos e prosperarmos na nova economia global. Algumas das transições não serão fáceis, mas tenho fé que, com a coragem, o comprometimento e a ousadia que sempre caracterizaram os inovadores e empreendedores mais promissores, conseguiremos, juntos, enquanto nação, dar cabo dessa grande mudança em curso.

A comunidade empresarial tem de estar motivada a reaver sua disposição a assumir risco de forma inteligente e, ao mesmo tempo, valorizar mais o potencial de crescimento. Os diretores corporativos conseguem fazer o que é adequado para os acionistas e, simultaneamente, considerar o que é certo para a sociedade em geral. As empresas têm se tornando extremamente criativas com relação a aprender a "agir verde". Os empresários, os formuladores de políticas e os educadores precisarão trabalhar em conjunto para encontrar soluções economicamente viáveis para aumentar as oportunidades de emprego nos EUA, garantindo, concomitantemente, uma oferta contínua de talentos inovadores — nossos e de outros países — para ocupar esses cargos. Se não examinarmos a fundo a crescente disparidade entre rico e pobre, nosso país corre o risco de acabar sem classe média, seja de lá de que espécie for.

No papel de empresária, nessas últimas décadas, aprendi o quanto é importante ser fiscalmente responsável; mas aprendi também que, quando uma iniciativa essencial é subfinanciada, jamais nada acontece. Devemos aumentar nossos investimentos em educação e pesquisa. A revitalização de nosso EI exigirá mais do que apenas uma nova liderança em nível federal. Precisamos de igual modo cultivar as qualidades de liderança em nossa vida pessoal para reivindicarmos o papel que nosso país terá no futuro. Na figura de pais, preceptores ou comunicadores, precisamos pensar com muito cuidado nas mensagens que passamos para a geração sucessora.

A inovação é impulsionada pela necessidade, e o que estamos enfrentando no momento enquanto nação e cidadãos mundiais é a necessidade de tomar uma medida decisiva. Ao encararmos juntos esses desafios, devemos nos lembrar de colocar na balança os papéis indispensáveis que todas as três comunidades do **ecossistema** desempenharão no sentido de assegurar um futuro de prosperidade para os nossos filhos. Devemos aproveitar a ousadia deixada de herança por nossos antepassados e permitir que isso nos inspire a efetivar mudanças disruptivas e incrementais, sempre lembrando que o insucesso pode ser apenas mais um degrau rumo ao sucesso, se estivermos determinados a fazer uma autoavaliação honesta e a aprender com todas as experiências.

Meu filho, David, começou a faculdade em 2008. Nunca questionei sua capacidade de fazer o melhor a seu alcance em relação a tudo o que cruza seu caminho, mas me preocupo com a situação de nossa sociedade, nesse momento em que ele está adentrando a idade adulta. Criamos vários dos problemas que nossos filhos herdarão e devemos a eles ao menos as primeiras providências com respeito a soluções, bem como a mensagem de que a coragem, a confiança e a paciência serão imprescindíveis para alcançar a meta de um mundo sustentável. Minha esperança quanto à geração de David — e à de seus filhos e netos — é de que eles mesmos traçarão novos caminhos para o sucesso formulando as perguntas certas, assumindo riscos calculados, abrindo o coração e a mente para o mundo ao seu redor e confiando satisfatoriamente em si mesmos e nos outros para trilhar, juntos, essa longa jornada.

AGRADECIMENTOS

Tal como um típico empreendedor, embarquei nessa jornada sem saber exatamente o que viria em seguida. Escrever um livro é bem diferente de dirigir uma empresa, mas há algo em comum nessas atividades. Embora várias pessoas tenham contribuído com informações e ideias, no final tive de assumir a responsabilidade pela síntese e por quaisquer erros ou omissões.

Enquanto escrevia este livro, que reproduz meus pontos de vista, e não os das empresas às quais estou afiliada, inúmeras foram as pessoas que me ajudaram a ampliar meus pontos de vista. Pude me beneficiar da experiência e da perspicácia de um conjunto diverso de pessoas competentes e brilhantes, as quais tive oportunidade de entrevistar e que são citadas no final do livro. Sou grata a todas elas por terem compartilhado comigo suas visões e seu precioso tempo. A todos os amigos e colegas com os quais conversei informalmente no café, nas reuniões de diretoria e enquanto caminhava pela reserva "*Dish*", obrigada por me ouvir, por ler as versões preliminares, por me apresentar a outras pessoas e por desencadear novas ideias. Agradeço em particular Mike Afergan, Denise Amantea, George Anders, Geoff Baehr, Alan Braverman, Betsy Corcoran, Tim Danford, Lara Druyan, Andrea Goldsmith, Amal Johnson, Roberta Katz, Doug Klein, Ellen Levy, Judy O'Brien, Liz Perle, Kamini Ramani, Carol Realini, Karen Rossetto, Naomi Seligman, Estee Solomon Gray e Teddy Zmrhal. Martin Kligfeld, meu cunhado, merece agradecimentos especiais por seu contínuo apoio e por seus comentários perspicazes em todas as fases do manuscrito. Gostaria também de agradecer a todas as pessoas que trabalharam comigo no decorrer dos anos como colegas ou funcionários. Aprendi coisas valiosas a respeito de inovação com cada um de vocês.

Gostaria de agradecer à minha rede de pesquisadores, cujas contribuições individuais foram essenciais: Karen Dunn-Haley, Cythia Eastman, Karen Hembourgh, Abby Josephs, David Sanford e Susan Stucky. Os relatórios e estatísticas publicados pela Fundação Nacional da Ciência (NSF) e pelas Academias Nacionais também serviram de base para este livro. As publicações *Science and Engineering Indicators*, da NSF, e *Rising Above the*

Gathering Storm e *Is America Falling Off the Flat Earth?*, das Academias Nacionais, foram especialmente valiosas.

Sem Mary Glenn e a equipe da McGraw-Hill, este livro não existiria. Minha agente, Laura Yorke, sempre esteve à disposição para me apoiar e aconselhar desde nossa primeira conversa por telefone, quando me ajudou a traçar um caminho para que passasse da melhor forma possível minha mensagem.

Tive bastante sorte por conseguir convencer Steve Silberman, um escritor extremamente talentoso, da revista *Wired* e de outras publicações, a ser meu treinador de escrita criativa e editor. Os comentários, as perguntas, os conselhos e as edições de Steve me ajudaram a encontrar uma linguagem própria e a intensificá-la.

Susan Kare, artista criativa que desenvolveu os ícones originais do Macinstosh, foi quem fez as ilustrações deste livro. Obrigada, Susan, por incorporar sua magia nas principais mensagens de cada capítulo.

Stevie Jagutis, minha assistente e querida amiga, me ajudou a fazer malabarismo entre minhas obrigações profissionais e minha vida pessoal. Obrigada, Stevie, por tudo o que fez e também por me auxiliar nas pesquisas e por revisar os rascunhos.

Gostaria de agradecer a meu ex-marido, Bill Carrico. Como meu primeiro mentor, reconheceu habilidades em mim que eu não enxergava ao me promover ao meu primeiro cargo de gerência. Muitas das lições que aprendi sobre inovação aprendi com ele enquanto abríamos nossas empresas.

Em minha jornada no mundo da inovação e da mudança, já faz alguns anos que venho questionando várias de minhas suposições pessoais. Agradeço a Gary Wynbrandt por seu apoio e por me ajudar a unir os pontos e compreender a relação entre ideias e experiências distintas.

Minhas irmãs sempre estiveram à minha disposição, de uma forma que só as irmãs conseguem estar, e isso não foi diferente ao longo da redação deste livro. Ambas me estimularam, revisando as versões preliminares e me ouvindo nos momentos em que achava que a redação não chegaria ao fim. Várias das empresas que ajudei a criar utilizaram como base pesquisas conduzidas por Deborah; para mim, ela é o tipo de pessoa ideal para reconstruirmos o alicerce do EI. Margo, além de médica, é uma grande irmã, extremamente atenciosa e sempre à minha disposição, não importa o que esteja acontecendo em seu dia. Ao longo dos anos, toda vez que eu tinha de fazer algo difícil, ela me dizia: "Eu estou em suas mãos." No ano passado, ela viveu em minhas mãos.

Agradeço a meus pais por me revelar a beleza da ciência e instilar em mim a paixão por aprender, a disposição por experimentar coisas novas e o impulso e a disciplina para persistir ainda mais no momento em que as coisas ficam difíceis.

E, finalmente, agradeço a meu filho, David, pela alegria e pela inspiração que ele imprime todos os dias em minha vida.

LISTA DE ENTREVISTADOS

Miley Ainsworth, diretor de inovação em TI, FedEx Corporation

Marc Andreessen, presidente e cofundador, Ning

Norman (Norm) Augustine, presidente aposentado e diretor executivo, Lockheed Martin Corporation

Paul Baran, pioneiro da Internet

Carol Bartz, presidente executiva, Autodesk

Forest Baskett, sócio geral, New Enterprise Associates

Eric Benhamou, diretor executivo, Benhamou Global Ventures

Joel Birnbaum, vice-presidente sênior aposentado de P&D, Hewlett-Packard

John Seely Brown, ex-cientista-chefe, Xerox

Curtis R. Carlson, diretor executivo, SRI International

Bill Carrico, empreendedor

Rob Carter, vice-presidente executivo e diretor de informática, FedEx Corporation

Ed Catmull, presidente, Walt Disney e Pixar Animation Studios

Vint Cerf, vice-presidente e evangelizador-chefe da Internet, Google

John Chambers, presidente e diretor executivo, Cisco Systems

Mark Chandler, vice-presidente sênior e consultor jurídico, Cisco Systems

Anand Chandrasekher, vice-presidente sênior, Intel Corporation

David Clark, pesquisador cientista sênior, MIT

Sam Colella, diretor geral, Versant Ventures

Kevin Compton, capitalista de risco, Kleiner Perkins Caufiel & Byers

Scott Cook, presidente do comitê executivo, Intuit

Bill Coughran, vice-presidente sênior, engenharia, Google

John Cronin, diretor geral e presidente, ipCapital Group

David Culler, professor de Ciência da Computação, Universidade da Califórnia–Berkeley

Peter Currie, presidente, Currie Capital

Carol Dahl, diretora, Global Health Discovery; chefe de gabinete, Global Health

Program, Fundação Bill e Melinda Gates

Yogen Dalal, diretor geral, Mayfiel Fund

John Doerr, sócio, Kleiner Perkins Caufield & Byers

Martin Eberhard, empreendedor

Hossein Eslambolchi, presidente, Divvio

Deborah Estrin, professora, ciência da computação, Universidade da Califórnia–Los Angeles; diretora, Centro de Sensoriamento em Rede Incorporado (Cens)

Nathan Gill, cientista social sênior, Mathematica Policy Research

Steven Goldby, presidente executivo, Symyx Technologies

Daniel Goroff, professor, matemática e economia, Faculdade Harvey Mudd

Andy Grove, ex-diretor executivo, Intel Corporation

Gary Guthart, presidente e diretor operacional, Intuitive Surgical

Peter Hart, presidente, Ricoh Innovations; vice-presidente sênior do grupo, Ricoh Company

Eric Haseltine, sócio-diretor, Haseltine Partners

Reed Hastings, diretor executivo, Netflix

Jeff Hawkins, cofundador, Numenta

John Hennessy, presidente, Universidade de Stanford

Danny Hillis, copresidente, Applied Minds

Reid Hoffman, presidente, LinkedIn

Krisztina Holly, vice-reitora de inovação e diretora executiva, Instituto de Tecnologia Stevens para a Inovação, na Universidade do Sul da Califórnia

Joe Huber, vice-presidente, vendas, Arch Rock

Bob Iger, diretor executivo, The Walt Disney Company

Laura Ipsen, vice-presidenta sênior, política global e assuntos governamentais, Cisco Systems

Van Jacobson, pesquisador, PARC

Ryan Jagutis, professor, Escolas Públicas de Chicago

Abby Josephs, gerente de programas, Hospital & Clínicas de Stanford

Mark Josephs, diretor clínico do departamento de emergência, Hospital Exeter

Tom Kalil, assistente especial do reitor de ciência e tecnologia, Universidade da Califórnia–Berkeley

Alan Kay, presidente, Instituto de Pesquisa Viewpoints

David Kelley, professor de engenharia mecânica, Universidade de Stanford

Joe Kennedy, diretor executivo, Omneon

David Kessler, ex-comissário da U.S. FDA

Joel Klein, secretário municipal de Educação de Nova York

E. Floyd Kvamme, sócio emérito, Kleiner Perkins Caufield & Byers

Larry Lasky, sócio de capital de risco, U.S. Venture Partners

Ellen Levy, diretora geral, Silicon Valley Connect

David Liddle, sócio, U.S. Venture Partners

Robert Lucky, ex-diretor executivo, Bell Labs

Audrey MacLean, empreendedora e capitalista mentora

John Markoff, jornalista sênior, *The New York Times*

Martha Marsh, presidenta e diretora executiva, Hospital & Clínicas de Stanford

Roger McNamee, diretor geral, Elevation Partners

Scott McNealy, presidente, Sun Microsystems

Bob Metcalfe, sócio geral, Polaris Venture Partners

Michael Moritz, sócio, Sequoia Capital

Elon Musk, diretor executivo, SpaceX

Dick O'Neill, diretor, The Highlands Forum

June Osborn, professor emérito de Epidemiologia, Pediatria e Doenças Contagiosas, Universidade de Michigan

Jeremiah Ostriker, professor de Astrofísica, Universidade de Princeton

Kal Patel, vice-presidente executivo, negócios emergentes, Best Buy

Arno Penzias, sócio de capital de risco, NEA; ex-vice-presidente e cientista-chefe, Bell Labs

Jim Plummer, diretor, Escola de Engenharia, Universidade de Stanford

Frank Quattrone, banqueiro investidor

Wes Raffel, sócio geral, Advanced Technology Ventures

Rick Rashid, vice-presidente sênior de pesquisa, Microsoft

Sally Ride, diretora executiva, Sally Ride Science

Heidi Roizen, diretora executiva, SkinnySongs

Paul Romer, professor de Economia, Universidade de Stanford

Jon Rubinstein, presidente executivo, Palm

George Scalise, presidente, Associação da Indústria de Semicondutores

Steve Scharf, diretor de escola secundária aposentado

Eric Schmidt, presidente e diretor executivo, Google

Peter Schultz, diretor, Instituto de Genômica da Fundação de Pesquisa Novartis

Randy Scott, presidente e diretor executivo, Genomic Health

John Shoch, sócio geral, Alloy Ventures

Len Shustek, presidente do conselho de administração, Museu da História do Computador

Frederick (Fred) W. Smith, presidente e diretor executivo, FedEx Corporation

Lonnie Smith, presidente e diretor executivo, Intuitive Surgical

Robert Spinrad, ex-diretor, Xerox PARC

Esther Sternberg, chefe, Seção de Imunologia e Comportamento Neuroendócrinos, Instituto de Saúde Mental Americano

David Tennenhouse, sócio, New Venture Partners

Malay Thaker, diretor de soluções para o cliente, Arch Rock

Mary Ann Thode, presidenta, Kaiser Foundation Health Plan and Hospitals, Região Setentrional da Califórnia

Henry Tirri, vice-presidente e chefe de pesquisas de sistema do Centro de Pesquisa da Nokia (NRC)

Charles Vest, presidente, Academia Nacional de Engenharia; presidente emérito do MIT

Mike Volpi, diretor executivo, Joost

Lezlee Westine, diretor executivo, TechNet

Meg Whitman, ex-presidenta e diretora executiva, eBay

Telle Whitney, diretora executiva, Instituto para Mulheres e Tecnologia Anita Borg

Susan F. Wood, professora pesquisadora, Escola de Saúde Pública e Serviços de Saúde da Universidade George Washington

Paul Yock, professor de Bioengenharia e Medicina, Universidade de Stanford

Richard Zare, professor de Química, Universidade de Stanford

ÍNDICE

A

Abertura, enquanto princípio fundamental 4, 7, 9, 10, 17–19, 21, 29, 53, 61–62, 76, 107–110, 143, 147, 150, 152, 163–164, 182, 206, 221

ABI (Instituto Anita Borg) 217, 219

Academia Nacional de Ciências 158

Academia Nacional de Engenharia 158, 159, 175

Academias Nacionais 158–160, 188–189, 205

Aconselhamento 202, 219–220

Agência de Controle de Alimentos e Medicamentos dos Estados Unidos (FDA) 16–17, 42, 57–58, 80, 114, 127–128, 155–157, 215

Agência de Projetos Avançados de Pesquisa (Arpa) 56–57, 58–62, 64, 66, 70, 73, 169. *Consulte também* Darpa

Ainsworth, Miley 11, 44, 104

Allen, Paul 181

Ambiente e ecossistema de inovação 4, 45–48

America COMPETES, lei 188–190, 204

Andreessen, Marc 19, 44, 82, 86, 207

Apple 8, 17–18, 28–29, 31, 51, 72, 77, 83, 104, 106, 117

Applied Minds 10, 76, 104, 124, 128

Aquisições 83–84, 119–120, 130, 134–137

Arpa (Agência de Projetos Avançados de Pesquisa) 56, 58–62, 64, 66, 70, 74, 169. *Consulte também* Darpa

ARPANet 11, 61, 73

Arthur Andersen 94

Associação da Indústria de Semicondutores (SIA) 187–188

Atlantic Monthly 54

AT&T 58, 63–64, 75, 85–86, 92, 121–122, 150

Audodesk 216

Augustine, Norman 144, 148, 153, 189

Autoavaliação e inovação 21, 27, 108, 223–224

Autodesk 24, 104–105, 120, 136

B

Bancos de Dados sobre o Genoma Humano 74

Baran, Paul 17, 59

Barnard, Christiaan 219

Bartz, Carol 24, 120, 136, 216

Baskett, Forest 141

Bayh-Dole, lei 73-74

Bell Labs 58, 62-64, 66, 75, 187

Benhamou, Eric 20

Berners-Lee, Tim 54, 82

Best Buy 15, 21, 129

Bharucha, Jamshed 214

Biotecnologia 13, 39-40, 52, 64, 71, 77-79, 83, 93, 165, 170, 208

Bio-X, Universidade de Stanford 171

Birnbaum, Joel 20, 45, 126

Bolha ponto-com e fracasso xi, 82-88, 91-93, 96, 97-98, 137-138, 179, 217-218, 222

Boyer, Herbert 71

Brainstorming 26-27, 118, 123

Bridge Communications x, 51, 77, 123

Brown, John Seely 11, 143, 188, 207-211

Bug do milênio 87

Burroughs-Wellcome 113

Bush, Dr. Vannevar 53-56, 58, 61, 69, 169-170

Bush, George W. 96-97, 164, 190

C

Cachianes, George 208

Cal Tech 219

Capacidade de mudar xii, 4, 11, 46-47, 78, 103, 122, 142

Capital/capitalistas de risco (CR) 8, 15-16, 46-47, 53, 65, 69, 71, 84, 92-93, 95-96, 97-98, 104, 137-142, 144, 149

Carlson, Curtis R. 14, 148-149, 217

Carmona, Richard 157

Carol Bartz 104-105

Carrico, Bill x, xi, 77, 123, 142

Carrico, David ix, xiii, 26, 51-52, 219, 223, 227

Carta de Direitos (Bill of Rights) 153

Cartão de crédito 29

Cartão de débito 29

Carter, Rob 14, 43-44, 128

Casio 23

Catmull, Ed 8-10, 70

Centro de Sensoriamento em Rede Incorporado (Cens) 176-177

Centro Nacional de Pesquisa Atmosférica 209

Cerf, Vint x, 46, 61, 70, 74, 152, 156

Cern 43, 54, 82

Chamado à ação 221-224

Chambers, John 46

Chandler, Mark 165

Chandrasekher, Anand 107, 112

China 147-150, 162, 177

Chronicle of Higher Education 214

Cisco Systems x, 2, 20, 46, 84-86, 92, 107, 113, 119, 135, 163, 165

Clark, Dave 159

Clark, David 20, 159, 173, 183

Cohen, Stanley 71

Colaboração 3, 9, 17, 31, 33, 42, 55, 61-62, 64-65, 78, 96-97, 108, 119, 121, 123, 127, 130-131, 133-134, 151-152, 162, 168, 171, 176-177, 179-180, 182-185,

187-188, 195-196, 204-205, 207, 214, 222

Colella, Sam 77, 93

Comissão de Energia Atômica 55

Comitê de Conselheiros sobre Ciência e Tecnologia do Presidente (PCAST) 156, 164

Compton, Kevin 15-16, 165

Comunidade de aplicação 3, 10, 35, 37-39, 42, 45, 78, 98, 141, 149-150, 155, 168, 179, 187

Comunidade de desenvolvimento 3, 10, 36-39, 40-42, 44-45, 116-118, 141, 149, 155, 186-187

Comunidade de pesquisa 3, 9, 36-37, 38-39, 39, 42, 44-45, 69, 123, 126, 149, 162, 164, 168, 173-174, 175-176, 178, 182

   considerações sobre uso 169-170

   financiamento 53, 55, 58, 60-61, 64, 66, 69-71, 73, 79, 96-97, 155, 158, 168-169, 168-188, 176-177, 188, 189-190

   interdisciplinaridade 39, 170-171, 178, 183, 187-188, 214

   pesquisa aplicada 9, 36-37, 55, 69, 74, 97, 118, 121, 179-180

   pesquisa básica 36-37, 39, 55, 62, 69-71, 73, 93, 122-123, 153, 169-171, 176-177, 185, 189

   universidades 73-75, 182-188

Comunidades do ecossistema de inovação 3, 9, 33, 35-39, 40, 42, 44-46, 69, 78, 115, 123, 126, 130, 134, 141, 149-150, 155, 159-160, 162, 164-165, 168-169, 173-176, 178, 179, 182, 223-224

Confiança, enquanto princípio fundamental 4, 10, 13, 14, 20-22, 23-24, 46-47, 53, 58, 61-62, 65, 77, 94-98, 103, 122, 142, 143-144, 150, 152-153, 157, 166, 172, 218, 220, 221-222, 224

Conselho Nacional de Concorrência 1

Conselho Nacional de Pesquisa (NRC) 158-159

Contratação no exterior 133-134, 204

Cook, Scott 25, 111, 149, 153, 161

Coughran, Bill 117, 124, 136, 186

Criatividade xi, 8, 9, 26, 34, 59, 128-129, 131, 149, 180, 207, 213

Crick, Francis 22

Cuatrecasas, Pedro 113-114

Culler, David 12

Cultura no ecossistema de inovação 4, 45-46, 217-220, 221-222

Curiosidade 11-12, 14, 17, 29, 78, 101, 143, 207-209, 221

Currie, Peter 83, 93

D

Dahl, Carol 180

Dalal, Yogen 18, 42, 139, 171

Darpa 41-42, 70, 96-97, 156, 173-175, 177, 181, 185, 189. *Consulte também* Arpa

Departamento de Defesa (DOD) dos Estados Unidos x, 56, 59, 161, 176

Departamento de Educação dos Estados Unidos 205, 214

Departamento de Energia (DOE) dos Estados Unidos 189

Departamento de Estatísticas do Trabalho dos Estados Unidos 201, 217

Departamento do Comércio dos Estados Unidos 190

Descoberta para a Saúde Global 180

Direção. *Consulte também* Liderança

Disney xi, 7-10, 10, 46, 105, 108-109, 116, 219

Disposição para assumir riscos, enquanto princípio fundamental xii, 1, 4, 10-11, 14-17, 20, 24-25, 53, 56-57, 58-59, 65-66, 71, 77-78, 81, 92-93, 96, 97-98, 104-107, 115, 118, 131-132, 137-142, 143-144, 147, 150, 163-165, 173, 176, 178-179, 182-183, 221-224

Diversidade 109, 114, 133, 153, 160, 195, 215

DMAIC 101

Doação filantrópica 159, 170, 178-181

Doerr, John 179, 197, 215

Drucker, Peter 195

"Duas pizzas", regra 30

E

eBay 43, 106, 108, 112, 119-120, 201

Eberhard, Martin 12, 140, 209

Economia global 1, 5, 47, 58, 101, 222

Ecossistema 3-4, 35, 37, 38-39, 176

Ecossistema de inovação xiii, 2-4, 31, 33-48, 78, 101, 115-122, 129-130, 134, 160

ambiente e, 4, 45-48

americano xiii, 35-36, 46-47, 66, 82, 91, 98, 115, 123, 144, 147, 148-149, 152-153, 159, 166, 173-174, 176, 179, 186-187, 196, 201, 215

comunidades do 3, 9, 33, 35-39, 40-42, 44-46, 69, 78, 115, 123, 126, 130, 134, 141, 148-149, 155, 162, 164-166, 168-169, 173-176, 178, 179, 182

global 35-36, 39, 150, 187

Ecossistemade inovação

americano 221, 223

comunidades do 223-224

Ecossistema empreendedor 137-142

Educação 148-149, 151, 153, 155, 159, 162, 163-164, 176-177, 186, 190, 193-218, 221, 223

influência sobre o ecossistema de inovação 4, 45-46

matemática e ciência 189, 203-205, 208-210

No Child Left Behind (NCLB) 211-213

Eficiência, liderança 69, 75-76, 79-80, 101

Einstein, Albert 153

Eisenhower, Dwight D. 56, 56-57

Elevation Partners 18

Emenda Kfauver-Harris (eficácia dos medicamentos) 57

Emenda Mansfield 70

Empreendedor 18, 46-47, 53, 54-55, 64-65, 69, 71-72, 73-74, 78, 84, 86, 97-98, 104, 120, 130-131, 137-142, 144, 151, 179-180, 199, 209, 217, 222

Energia 39, 52, 97, 140-141, 147, 154, 163, 168, 170-171, 172, 185-187, 189-190, 197, 199, 219, 221

Engelbart, Doug 61, 82

Enron 93-94, 95-96

Ensino de ciência e matemática 189, 203-205, 208-210

Entrevistados, lista de 229-232

Equilíbrio, perda de 5, 47-48, 66, 91-99

"Escalar rápido" 104-105

Escândalos corporativos 91, 93-96

Escolas charter 210-213

Escritório de Técnicas de Processamento de Informações (IPTO) 59-61

Eslambolchi, Hossein 85, 121, 150, 162

Estrin, Deborah x, 162, 177

Estrin, Gerald ix, xii, 51-52, 54, 175

Estrin, Margo x

Estrin, Thelma ix, 51, 54

Estruth, Nathan 125, 126-128

Ethernet 11, 77, 123

Exxon 17-18

F

Fairchild Semiconductor 65

Falta de laboratórios 186-187

FDA (Agência de Controle de Alimentos e Medicamentos dos Estados Unidos) 16-17, 19, 42, 57, 80, 114, 127-128, 155-157, 215

FedEx xi, 11, 14-15, 17, 42-44, 95, 104, 110-112, 115-116, 120, 128, 131, 132, 151, 154, 162

"Filhotes de tigre" e liderança 110-114

Financiamento

capital de risco 46-47, 53, 65, 71, 92-93, 96, 97-98, 137-138, 140, 141, 149

influência sore o ecossistema de inovação 4, 35, 45-47, 97, 154, 163-164, 166

pesquisa 53, 55, 58, 60-61, 64, 66, 69-71, 73, 79-80, 96-97, 155, 158, 188, 189-190

semente 124-125, 140, 171, 180, 184

Financiamento-semente 124-125, 140, 171, 180, 184

FIRST 208-209

Flying Tigers 15

Ford 142

Formulando perguntas 25-27, 128, 150, 182, 194, 206, 215

Fox, Michael J. 179

"Fracassar prematuramente" 104

"Fracasse rápido" 104

Fracasso 4, 9-10, 14-17, 18, 25, 65, 102, 104-107, 125, 135, 139, 144, 148-150, 210, 218, 223. *Consulte também* Disposição para assumir riscos, como princípio fundamental

"Fronteira sem Fim" 53-55, 69

Fry, Art 33-34

Fundação Bill e Melinda Gates 180-181

Fundação da Cinética 179

Fundação MacArthur 178-179, 187

Fundação Michael J. Fox 179

Fundação Nacional da Ciência (NSF) ix–x, 55, 73, 97, 160, 162, 172–175, 177, 186, 188, 197, 201, 205

Fundação Wallace H. Coulter 171

FutureWorks (Procter & Gamble) 125, 126–128

G

Gates, Bill 19

Gavilan 21–22

GE 142–143

Genentech 19, 71–72, 77, 80, 83, 208

General Motors 142

Genomic Health 13, 79, 80, 105

Gill, Brian 210–213

Globalização 2, 147–151, 222

GNF (Instituto de Genômica da Fundação de Pesquisa Novartis) 39–40, 178

Goldby, Steve 200

Goldby, Steven 138, 162

Google 38, 43, 46, 96, 102–103, 108, 116–117, 123–124, 136, 138, 152, 161, 181, 186–187

Goroff, Daniel 175, 188, 195, 205

Governo federal e inovação 147–168

Grid 23

Grove, Andy 31, 65, 112, 121, 134, 179

Guerra ao terrorismo 97, 152

Guerra do Iraque 26, 97, 148, 177, 221–222

Guerra do Vietnã 70

Guerra Fria 53

Guthart, Gary 41, 118

H

Hart, Peter 118, 132

Harvey Mudd College 175, 188

Haseltine, Eric 148–149

Haseltine Partners 148

Hastings, Reed 27, 153

Hawkins, Jeff 22–24, 109

Hennessy, John 184, 216

Hewlett-Packard (HP) 20, 45, 64, 72

HHMI (Instituto Médico Howard Hughes) 178

Hiato na igualdade de renda 194

Hillis, Danny 10, 76, 104, 128–129, 209

HIPAA (Lei de Portabilidade e Responsabilidade de Seguros de Saúde) 167

Hoffman, Reid 30

Hospital Exeter, New Hampshire 81

Hospital Stanford 167, 172

I

IBM 16, 19, 58, 110, 186

Ideias e inovação 1, 4, 10–11, 14–15, 17–21, 23–24, 26–29, 36–37, 38, 42, 45, 53, 66, 74, 98, 101, 110–112, 115, 116–117, 119–120, 123–126, 132–135, 136–137, 139–140, 144, 148, 150, 162, 163, 176–177, 180, 184, 187, 195, 210

IDEO 31
Iger, Bob 46, 105, 109, 116, 144, 219
Imediatista 144, 220
Imigração 152, 155, 160, 162-163
Incentivos à inovação 46-47, 66, 69-71, 131-133, 155, 163-165
Incyte 12-13
Inovação da geração atual 115
Inovação ortogonal 28-29
Inovação para crescimento futuro 111-112, 115, 123
Instituto Americano de Padrões e Tecnologia 189
Instituto Anita Borg (ABI) 217
Instituto de Genômica da Fundação de Pesquisa Novartis (GNF) 39-40, 178
Instituto de Neurociências de Redwood (RNI) 23
Instituto de Saúde Mental Americano 178-179
Instituto Médico Howard Hughes (HHMI) 178
Institutos Nacionais de Saúde (NIHs) 41, 55, 175, 177
Integração vertical 28-29, 63
Intel 22, 31, 37, 65, 72, 107, 112-113, 120-121, 134, 179
Interesses dos acionistas 92, 95-96, 97-98, 102, 121, 142-144, 222-223
Internet 2, 26-27, 29, 43-44, 78, 104, 106-107, 114, 147, 163, 167, 169, 187-188, 196, 199, 218, 222

bolha ponto-com e explosão xi, 82-88, 91-93, 96, 97-98, 137-138, 179, 217-218, 222
desenvolvimento da x, 4, 11-12, 46, 66, 70, 73
educação 209-211
Interpolinização de ideias 42, 44-45, 110
Intuit 24-25, 111, 149, 153, 161
Intuitive Surgical 40-42, 118
Inverness Diagnostics 127
iPhone 31
iPod 2, 28-29, 106, 117
Ipsen, Laura 163
IPTO (Escritório de Técnicas de Processamento de Informações) 59-61

J

Jacobson, Van 37, 73
Jobs, Steve 8-9, 17, 104
Joost 128, 131
Josephs, Mark 81
Joy, Bill 43-44

K

Kalil, Tom 189
Kamen, Dean 208
Kay, Alan 60-62
Kennedy, Joe 18, 138
Kennedy, John F. 57
Kessler, David 16-17, 57, 80-81, 114

Keyhole 136
Kleiner, Eugene 65
Kleiner Perkins 15-16, 65
Klein, Joel 198, 202

L

Laboratórios Lawrence Berkeley 73, 124
Lasky, Larry 72
Lasseter, John 8
Lei de Desmobilização (GI Bill) 54
Lei de Investimento em Pequenas Empresas 65
Lei de Portabilidade e Responsabilidade de Seguros de Saúde (HIPAA) 167
Lei Educacional de Defesa Nacional (NDEA) 56, 176
Lei Patriota (Patriot Act) 96-97
Lei Sarbanes-Oxley (SOX) 95-96, 137-138, 163
Levy, Ellen 130, 184
Liberação de fundos (earmarking) 172-173
Licklider, J. C. R. 59, 60
Liddle, David 85, 140, 143
Liderança 8, 15, 16-17, 31, 34, 40, 64, 87, 180
   americana 2, 46-48, 51-58, 96, 147-157, 159, 222
   "dedo verde" 101-144
   ecossistema de inovação 4, 35, 46
   educação 194, 201, 202, 205, 213, 215

Líderes do "dedo verde" 101-102
Lincoln, Abraham 158
Lincoln High, San Francisco 208
LinkedIn 30, 43
Litígio 47, 79, 81, 143, 163, 165, 167
Lockheed Martin 144, 148
Lucas, George 8
Lucky, Robert 63-64

M

MacLean, Audrey 113, 139, 209
Markoff, John 74-75
Marsh, Martha 172
Mathematica Policy Research, Inc. 210
Math for America (MfA) 204
Mayfield Fund 18
McNamee, Rober 218
McNamee, Roger 18, 24, 110, 179
McNealy, Scott 137
MDVIP 127
Memex 54
Metcalfe, Bob 11, 62, 140
Mfa (Math for America) 204
Microsoft 18-19, 72, 77, 83, 109, 117-118, 122, 130, 181, 217
"Missão lunar" 155, 166-169, 193
Moll, Fred 41
Moore, Gordon 65
Morgan, Stanley 83
Moritz, Michael 161
Mosaic 44, 82

Mudanças climáticas **1, 39, 52, 97, 154, 172, 190, 219**

Museu da História do Computador, Vale do Silício **51, 110, 179**

Musicland **15**

Musk, Elon **128**

N

Não maior do que uma banda de jazz **29-30**

Napster **15, 110**

Nasa **55, 56, 66, 157, 172–173**

Nasdaq **71, 91–92, 106**

NCLB (No Child Left Behind) **211-213**

NDEA (Lei Educacional de Defesa Nacional) **56, 176**

Necessidades do consumidor, e a inovação **14, 15, 24–28, 107–110, 116, 122**

Netflix **27, 153, 181**

Netscape **82–83**

Network Computing Devices **123**

New Enterprise Associates **141**

New York Times **63, 74**

NIH (Institutos Nacionais de Saúde) **41, 55, 175, 177**

No Child Left Behind (NCLB) **211-213**

Nokia **16, 30**

Noyce, Robert **64**

NSF (Fundação Nacional da Ciência) **ix, 55, 73, 97, 160, 162, 172–175, 177, 186, 188, 197, 201, 205**

Numenta **24**

O

Organização para Cooperação e Desenvolvimento Econômico (OCDE) **168**

Ostriker, Jeremiah **162, 173, 178, 185, 215–216**

Otimismo crítico **128**

P

Paciência constante **19**

Paciência, enquanto princípio fundamental **4, 10, 19–20, 39–40, 53, 65, 86–87, 97, 103, 105, 122, 139, 141, 149–150, 163–164, 168, 179, 182, 186, 218, 221, 224**

Packet Design **xi, 37, 91, 136**

Palm **22–24**

PARC, Xerox **58, 62, 73, 122, 123, 134–135**

Pasteur, Louis **36**

Patel, Kal **15, 21, 129**

Patentes **36, 165–167, 186, 190**

PayPal **30, 106, 119–120, 128**

PCAST (Comitê de Conselheiros sobre Ciência e Tecnologia do Presidente) **156, 164**

Pesquisa aplicada **9, 36–37, 39, 55, 69, 74, 97, 118, 169–171, 179–180**

Pesquisa básica **36–37, 39, 55, 62, 69–71, 73, 93, 122–123, 153, 169–171, 176, 185, 189**

Pesquisa, considerações sobre utilização **169–170**

Pesquisa corporativa **36, 120–123, 144, 173, 185**

Pesquisa interdisciplinar 39-40, 170-171, 176-177, 178-179, 183, 187-188, 214

Pessoas tipo T (T-shapped) 31

Pfizer 18, 37, 80

P&G (Procter & Gamble) 125, 126-128

Pixar 7-10, 70

Planejamento com vistas ao crescimento 114-119

Plano de políticas 3-4, 16-17, 45, 45-48, 69-70, 72, 81, 149-150, 151, 153-168, 193-195, 197

Plummer, Jim 172, 185-186

"Poda e debastação" 125-126

Polaris Venture Partners 62

Política fiscal 163-166, 189

Portfólio de inovações 115, 116-117, 126-127

Post-it Notes 18, 33-34

Precept Software x, 86, 107, 119, 123-124

Prêmios, inovação 181-182

Preparando-se para a inovação 102-104

Princeton 51, 162, 169, 215

Princípios da inovação. *Consulte também* Princípios fundamentais

Princípios fundamentais da inovação xiii, 4-5, 10-24, 29, 44, 47, 53, 65, 91, 97, 103-110, 150, 160, 182, 206, 216. *Consulte também* os princípios específicos

Processo de inovação 4, 8-10, 20, 24-28, 133-134

Procter & Gamble (P&G) 125, 126-128

Projeto Manhattan 53-55

Protocolo de Quioto 152

Próxima geração de inovadores 207

Q

"Quadrante de Pasteur" 169

Questionamento, enquanto princípio fundamental 4, 9-14, 21, 53, 107-110, 143-144, 150, 152, 206, 207

R

Raffel, Wes 21-22, 139

Rand 59

Rashid, Rick 109, 117-118, 122, 130

Rede social 2

"Relacionamento de importância", 184-186

Relações entre universidade-empresa 184-186

Religião 153

Retorno sobre o investimento (*return on investment* - ROI) 111, 142, 184-185

Ricoh Innovations 118, 132

Ride, Sally 56, 200, 204, 205, 208, 213, 220

Rising Above the Gathering Storm (Academias Nacionais) 188-189

RNI (Instituto de Neurociências de Redwood) 23

Rock, Arthur 65

Roizen, Heidi 86, 98, 107, 129, 137

Romer, Paul 151, 158, 170, 176, 193
Roosevelt, Franklin D. 53-55
Rossetto, Louis 82
ROI (*return on investment*) 111, 184-185
Rubinstein, Jon 28, 106, 117, 129

S

Sagan, Carl 148, 199
SAI (Associação da Indústria de Semi-condutores) 187-188
Sally Ride Science (SRS) 56, 208
Scalise, George 187
Scharf, Steve 206
Schmidt, Eric 84, 96, 102-103, 108, 123, 161
Schultz, Peter 39, 178, 215
Science and Society 113
Scientific American 22
Scientific Data Systems 134
Scott, Randy 12-13, 79, 80, 105
Segunda Guerra Mundial xiii, 53-54
Segurança nacional 1, 55, 69, 147, 153, 161-162, 174
Segway 208
Seis Sigma 75, 101
Separação entre Igreja e Estado 153
Sequelas do 11 de setembro 96-98
Sequoia Capital 161
Serviços de saúde 1, 25, 35, 40, 47, 76, 79-81, 87, 97, 116, 147, 148-149, 154, 155, 158, 166-168, 170-171, 180, 190
Sheridan, Michael 121, 164, 173
Shoch, John 58, 135

Shockley Semiconductor 64
Shustek, Len 110, 141, 179
Silicon Valley Connect 130
Silver, Spence 33-34
Simons, Jim 204
Sistema de Reserva Federal 158
Sistema robótico de cirurgia da Vinci 40-42
Skilling, Jeffrey 93-94
SkinnySongs 86
Skype 119
Smith, Fredrick W. 15, 17, 42-43, 95, 104, 112, 120, 131, 154
Songbird 127
SOX (Lei Sarbanes-Oxley) 95-96, 137-138, 163
Spinrad, Robert 122, 157, 160, 175, 185
Sputnik 56-57, 149, 155, 218-219
SRI International 14, 41, 58, 61, 148, 217
SRS (Sally Ride Science) 56, 208
Start-up xi, 12-13, 16, 21, 30, 31, 39-40, 42, 54, 64-66, 69, 71-72, 77-78, 83-84, 87, 91-93, 97-98, 107, 109-110, 115, 116-117, 119, 123-124, 126, 128, 136-142, 147, 186, 188
Sternberg, Esther 178, 182, 219-220
Stokes, Donald 169
Sun Microsystems xi, 43, 84, 92, 137, 217
Swanson, Robert 71, 71-72
Symyx Technologies 138, 162, 200

T

Talento 8, 10, 29-31, 40, 45, 47, 55-56, 58, 64, 96, 117, 120, 128-133, 151, 164, 176, 200, 219, 223

  imigração 152, 155, 160, 162-163

  "não maior do que uma banda de jazz" 29-30

  regra "duas pizzas" 30

Talidomida 57

Tecnologia da informação (TI) 11, 38, 43-44, 76, 79, 87-88, 111, 116, 122, 135-136, 165, 166-168, 172, 186, 199

Tennenhouse, David 174-175

Terceirização 83-84, 88, 133

Terman, Fred 64

Tesla Motors 12

A Test of True Leadership (Departamento da Educação) 214

Thaker, Malay 87

The Dish, Universidade de Stanford 34-35, 39

Tirri, Henry 16, 30

TI (tecnologia da informação) 11, 43-44, 76, 79, 87-88, 111, 122, 135-136, 165, 166-168, 172, 186, 199

T/Maker 129

Toyota 142

Transplantando a inovação 134-137

3COM 20

3M 33-34

U

Universidade de Stanford x, 23-24, 34-35, 41, 44, 61, 64-65, 70-72, 123, 155, 166, 171-172, 184-186, 215

Universidades

  licenciamento 73-75, 182

  pesquisa 73-75, 182-187

U.S. Venture Partners 85

  ensino universitário 214-218

V

Vale do Silício x-xi, 15, 18, 30, 35, 40, 44, 51, 53, 64, 72, 74, 77, 82, 113, 118, 137, 139, 162, 209, 221

Versant Ventures 77

Vest, Charles 159, 175

Viagra 18

Volpi, Mike 128, 131-132, 135-136

von Neumann, John 51

W

The Walt Disney Company. *Consulte* Disney

Wang 77

Whitman, Meg 106, 108, 112, 119-120, 201, 203

Whitney, Telle 217, 219

Wired 82

Wood, Susan F. 156

WorldCom 94, 95-96

World Wide Web (WWW) x, 2, 4, 43-44, 52, 54, 59, 66, 78, 82, 84, 109, 144, 211, 213

X

Xerox **11–12**, **58**, 62, 72, 122, 123, **134–135**

X Prize **181**

Y

Y2K (bug do milênio) **87–88**

Yock, Paul **24**, **166**, 183

Z

Zare, Richard **155**, **160**, **174**, 177, **219**

Zilog **x**, **17–18**, 72, 77

SOBRE A AUTORA

Judy Estrin (Menlo Park, Califórnia) é diretora executiva da JLABS, LLC, antes conhecida por Packet Design Management Company. Antes da co-fundação da Packet Design em maio de 2000, Estrin era diretora executiva de tecnologia da Cisco Systems. A partir de 1981, participou da fundação de três outras empresas bem-sucedidas de tecnologia: Bridge Communications, Network Computing e Percept Software. Em 1998, quando a Cisco Systems adquiriu a Precept, tornou-se diretora executiva de tecnologia da empresa.

Estrin, que por três vezes foi citada na lista da revista *Fortune* das 50 mulheres mais competentes da área empresarial norte-americana, integra o conselho de administração da Walt Disney Corporation, da FedEx Corporation e de duas empresas de capital privado — Packet Design, Inc. e Arch Rock. Faz parte do conselho consultivo da Escola de Engenharia da Universidade de Stanford e da iniciativa interdisciplinar Bio-X dessa universidade e do comitê consultivo de Ciência e Inovação da presidência da Universidade da Califórnia. Tem bacharelado em matemática e ciência da computação pela Universidade da Califórnia-Los Angeles (UCLA) e mestrado em engenharia elétrica pela Universidade de Stanford.

Participe do debate em **www.theinnovationgap.com**.

SUGESTÕES DE LEITURA

A MARCA CHAMADA VOCÊ
Peter Montoya com Tim Vandehey

PENSE MELHOR
Tim Hurson

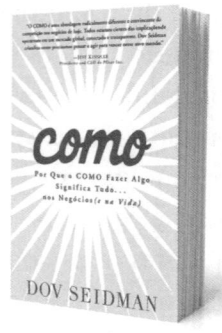

COMO
Dov Seidman

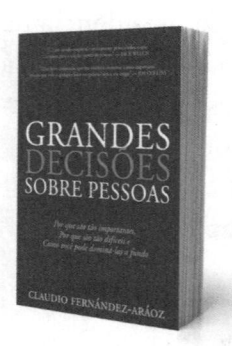

GRANDES DECISÕES SOBRE PESSOAS
Claudio Fernández-Aráoz

SEDUZIDO PELO SUCESSO
Robert J. Herbold

A ERA DA VELOCIDADE
Vince Poscente

DVS EDITORA

www.dvseditora.com.br